歴史の転換期

1

Turning Points in World History

B.C.220年

帝国と世界史の誕生

南川高志 編

山川出版社

監修　木村靖二・岸本美緒・小松久男

はしがき

グローバルヒストリーなど世界史を広い視野から多面的に考えようとする動きが活発な今日、最新の学問的な知見を踏まえ、さまざまな時期の「世界」を新しい切り口で提示してみたい――本シリーズはこのような考えに基づいて企画されました。世界の歴史の大きな転換期となった年代を取り上げ、その年代に各地域の人々がどのように生活し、社会の動きをどのように感じていたのか、世界史の共時性に重点をおきながら考えてみることがこのシリーズの趣旨です。

グローバルな視点から世界史像を描く試みは、今日ではすでに珍しいものではなく、本シリーズもそのような歴史学界の集合的努力の一環といえます。ではそのなかで、本シリーズの狙いと特徴はどこにあるのか。このはしがきでは、それをいくつかの面から述べてみたいと思います。

第一に、「転換期」ということの意味についてです。今日の時点から振り返ってみれば、それぞれの時期の「転換」の方向性は明確であるようにみえます。地域により、早い遅いの差はあれ、また独特の特徴はあれ、歴史はある一定の方向に向かって発展してきたのではないか……。しかしこのような見方は、のちの時代から歴史を振り返る人々の陥りやすい、認識上の罠であるともいえます。その後の歴史の動きを知っている私たちからみると、歴史の軌道は自然に「それしかなかった」ようにみえてしまうのです。それでは、「今日から当時の社会を振り返る」のでなく、「当時の社会から未来をみようとする」立場に立ってみたらどうでしょうか。今日の私たちのなかで、数十年後、百年後の世界がどうなっているかを自信をもって予測できる人はほとんどいないと思いますが、それは過去の人々も同様です。

当時の世界各地に生きる人々の生活に即してみれば、彼ら彼女らは「世の中が大きく変わっている」ことを体感しつつも、彼ら彼女らを押し流すこの潮流がどこに行くのか予測できないまま、不安と希望のなかで日々の選択をおこなっていたといえるでしょう。そのような諸地域の人々の具体的経験をかさね合わせることで、歴史上の諸「転換期」は私たちに、今日の視点から整序された歴史の流れに比べてより複雑な、そしていきいきとした歴史の姿を開示してくれるのではないでしょうか。

第二に世界史的な「共時性」についてです。本シリーズの各巻は、それぞれ特定の一年を西暦表示でタイトルに掲げています。これについては、当然疑問がわくことと思います。その前後数十年間、あるいは百年間をみれば、世界各地で大きな変化がみられ、その意味で一定の相互連関を見て取ることができるとしても、そのような転換は特定の一年で一気に起こるものではないだろう。いくつかの地域では大きな転換が起こったとしても、そのほかの地域では起こらないということもあるだろう。とくに、グローバル化が進んだ十九世紀・二十世紀ならともかく、古代・中世についてそうした世界史的「共時性」(シンクロニシティ)を想定することは意味がないのではないか、と。もちろん、本シリーズの編者、執筆者もそうした厳密な共時性を強引に主張しようとしているのではなく、各巻の諸章の対象を、その年のみについて論じているわけではありません。また、世界史上の「交流」や「衝突」など、地域を超えた動きやそれを担った人々を特別に取り上げてそれだけを強調しようとしているのでもありません。少なくとも十八世紀以前において、絶対多数の人々は、自らの生きる地域や国の外で何が起こっているのかをほとんど知らなかったでしょうし、本シリーズの多くの章においては、そのような普通の人々が主人公になるでしょう。それにもかかわらず、特定の年に焦点をあてて世界各地の状況を眺めてみることには、なお一定の意味があるように思われます。それは、当時のそれぞれの地域の人々が直面していた問題とそれへの対応の多様性と共通性を、ばらばらでなく、広い視野から分析する可能性を開くということです。広域的な気候変動や疫病のように、さまざまな地域が同じ時期に直接に「同じ」問題に直面することもあるでしょう。また、情報や技術の伝播、商品の流れのように、時間差をもちながら世界各地に影響を与えてゆく事象もあるでしょう。なお、問題が類似していたとしても、各地域が同じ対応をするとは限りません。ある地域の対応が隣接した地域の逆の対応を招くこともあるでしょう。類似の状況に直面しながら、ある地域ではそれが既存のシステムを大きく揺るがしたのに対し、他の地域ではほとんど影響を受けない場合もあるでしょう。そのような対応の違いがみられた場合に、それはなぜなのかを考えてみることは、それぞれの社会の特質に対する理解を深めることにも繋がるでしょう。遠く離れた地域で生まれ、相互に何らの情報ももたなかった人々を「同時代人」と呼ぶことは普通はないかもしれませんが、それでも彼ら彼女らがコン・テンポラリーすなわち同じ時のなかに生きていた、ということの面白さを味わってみたいと思います。

第三に「世界史」とは何か、という問題です。今日、グローバルヒストリーという標語を掲げる著作はたくさんありますが、「一国史」の枠組みを超えるという点でほぼ共通するとはいっても、その方法はさまざまです。気候変動・環境や疫病など、自然科学的方法を加味したアプローチによって広域の歴史を扱うものもあります。また、比較史的方法にせよシステム論的方法にせよ、アジアに重心をおいてヨーロッパ中心主義を批判するものもあります。さらに、多言語史料を駆使した海域・交流史をグローバルヒストリーと称する場合もあります。本シリーズは「世界史的」視野をめざしつつも、必ずしもグローバルヒストリーという語は用いず、それぞれの執筆者に任意の方法で執筆していただき、また対象についても自由に選んでいただく方針をとりました。世界史といっても、ある年代の世界をいくつかの部分に分割してそれぞれの部分の概説を書いていただくというかたちではなく、むしろ範囲は狭くても可能な限りヴィヴィッドな実例を扱っていただくようにお願いしました。したがって、それぞれの巻は、その年代の「世界」を網羅的に扱うものには必ずしもなっていません。その結果、一見したところ、いくつかのばらばらのトピックの寄せ集めとみえるかもしれません。しかし、各巻の諸章の対象を一国あるいは一地域の枠のなかに押し込めず、世界に向けて開かれた脈絡のなかで扱っていただくことも、執筆者の方々に同時にお願いしたところです。「世界」をモザイクのように塗り分けるのではなく、いわば具体的事例を中心として広がる水紋のかさなり合い、ぶつかり合いとして描き出そうとすることが、本シリーズの特徴だと考えています。「世界史」とは、一国史を集めて束ねたものでないことはもとよりですが、「世界」という単一の枠組みを前もって想定するようなものでもなく、むしろ、それぞれの地域に根ざした視点がぶつかり合い対話するところにそのいきいきした姿をあらわすものである、と考えることもできるかと思います。

以上、三点にわたって本シリーズのコンセプトを簡略に述べました。歴史の巨視的な動きも、大政治家、学者から庶民にいたる諸階層の人々の模索と選択のなかで形成されていきます。本シリーズの視点はグローバルであることをめざしますが、それは個々の人々の経験を超越した高みから世界史全体を鳥瞰するということではなく、今日の私たちと同様に未来の不可測性に直面しながら選択をおこなっていた各時代の人々の思考や行動のあり方を、広い同時代的視野から比較検討してみたい、そしてそのような視点から世界史的な「転換期」を再考してみたい、という関心に基づいています。このような試みを通じて、歴史におけるマクロとミクロの視点の交差、および横の広がり、縦の広がりの面白さを紹介することが本シリーズの目的です。

本シリーズの巻別構成は、以下のようになっています。

1巻　前二二〇〇年　帝国と世界史の誕生
2巻　三七八年　失われた古代帝国の秩序
3巻　七五〇年　普遍世界の鼎立
4巻　一一八七年　巨大信仰圏の出現
5巻　一三四八年　気候不順と生存危機
6巻　一五七一年　銀の大流通と国家統合
7巻　一六八三年　近世世界の変容
8巻　一七八九年　自由を求める時代
9巻　一八六一年　改革と試練の時代
10巻　一九〇五年　革命のうねりと連帯の夢
11巻　一九一九年　現代への模索

各巻には、各章の主要な叙述以外に、「補説」としてやや短い論考も収録されています。各巻の巻頭には、全体像を概観する「総論」を設けました。見返しの地図、巻末の参考文献も、役立てていただければ幸いです。

『歴史の転換期』監修　木村靖二・岸本美緒・小松久男

コラム

B.C.220年　帝国と世界史の誕生

総論

帝国と世界史の誕生

南川高志

紀元前二二〇年

日本が弥生時代の紀元前三世紀、地球の裏側、地中海を囲む地域では、アレクサンドロス大王の後継者たちが統治していたヘレニズム諸王国のあいだやバルカン半島内のギリシア人の諸勢力のあいだで、争いが激しくなった。地中海の西部でも、イタリア半島中部のローマが勢力を拡大して半島を統一し、さらに西地中海地域に強い力をもっていた北アフリカの都市国家カルタゴと対立して、戦争(第一次ポエニ戦争)を引き起こした。これらの争いは、同じギリシア人同士の地域紛争として、あるいは国家の権益をめぐる争いとして始まり、戦争にまでいたったものであったが、初めのうちはそれぞれの地域のできごとだった。ところが、これらの諸地域は、やがてすべてローマの支配下におかれてしまうことになる。この過程を歴史書に綴った人物がいた。前二〇〇年頃に生まれたポリュビオスというギリシア人である。

ポリュビオスは、その歴史書の記述を明確な理由をもって前二二〇年から始めている。彼はつぎのように述べている。

それ以前の時代には、世界のできごとはその計画から実現にいたるまで、場所が違えば互いになんのつながりももたなかったから、いわば散り散りばらばらの状態であった。ところがこのとき以

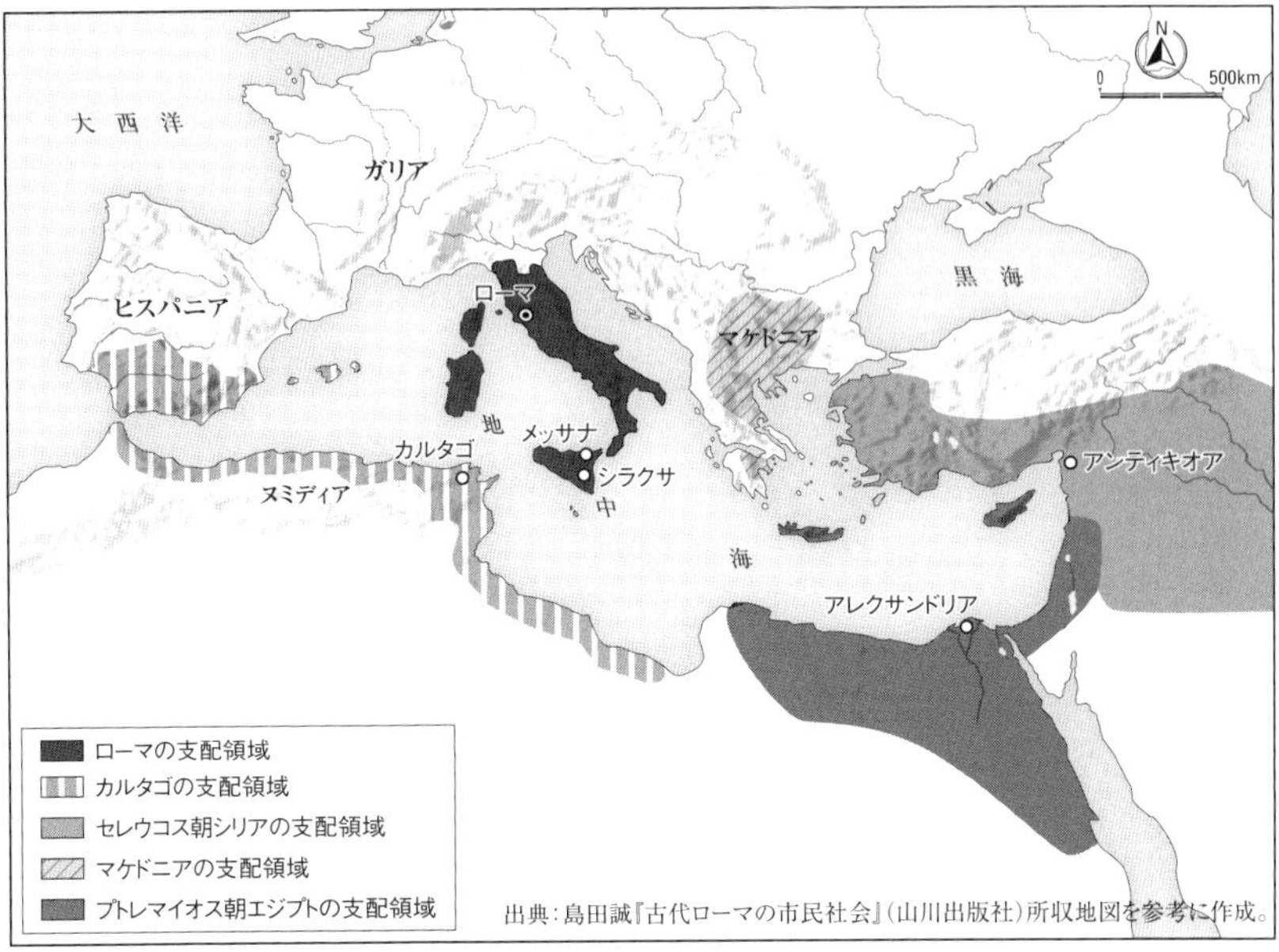

第２次ポエニ戦争始まり頃の地中海周辺諸地域

後、歴史はあたかもひとつの身体のようなまとまりをもち始め、イタリアとリビュアのできごとがアジアとギリシアで起きたこととからまり合い、すべての事件が合流してただひとつの結末へといたるようになった。私が本書の開始をこの時点に置いた理由もここにある。

（『歴史』一・三・三～五　城江良和訳）

前二二〇年、ヘレニズム国家の一つであるマケドニア王国と、ギリシア人の都市国家の同盟であるアカイア連邦の連合が、ギリシア人の有力都市国家スパルタといま一つの都市国家の同盟であるアイトリア連邦の連合との戦いを始めた。その翌年になると、セレウコス朝シリア王国の王アンティオコス三世がプトレマイオス朝エジプトの支配領域コイレ・シリアに攻め込んだ。さらに、前二一八年になって、ローマとカルタゴのあいだに再度戦争が始まった。第二次ポエニ戦争、俗にいうハンニバル戦争である。ポリュビオスは、これらの争いが、やがてまとまりをもって、一つの結末、すなわちローマの勝利へといたったというのである。

ポリュビオスの運命

このようなローマの覇権確立にいたる過程を描いたポリュビオスは、じつはローマの発展の犠牲者だった。ギリシアのペロポネソス半島の都市国家の一つ、メガロポリスに生まれた彼は、有力政治家の息子であった。メガロポリスはポリュビオスが生まれた当時、先にふれた、地域の都市国家が結びついたアカイア連邦の中心的存在になっており、彼の父親はその有力者だった。アカイア連邦は、ペロポネソス半島の有力都市国家であるスパルタと対立して、北からギリシアに影響をおよぼしているマケドニア王国に接近していたが、そのマケドニア王国が西からやってきたローマと戦争する事態になった。

ポリュビオスは、アカイア連邦の政治指導者として活動し始めたが、前一六八年にマケドニア王国がローマとの戦いに敗れると、アカイア連邦は戦争でローマ支持を明確にしなかった責任を問われ、千人もの人質を出すように迫られた。ポリュビオスは、この人質の一人として、ローマ市に行くことになったのである。

ところが、彼はローマにおいて、当時の指導的政治家たるスキピオ家に厚遇され、この家の子弟の教育に携わることになった。そして、とくに小スキピオの名で知られるこの家の主人の信頼を得て、彼に同伴し、イベリア半島や北アフリカを訪ねた。そして、小スキピオが指揮したローマ軍がカルタゴを滅

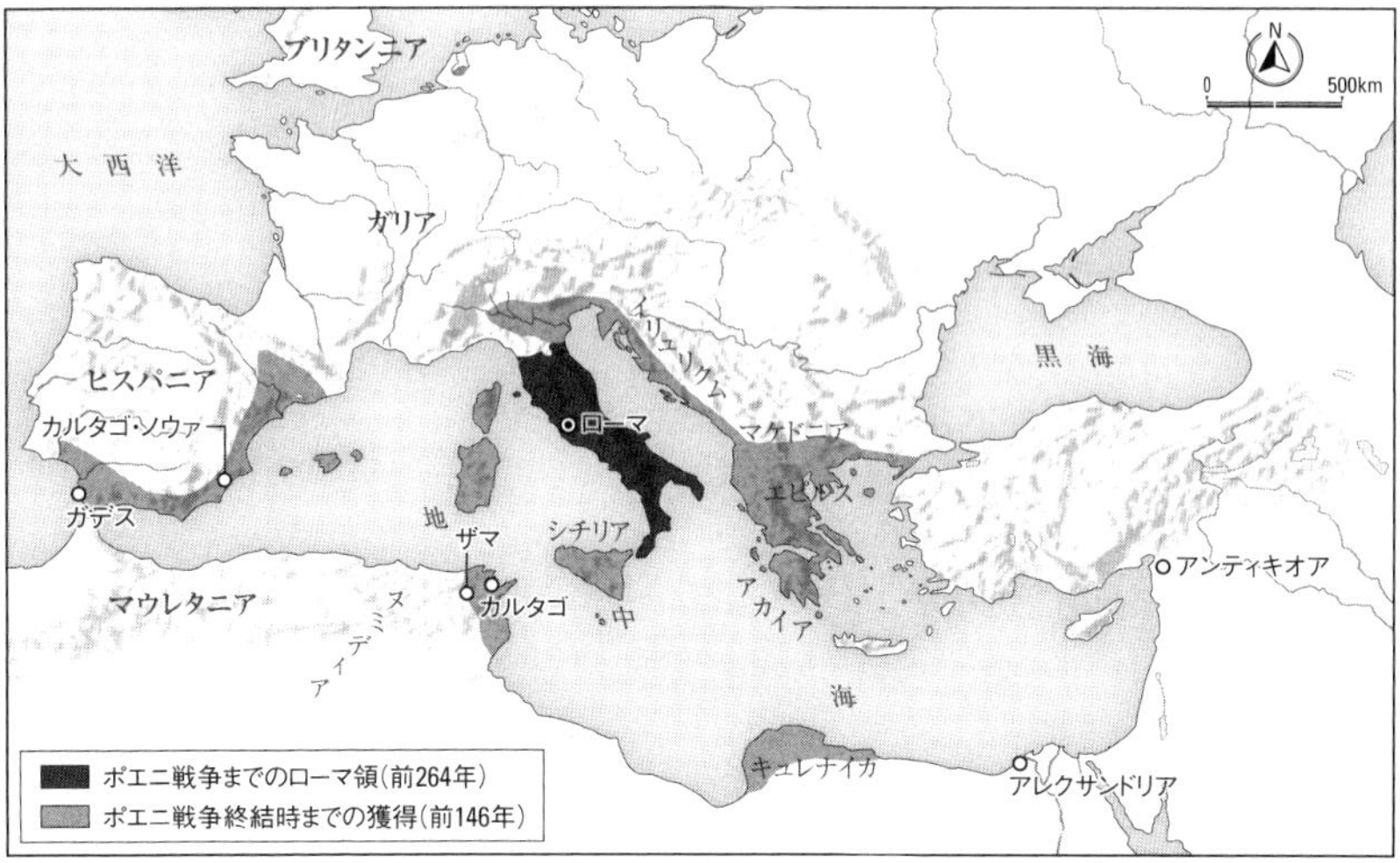

第３次ポエニ戦争終結後のローマの支配地域

ぼした第三次ポエニ戦争を現地で体験している。一七年間におよんだローマ滞在で、彼は政界の指導的人物とも交流することになり、覇権国ローマを内側から観察することができた。前一五〇年に人質の立場から解放され、故郷に戻るも、その後もローマを助ける役割をはたした。ポリュビオスは、こうした経験を踏まえて、四〇巻にもおよぶ長大な歴史書を著したのである。

ローマ帝国の形成

ポリュビオスがその歴史書の出発点とした前二二〇年、ローマと北アフリカの都市国家カルタゴとの関係はひどく緊張していた。そして、第一次ポエニ戦争の雪辱をはたさんとするカルタゴの将軍ハンニバルが動き出し、前二一八年に戦争となった。アルプスを越えてイタリアになだれ込んだ彼は、トラシメネス湖畔の戦いやカンナエの戦いでローマ軍を破り、ローマを危機に陥れた。しかし、諸都市をローマから離反させることに失敗し、やがて補給を絶たれてイタリア支配を維持できなくなった。そして、ローマがカルタゴ本国を攻撃したために救援に戻り、前二〇二年のザマの戦いで敗れた。ローマは、こうして難敵ハンニバルを打ち破ってカルタゴに勝利し、地中海西部における覇権を握ったのである。

この第二次ポエニ戦争の終了後、地中海東部に介入し始めたローマは、前二〇〇年からマケドニア王国の王フィリッポス五世との戦いを始め、前一九七年これに勝利した。さらに、前一九二年からはセレウコス朝シリア王国のアンティオコス三世と戦い、前一八八年にこの戦いにも勝利をあげた。こうして、ヘレニズム諸王国との戦いに勝ったローマは、しだいに露骨な征服政策を進めるようになり、マケドニア王を第三次マケドニア戦争(前一七一〜前一六八年)で破るとマケドニア王国を滅ぼして、複数の共和国に分割した。また、ローマに味方しなかったギリシアの諸勢力に圧力をかけた。ポリュビオスが人質とされたのはこの時である。ギリシア北西部のエペイロス(エピルス)では、町が破壊され、住民が奴隷として売られた。

前一四九年、マケドニア王の子を僭称するアンドリスコスの軍がマケドニアを支配すると、ローマはこれを破って、マケドニアを完全な直轄支配地、すなわち属州とした。前一四六年には、挙兵したアカイア連邦を打ち破り、連邦の中心であったギリシアの有力都市、コリントス(コリント)を徹底的に破壊した。そして、ギリシア本土も属州アカイアとされた。

同じ時期、ローマはカルタゴにいいがかりをつけて戦いを余儀なくさせてこれを攻め、前一四六年、ついに都市カルタゴを破壊した。そして、カルタゴの旧支配領である北アフリカの地域を属州とした。カルタゴが二度と力をもつことのないように、破壊は農地には塩水がまかれるほどの徹底ぶりだった。

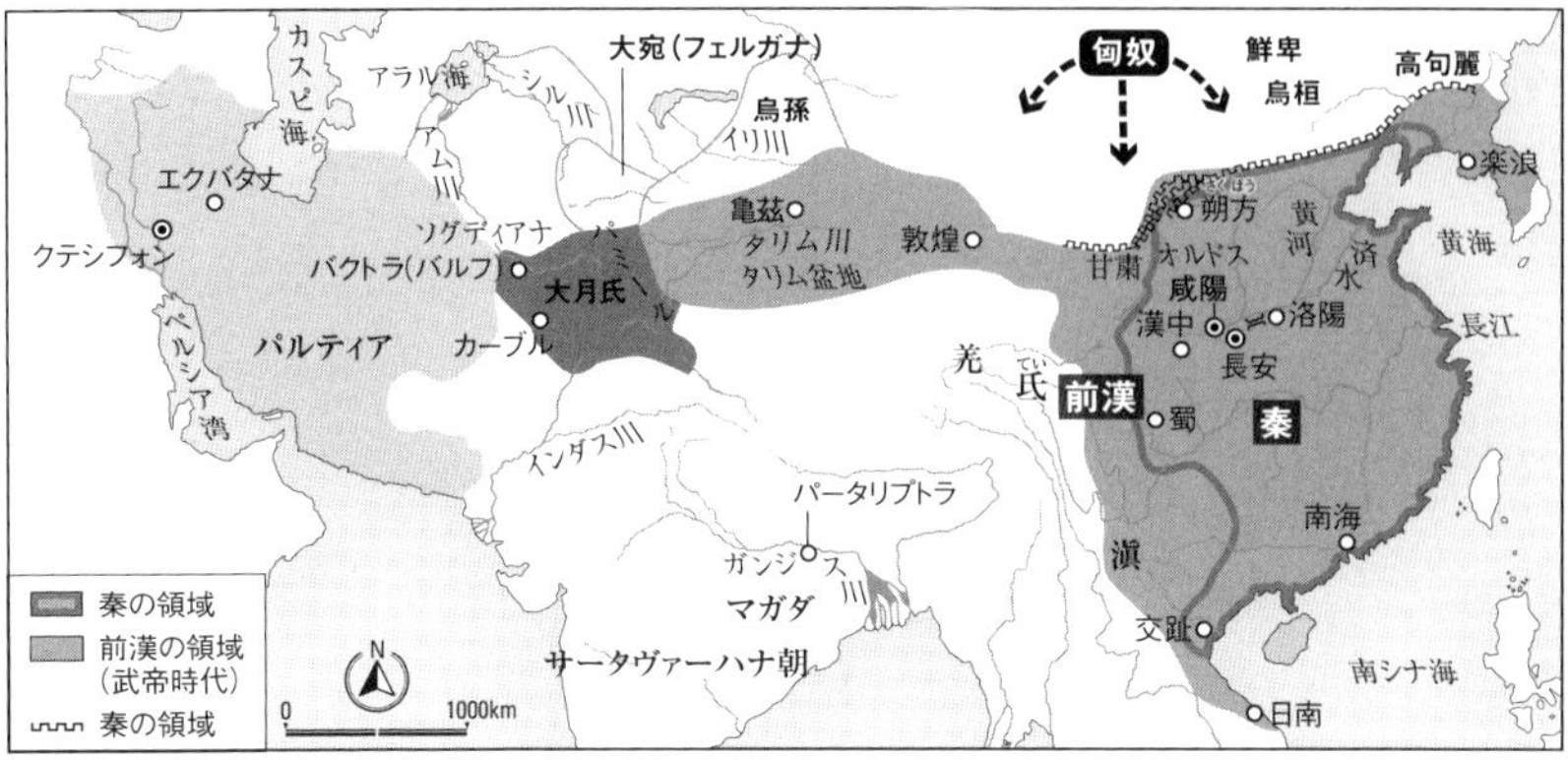

秦と前漢武帝の頃のアジア

ローマはこうして、前一四六年までに地中海の西部と東部、両方で覇権を握り、広大な領域に支配者として君臨することになったのである。ポリュビオスは、ローマが「全世界」を征服し支配下においたこの経過を、自ら体験し、記述した。その作品は、彼自身がローマの将軍小スキピオに同伴して目撃した前一四六年の第三次ポエニ戦争におけるカルタゴの滅亡や同じ年に生じたギリシアの併合までを扱っている。ポリュビオスが描いたこの期間に、ローマは強大な軍事力をもって、当時「人の住みうる世界(オイクメネー)」と考えられた地中海周辺のおもな地域を支配下に入れた。これらの地域では、人々はローマの了解を得ずに自らの意志で行動することはできなくなった。ローマ皇帝が出現するはるか前に、ローマ国家は「帝国」となったのである。

もう一つの紀元前二二〇年

このポリュビオスが歴史記述の起点とした年とほぼ同じ頃、ユーラシア大陸の東部では、秦が数ある領土国家の征服を進めて、ついに前二二一年、中国最初の統一国家を打ち立てた。勝者である秦王政《せい》は、皇帝号や皇帝専用語を定め、直接統治の基軸である郡県制や貨幣・度量衡・文字の統一などをつぎつぎ実行に移した。東アジア最初の「帝国」が産声をあげたのである。

しかし、急激な改革は秦を短命に終わらせることとなった。そのあとを受けた漢(前二〇二年〜)は、当初は郡県制と旧来の封建制との折衷である郡国制をとって、諸侯に直接支配地を委ねた。しかし、やがて諸侯が連合して反抗し、漢王室は危機状態に陥った。これに対して、前一四一年に即位した武帝が諸侯を制圧し、直接支配を実現する。対外積極策にも転じ、最盛期を現出した。漢は成立後、後漢時代も含めれば、四〇〇年にわたる長期の王朝となる。

こうして、前三世紀の後半、前二二〇年、前二二一年という非常に近接した時期に、洋の東西において、人類史上に意義深いできごとが生じた。西でも東でも「帝国」の形成が始まったのであった。ローマはその後、ポリュビオス自身が経験したように、一〇〇年もかからぬうちに地中海周辺地域に覇を唱える「帝国」を築きあげた。東アジアでも、漢王朝創始後、やはり同じくらいの期間に「帝国」がかたちを整え、強勢を実現したのであった。

古代と帝国

これまでローマと秦漢、両「帝国」の誕生について述べてきた。「帝国」については多様な定義が可能であり、また「国民国家の終焉」やグローバル化との関係で数多くの議論がなされてきているが、ここでいう「帝国」とは、その言葉の原義が示す事象に注目し、第一義的には強大な軍事力をもって、自国の境界を越えて他の地域を広く支配する国家のこととする。その場合、必ずしも「皇帝」の存在を必要としてはいない。秦漢帝国は皇帝とともに成立したが、「帝国」を形成した当時のローマは共和政体をとっていて、皇帝はいない。しかし、歴史家は、皇帝がいない国家についても「帝国」の概念を用いてきた。例えば、前五世紀のギリシアでは、有力都市国家のアテナイがペルシア戦争の後に、強大な海軍力を背景にデロス同盟を通じて他の都市国家を支配するようになった。アテナイは当時民主政の政体をとっており、皇帝はもちろんいなかったが、歴史家はこれを「アテナイ帝国」と呼んで、その支配のありさまを研究してきた。それによって、多くの意義ある史実や歴史的性格を把握できるからである。現代世界において大きな影響力をもつアメリカ合衆国を、民主制と大統領制を備えているにもかかわらず、私たちは「アメリカ帝国」と呼ぶことすらある。

さて、人類が古代において経験したもっとも重要なできごとの一つは、国家の形成であった。そして、国家の多くは当初、都市そのものが政治的な独立を保持して一つの国として機能する「都市国家」の形態をとっていた。しかし、古代ギリシア人特有の都市国家であるポリスのように、都市国家そのものが長く機能し続けたケースは少なく、多くの場合、都市国家や都市的定住地はより強力な国家に征服されたり統合されたりした。こうしてできあがった領土国家が、古代の諸地域に出現したが、なかでも広い領域や多数の住民を強力な軍事力を用いて征服・支配する国家が生まれた。これが帝国である。

帝国は古代世界にいくつもあらわれ、歴史の展開にそれぞれ大きな影響をおよぼした。ヒッタイト、アッシリア、そしてアカイメネス朝(ハカーマニシュ朝)ペルシアなどすぐその例をあげることができよう。なかでも、アカイメネス朝ペルシアが達成した広域支配のシステムは、おおいに注目に値するものである。

しかし、かような古代の帝国のうちでも、ローマ帝国と秦漢帝国とは、広大な支配領域と強大な軍事力をもつだけではなく、中央集権的な統治機構やそれを支える政治理念、貨幣・度量衡の統一の試みなど、高度なシステムを備え、さらには洗練された文化をともなってもいた。後世の大国家の規範となる要素を備えており、また長い期間にわたる平和と繁栄を現出させて、思想的にも後世の大国家のモデルとなるなど、その歴史的意義は極めて大きいものがある。ローマ帝国と秦漢帝国を並べて取り上げる考え方は古典的だとする見解や近代ヨーロッパ的発想であるとの意見があることは承知しているが、これらの二つの帝国が他の古代帝国に比して後世に与えた影響の点で抜きん出た存在であることについては疑う余地はないだろう。しかも、世界各地に生きる人々が同じ時期に同じ課題に直面していた可能性、共時性を想定するとき、この東西の両帝国の成立をテーマとすることの価値は限りなく大きいともいえよう。

この歴史上意義深いとされてきた二つの帝国の誕生によって、当時、そしてその後の時代の人々の生活は大きく変わったと考えられる。本書は、この変化を問うことを試みる。洋の西と東について、前二二〇年(東では前二二一年)という象徴的な年を起点にして、帝国の誕生によって世界がどう転換したかを本書は扱おうとするのである。

帝国の成立とは――本書の試み

そもそも「帝国」が成立するとはどういうことなのだろうか。本書の「帝国」の定義に照らせば、強大な国家が軍隊を送って抵抗する人々を排除し、自らの支配権を樹立することを意味するだろう。そこでは、おびただしい人命が失われ、先住の人々は悲惨極まりない状態となった。しかし、こうした征服戦争を考えるだけでは、帝国の成立の意義を十分にとらえることはできない。帝国の側は、敵対する人々を排除するだけでなく、支配権を安定的なものとしていくために、征服された人々をはじめ、支配下の人々の扱いに多大の労苦を必要としたし、国家の統一、統合のために、それまでは有しなかったシステムを動かさねばならなくなった。支配に組み込まれた人々の側でも、隷従の日々を耐え抜くために、それまでにはない努力をする必要に迫られた。本書では、そうした征服戦争の後の動きまでを含めて「帝国の成立と完成」を考え、歴史の転換を深部でとらえることを試みたい。

ローマ帝国の場合、ポリュビオスの語る前三世紀の終わり頃から前二世紀中頃まで、各地で戦争がおこなわれた。それを正確にとらえることは、帝国成立の直接的契機を理解するためにまず必要である。ローマ帝国の形成に関しては、学界で「ローマ帝国主義」論争としておおいに議論がおこなわれたことがある。ローマ側には積極的に征服を進めようとする意志があったわけではなく、あくまで国家防衛という観点から戦争はなされたのだという学説と、ローマはつねに好戦的な国家であって、政治家たちの征服戦争を通じての野心の実現が政治体制に組み込まれていて、主体的な征服の意志が一貫して存在したという学説とが意見を戦わせた。しかし、こうした征服戦争の過程を、被征服者の側から見つめ直すならば、その時代の様相も異なってみえてくるのではなかろうか。本書ではまず、できるだけこの観点から帝国成立過程を叙述し直すことを試みる。

第一章では、地中海地域の西半におけるローマの征服活動を、頻繁に論じられてきたカルタゴとの戦争ではなく、ヒスパニア、つまり現在のスペイン・ポルトガルに相当するイベリア半島の地域での戦争を中心に取り上げる。第二章では、同じ観点から、ローマに征服されていく地中海地域東部のヘレニズム諸国家の事情について叙述する。これによって、前二世紀の後半に形成されたローマ帝国の祖型とその特質が理解されよう。

征服戦争が終わり、帝国の国際的な枠組みができても、人々の日常まで視野に入れれば、帝国の「完成」という状態はまだまだ先のこととなる。この第一巻では、前二世紀中頃までの帝国の形成を叙述した第一章、第二章を受けて、第三章では征服戦争後の日々、とくに「ローマの平和」と呼ばれるローマ国家最盛期の時代までを扱う。これによって、世界史上第一級の歴史的意義をもつローマ帝国の制度と性格を説明し、歴史の転換をより明確にしたいのである。

イタリアを故地とするローマは、征服戦争によってイタリアの外に広大な領土を得たが、その統治のために、被征服民の同意を得て統治に協力させる体制を築いた。そのために、多くの悲しみを経験した征服地の人々が、そのまま隷従の日々にとどめおかれたわけではなく、彼らはやがて「ローマ人」となり、なかには帝国統治の中枢にまで進出する者すらあらわれた。こうした、征服戦争の終わった時点とは異なる体制ができあがった段階をもってローマ帝国の「完成」とみるならば、「歴史の転換」の時期の終わりは紀元後二世紀の前半くらいにおかれることになるだろう。

西方における古代帝国の形成と完成を以上の試みでとらえようとするならば、東方におけるそれはどのように説明されるであろうか。第四章は、秦漢帝国による中国の統一という画期を成す事態を、第一〜第三章を念頭に叙述してみる試みである。もちろん、中国とローマでは歴史を論じる史資料や学問的なあり方が異なるので、同じ論点で語ることは容易ではないが、どのくらいの共時性を見て取ることができるのか、読者の関心を引くに値する素材は十分提供できよう。

「世界史」の誕生

本書では、前二世紀後半までの帝国の形成だけでなく、その後の完成時期までを扱い、帝国の意義を問おうとしている。じつはこの試みは、ポリュビオスもおこなっているのである。ポリュビオスは、その書の冒頭で、つぎのように述べている。

なぜなら私が著作の主題に選んだ事件そのもののもつ衝撃の大きさが、老年若年を問わずあらゆる人の心に、本書を読みたいという願望を呼び起こし、注意を引き付けるだけの力を備えているからだ。というのも、人の住むかぎりのほとんど全世界が、いったいどのようにして、そしてどのような国家体制によって、わずか五三年にも満たない間に征服され、ローマというただひとつの覇権のもとに屈するにいたったのか、史上かつてないこの大事件の真相を知りたいと思わないような愚鈍な人、あるいは怠惰な人がいるだろうか。

（『歴史』一・一・四〜五　城江良和訳）

ここに記された五三年間というのは、叙述の起点となった前二二〇年から、マケドニア王国がローマに敗れ、ポリュビオスが人質としてローマ市にくることになった前一六八年までの期間を指す。ところが、ポリュビオスはこの五三年間だけでなく、その後カルタゴが滅亡しギリシアでコリントスが破壊された前一四六年まで記述するよう、計画を変更している。同時代人のポリュビオスにとって、ローマ帝国の成立は前一六八年のピュドナの戦いで完成したのであるが、ローマが手に入れた支配権をどのように用い、征服された人々がローマの支配をどう受け入れたかも記述するため、延長したのである。ポリユビオスはつぎのように書く。

五三年の期間はそこで終わったのであり、ローマの覇権の拡大と前進はそのときすでに完結していたからである。……しかしながら、ただ戦いの結果だけから得られた判定というものは、勝者についてであれ敗者についてであれ、それだけでは十分ではないのであって……それゆえ先述の諸事件に続けて、戦いの勝者がその後どんな行動をとるようになったか、また彼らはどのように全世界に君臨したか、そして被支配者は支配者をどのように受け止めたか、またどんな感想をもったかということも書き加える必要があろう。

（『歴史』三・四・二〜六　城江良和訳）

本書がおこなおうとしているのは、同時代人のポリュビオスにははたせなかった、より長い時間の枠と広い視野で、帝国の成立を深部でとらえ観察することである。

ところで、そのポリュビオスは、前一四六年まで叙述を延長しただけでなく、その書の初めの方で、前二二〇年より前の時代も描き、とくに前史として前二六四年、第一次ポエニ戦争の始まった年から述べている。この年から書くことによって、ティマイオスという人物が書いた歴史書の最後に接続することになるとポリュビオスはいう。ポリュビオスは、優れた先人の史書があればそれに続けて書くというギリシア人の歴史叙述の伝統に従って書いていたのである。しかも、ギリシア人の歴史叙述の伝統とは、先人の記述に繋げて書くという点だけではなかった。

古代ギリシア人は、早くから自国の都市国家の外で広く活躍し、自国以外に大国が存在することを認識して、過去を描く際に自分たちの国を叙述の基軸におくことをしなかった。自国の歴史を書くことをせず、大国の動きを軸として、広く「人の住みうる世界」を叙述することで「歴史」と考えたのである。古代ギリシア人に大きな影響を与えたオリエント世界にはそうした考え方はなく、ギリシア人の発明であるといえよう。彼らがまず歴史の担い手の大国とみたのは、アカイメネス朝ペルシアである。「歴史の父」ヘロドトスは、ペルシア戦争の歴史を描いたが、その書はペルシア帝国の歴史を基軸にしている。ヘロドトスの後、前五世紀の後半、ギリシア世界のうちで生じた大戦争をトゥキュディデスが描き、その後しばらくギリシアの歴史を描く者が出た。しかし、定着せず、前四世紀にギリシア人は再び大国に注目して歴史を書くようになる。その大国とは、北からギリシア本土に侵攻してきたマケドニア王国である。さらに、マケドニアについで注目したのが、西方から地中海地域の東部へ勢力を伸ばしてきたローマである。ポリュビオスはこのギリシア人の歴史叙述の伝統のもとで、ローマの世界制覇を描いたわけである。

ギリシア人の歴史叙述を通じて、大国の変遷、つまりペルシア、ギリシア、マケドニア、そしてローマを基軸にした歴史像ができあがっていった。ギリシア史学史を論じた藤縄謙三は、これがのちにローマ帝国支配下で、ローマ帝国のキリスト教化によってユダヤの「四大帝国説」とも結びつき、中世キリスト教世界へと引き継がれ、「世界史」として近代のヨーロッパ人に取り入れられることになったと指摘する。

私たちは、おもにオリエント、ギリシア、ローマ、ヨーロッパという順で論じられる「世界史」に親しんできているが、この四つを世界史を語る際の基軸にしたのは、近代のヨーロッパ人である。今日の歴史学研究に直接繋がる近代歴史学が一九世紀のヨーロッパ、とくにドイツで誕生したとき、「世界史」(ドイツ語で Weltgeschichte ヴェルトゲシヒテ)とは、地球上の各地の過去を広く描き出すものを指してはいなかった。世界史とは、人類最初の文明が誕生したオリエント世界から始めて、ギリシア文明、ローマ文明、そしてヨーロッパ中世・近代世界へと移っていく大きな変遷を指していた。オリエント、ギリシア、ローマ、ヨーロッパという四つの文明の変遷をもって世界史とするこの考え方は、二十世紀にも受け継がれ、第二次世界大戦後の日本の高等学校世界史の教科書も、基本的にそれを踏襲していた。「世界史」をどう描くかという課題は、現代日本の歴史学界でも論議を呼んでいるが、以上にみたように、伝統的なヨーロッパ中心主義的歴史観に基づいた「世界史」像は、古代ギリシア人の創造した歴史叙述に由来するのであった。

ポリュビオスの歴史書は、そうした古代ギリシア人の歴史学の伝統のなかで記述されたものであった。しかし、彼は大国に注目しただけでなく、自らの体験にも基づき、ローマがいかにして「人の住みうる世界」すべてを支配下に入れていったのか、その秘密を解明していった。ローマの制度を内部から眺め、とくにその政治体制を「混合政体」の論理で説明しようとしたのである。彼はローマ市に人質としてくる前、ギリシアの都市国家の政治家として活躍した人物であり、その歴史書は政治に役立つことを目的として書くと宣言している。そして、その周到な研究ぶりで、彼はローマの帝国化を解明することに貢献した。その叙述ゆえに、彼の『歴史』は世界史の嚆矢と呼ばれ、彼自身が最初の世界史家と呼ばれることもある。対象としたローマが、のちにオリエント地域まで支配下に入れる世界帝国になっていったことを勘案すれば、彼を最初の世界史家と呼ぶことは十分許されるだろう。また、その意味で、彼が歴史叙述を始めた前二二〇年という年は、帝国の誕生の年であるだけでなく、世界史の誕生の年ということもできる。

そのポリュビオスより少し遅れて、中国、前漢帝国には司馬遷《しばせん》があらわれた（前一四五年頃の生まれ）。司馬遷は父親の後を継いで太史令の官職に就いたが、前九九年に匈奴の捕虜となった将軍李陵《りりょう》の弁護をして武帝の怒りを買い、獄に投じられ、のちに宮刑に処せられるという苦しみを味わった。そうした生涯にあって、彼は中国の歴史書の典型となる全一三〇巻の大著『史記』を書き上げたのである。『史記』は、伝説上の帝王である黄帝から同時代の前漢武帝までを扱っている。ここに中国の正史が始まった。正史はもちろん中国を基軸とする点でポリュビオスの歴史書とは大きく異なるが、時代の課題に応じた比類なき大著という点でみれば、この両者には世界史的な共時性を認めることができるのではなかろうか。

ポリュビオスを超えて

ポリュビオスは前二世紀の終わり頃、落馬がもとで死んだと伝えられている。彼は、人質としてローマ市に送られ、故国がローマの支配下に入れられたにもかかわらず、ローマ人から厚遇されたこともあり、また何よりローマの力に圧倒されてしまった。そのため、ローマによる征服や影響力行使によって服属するようになった地域の側に視点をおいて、ローマの征服過程を批判的な目でみる、ということは少なかった。彼は、その長大な歴史書の最後で、つぎのように書いている。

……以上の任務を終え、私はローマから帰国した。このときの成果は、私の公的活動の掉尾を飾るいわば花道となったのであり、ローマへの誠意がここに報われたのである。しかし運命というものはとかく人間に妬みを抱きやすく、とりわけ人がその生涯の幸福と成功の絶頂にあると思っているまさにそのときに力を発揮するものであるから、残された私の人生が最後までこのままここに留まってくれるように、すべての神々に祈りを捧げよう。（『歴史』三九・八・一〜二　城江良和訳）

本書では、ポリュビオスを史料として重視しつつも、被征服者・被支配者の側からの観察をとおして帝国の成立を叙述したい。支配者側の史料しか残らぬことの多い古代史にあって、被征服者・被支配者の側からの考察は容易でないが、諸地域に生きる人々やその為政者たちの経験に注目することが、帝国の成立や形成に新たな歴史像を与えてくれるだろう。

現在のイギリス本国にあたるブリテン島には、紀元後一世紀の前半まで、先住の人々が多くの集団（部族）に分かれて暮らし、大陸の文化の影響を受けつつ、独自の社会を形成していた。集団間の争いも頻繁に生じていた。そこに、四三年、ローマ帝国第四代皇帝クラウディウスは四万人の兵士を送って征服戦争を始めた。ブリテン島の先住者たち、とくに島の南東部の人々はローマの存在を知っていたであろうが、多くの民は、また新しい部族が南からやってきたくらいにしか思わなかったかもしれない。しかし、その新しい軍隊は、武力で征服しただけでなく、ずっといすわり、町をつくり道路をつくって、島を変え始めた。都市ができ、公共浴場が建てられ、剣闘士競技場もつくられた。ローマの神々のために神殿が建てられ、ラテン語や法律、そして貨幣も持ち込まれた。先住の人々、とくに上層民の生活は一変したのである。

反乱も起こったけれども、ローマ軍侵攻の一〇〇年後には、少なくとも表面上はブリテン島の政治的枠組みは統一され、部族集団間の戦いはなくなった。人々は帝国ローマのシステムのなかで生きてい

ロンドン北方、
セント・オールバンズに残るローマ劇場遺跡

た。都市的集住地の家々は藁葺きから瓦葺きに変わり、手びねりでつくられていた土器は、ロクロを用いた美しい陶器に取ってかわられた。もはや人々は後戻りすることができない過程に組み込まれていたのである。それが帝国の力であった。

もちろん、先住者たちの主体性を無視することはできない。ブリテン島では、ローマの神殿や神々に奉献された記念物がつくられても、人々はそこにローマの神だけでなく在地の神を習合させたし、独自の文化の維持もおこなっていた。さらに、考古学者の調査結果に基づけば、ローマ風の生活様式が島全体に行き渡ったとはとうていいえない。にもかかわらず、四世紀の終わり頃までは、この島の人々はローマ帝国という一つの枠組みとシステムのなかで暮らしていたのである。帝国の発祥地ローマ市からは僻遠の地といってよいブリテン島でも発揮された支配のシステムの「力」と先住の人々すら変えた生活の「魅力」、それらは帝国の本質と直結するものだった。

本書が扱う時代、同じ時間を洋の西と東で生きた人々、彼らは相互に知りうることはほとんど何もなかっただろう。しかし、似たような課題に直面していたかもしれない。「帝国」という巨大な怪物と意識的に、あるいは無意識のうちに格闘していたかもしれない。この共時性に着目すると、地域世界の歴史は俄然グローバル化し、二十一世紀の「世界史」に近づく。それでは、本論で具体的に古代世界の転換をみていこう。始まりはスペインである。

一章　変わりゆく地中海

宮嵜麻子

1　ローマ帝国の形成とスペイン

ローマ帝国とスペイン反乱

スペインというと、セルバンテスの『ドン・キホーテ』をご存じない方はおられまい。では同じセルバンテスの戯曲、『ヌマンシア』をご存じであろうか。スペインでは知る人ぞ知る作品であり、日本語訳もある。この戯曲の主人公はヌマンティア（スペイン語でヌマンシア）。人の名ではない。スペインが位置するイベリア半島で、前二世紀にローマに対して反乱を起こした、先住民ケルトイベリア人の居住地の名である。この町は、前一三三年にローマの将軍スキピオ・アエミリアヌス（小スキピオ）の攻略を受けて全滅した。セルバンテスは、ローマの大軍に攻囲されて、餓死者を出しながらも抵抗し続けたこの町の人々の最期を描き、自由のためには生よりも死を選ぶ、スペイン人の勇気と気高さを謳いあげた。十七世紀のこの作品だけではない。十九世紀末頃以降、ヌマンシアはスペインの国民統合の象徴として讃えられた。現在もヌマンティア遺跡の入り口には、二千年以上前に侵略者と戦った人々を讃える、一九〇四年建立の顕彰碑がある。

もう一つ。ウィリアトゥスという名をご存じだろうか。こちらは前一五〇年以降、やはりイベリア半島の先住民であるルシタニア人を率いてローマと激しく戦い、いくども大勝利をおさめた人物の名である。彼はもともと名もない農民(あるいは羊飼い)であったが、知略に富み、慎重で度量の広い人物としてローマ人、ギリシア人の史料でも描かれている。十六世紀ポルトガルの大詩人ヴァス・デ・カモンイスは、祖国の栄光を謳った叙事詩『ウズ・ルジアダス』(こちらも翻訳がある)のなかで、ウィリアトゥスを建国の英雄の一人として描いた。また、スペインの宮廷画家デ・マドラーソ・イ・アグードに『ウィリアトゥスの死』という、ちょっとアングルやダヴィッドの歴史画を思わせる作品がある。これはナポレオンがスペインに侵攻した一八〇八年に製作された。

ヌマンティア遺跡に立つ
20世紀初頭の顕彰碑

ホセ・デ・マドラーソ・イ・アグード『ウィリアトゥスの死』(1808)
プラド美術館(マドリード)所蔵

前二二〇年以降、地中海諸地域は一つの世界と呼びうるものへと変質していったと、歴史家ポリュビオスは述べている。そしてその到着点がローマ帝国の成立である、と。ただし、ローマ帝国形成の歴史は、一般にはポリュビオスの記述した前二二〇年ではなく、前二一八年の第二次ポエニ戦争の勃発に出発点がおかれる。西地中海最大の勢力であったアフリカの都市国家カルタゴと、新興勢力であったイタリアの都市国家ローマとの、この二度目の戦争は、じつはイベリア半島から始まった。そしてこの戦争に勝ったローマは、イベリア半島の広大な空間を、属州ヒスパニアとして支配することになった。このイベリア半島での属州建設から、ローマ帝国の形成が本格的に始まる、といわれるのだ。

しかし、属州建設以後のイベリア半島では、冒頭で紹介したような先住民の反乱があいついだ。ローマ帝国に統合されることへの先住民の反応が、反乱というかたちで噴出したのである。ローマ帝国最初期の歴史は、こうした反乱の歴史なのだ。カルタゴに勝利したローマが、イベリア半島に属州を建設したからといって、ローマ帝国が容易に確立したわけではないということである。ではいつ、どのようにしてローマはこうした抵抗を解消し、帝国として安定した統治を打ち立てていったのだろうか。

この章では、第二次ポエニ戦争期からその後の前二世紀にかけて、繰り返される反乱のはてに、イベリア半島が最終的にローマに統合されていくまでの過程をみていくことにしたい。その際にとくに留意したい点を、続けていくつかあげておこう。

ローマ帝国と属州

先に、属州ヒスパニアの建設から、ローマ帝国の形成が本格的に始まる、という説を取り上げた。ローマ帝国はイタリア半島以外の各地域を属州として支配したと、高等学校世界史の教科書などでも説明されている。ところが、この「属州」という語は、じつは少々やっかいなのである。この和訳の原語はラテン語の「プロウィンキア provincia」であり、これは英語の「プロヴィンス province」の語源である。英和辞典によるとプロヴィンスの第一義は行政区分としての州、省、県などとなっている。つまり、現代語ではこの語はまず、ある特定の区域を意味し、空間的な概念を備えている。古代ローマでも、本章で扱う時期より遅くなると、プロウィンキアとは普通そういう意味で用いられた。ローマが海外で獲得した空間を統治するための区域が、プロウィンキアと呼ばれたのだ。そこで、日本語では一般に「属州」という訳を用いる。

属州に生きる住民(属州民)は、都市国家ローマの市民とは立場が異なった。法制度上、属州民は国家の正規構成員ではない。したがって、国政に参与するといった、市民がもつ諸権利に欠けている。その一方でローマという国家に属している者として、税の支払いやローマ軍の補助的な役割を担う部隊での軍役を課せられた。つまり、同じローマという国家のなかに生きていても、属州民は明白に被支配者であり、ローマ市民が彼らの上に立つ支配者であったわけだ。

属州には、軍を率いた総督が派遣された。彼らは、行政・司法担当者であると同時に、軍司令官でもある。総督は、担当属州を統治するにあたって、理論的には無制限の裁量権を備えていた。彼らは属州の為政者であるから、むろん属州民の利害に配慮すべきであった。しかし多くの場合、属州民は総督自身や、総督の目こぼしを得たローマ人商人・請負業者の厳しい搾取を受けた。前一世紀の政治家キケロは、属州シチリアの総督であったウェレスなる人物を弾劾する演説を残している。そこには、ウェレスがいかに悪質な手口で担当属州の人々を苦しめたかが、縷々と述べられている。経済搾取だけではない。全体として属州民は、いわば総督の胸先三寸で扱いが決まる立場にあったのだ。ローマは、しばしば属州内にローマ市民が住む都市(「植民市《コロニア》」と呼ばれる)を建設した。また属州民の一部をローマ市民に格上げもしたので、属州の内部構成はかなり複雑だった。しかし大雑把にいえば、支配者ローマ市民が生きるローマ市およびイタリアと、被支配者が生きる属州の総体が、ローマ帝国の法制度的な基本構造であった。つまり、属州こそがローマ帝国の支配のための枠組みであったということになる。

ところが、この章で扱う時期に関しては、じつはこのような意味で、ローマ帝国の統治区域がイベリア半島におかれた、とはいい切れないのだ。というのも、この時期のプロウィンキアという語の意味は、一義的には空間的なものではなかったからである。

もともとプロウィンキアという語は、ローマ国政上の要務を担当する役職者（政務官）の、軍命令権（インペリウム）行使をともなう任務のことを意味した。個々の政務官の職務内容や就任資格などはなかなかに複雑なので、これから先、必要に応じて取り上げていくことにしたい。さしあたって必要な点だけを述べると、政務官のうちでもインペリウムを行使しうる正規の職は最上級職の二つ、すなわち執政官と法務官のみである。この二つの職に与えられた軍事的任務が、プロウィンキアだったのだ。ローマは前三世紀になると、イタリア半島の外で戦争をおこなうようになる。すると当然プロウィンキアも海外に向けられるようになった。それも通常は、あるプロウィンキアはおのずからある特定の敵に対する、ある特定の空間に限定される。このため、任務としてのプロウィンキアは、任務遂行の場として想定された、海外の特定空間を連想させることになった。

しかし、本来のプロウィンキアの意味は残り続ける。とくに、前三世紀末の段階ではまだ一般に本来の意味で用いられていた。例えば、第二次ポエニ戦争勃発の前二一八年には、執政官のプブリウス・コルネリウス・スキピオ（小スキピオの曾祖父にあたる）が、イベリア半島をプロウィンキアとして得た。しかし、イベリア半島の手前に到着した時点で、すでにハンニバルがイタリアに向かって進軍中であることを知った将軍スキピオは、自分も軍を率いてイタリアに戻った。このことは、彼のプロウィンキアがイベリア半島という空間ではなく、カルタゴ軍と戦うという任務であったことを示している。プロウィンキアという語は、第二次ポエニ戦争をとおしてそうした意味で用いられているし、前二〇一年の戦争終結後もしばらくは変わっていないように見受けられる。

このようにみていくと、前一九七年にイベリア半島に属州が建設されたというのは、実際には何が起こったということなのか、その点を考える必要が出てくる。この時点で、のちのローマ帝国にみられるような統治機構としての属州が、はたしてイベリア半島においてどの程度実現されたのであろうか。

先住民とローマ人

帝国形成の過程をみるなかでは、機構の問題とあわせて、人間の問題も考える必要がある。つまりイベリア半島の先住民と、半島へ進出したローマ人がおかれた状況を検討しなくてはならないのだ。ローマが進出する前のイベリア半島には、先住民の多様な部族があった。そのなかには第二次ポエニ戦争中、ローマ軍に対して友好的な部族も、敵対的な部族もあった。後で詳しく述べるが、各部族は自らローマに対する態度を決めていたし、ローマ側もそうした彼らを懐柔しようとしていたように見受けられる。先述の将軍スキピオも、イベリア半島では、諸部族を個別に手なづけようと努力している。

しかし、前二世紀にはいると、先住民のローマに対する反乱が繰り返されるようになる。いくつかの部族が結束することもあった。彼らはなぜ反乱を起こしたのだろうか。反乱を起こす以上、なんらかの不満をもっていたり、不利益を蒙っていたと考えるのが自然である。ローマ帝国の形成は、先住民にどんな不満を感じさせ、どんな不利益をもたらしたのだろうか。帝国形成の歴史は反乱の歴史と、前に述べた。このことの意味を、具体的に考えてみる必要がありそうだ。そして、そのためには反乱の当事者である先住民の状況を、ローマの属州となる以前から、反乱後まで幅広く見渡すことが重要となろう。

一方、ローマ人にとって、帝国形成は何をもたらしたのだろうか。

前三世紀末以降のイベリア半島では、プロウィンキア《任務》を帯びた政務官が、将軍として軍を率いて戦った。彼らの多くは有力政治家、それも元老院議員である。当時のローマは共和政という政体であった。おもに有力な家門の出身者が議員である元老院という機関が、民会(全市民による決議機関)や政務官を指導する体制で、国政が動いていた。したがって政治家にとっては、元老院において大きな影響力を行使できることが、権力を握る鍵となった。将軍として戦功をあげれば、声望を得ることができ、帰国後に政治的影響力の増大を望める。その彼らにとって、頻発するヒスパニア反乱は、大きなチャンスを意味するようになった。例えば、先にあげたスキピオ家は、前二世紀には元老院の一大勢力を保った。この家門からは、前二一八年以降も、何人もの家門構成員が将軍としてイベリア半島で戦っている(三一頁の家系図を参照)。小スキピオもその一人である。こうした新たな権力獲得のチャンスは、ローマの政治にどのようなかたちで作用したのだろうか。

他方、一般のローマ市民にとっては、ヒスパニア反乱は大変に迷惑な事態であった。当時のローマ軍の主軸は市民兵によって構成されている。このため、多くの市民がヒスパニアに出兵した。しかしその負担は非常に重く、このため前二世紀も半ばになると、しばしば市民のなかで募兵の拒否という事態が起こるようになる。この事態は、ローマの社会と政治にどのような影響をおよぼしたのだろうか。

このように、帝国形成期のヒスパニア反乱が、被支配者側である先住民たちにも、支配者側であるローマ人にもどのような変化をもたらしたのか、さらにそれが相互にどう影響し合ったのかを考える必要があるのだ。

最後に、本章の内容を支える根拠について、簡単にふれておこう。当時のイベリア半島の状況を私たちに伝えてくれる文献資料は、古代ローマ時代のほかの時期、ほかの地域に比べると、比較的豊かに残っている。ただし、問題もある。まず文献資料は、すべてローマ人やローマ人に親しい(ポリュビオスのような)ギリシア人が書いたものであり、したがって当然、彼らの視点しか示されていない。現地住民側の考えを、文献資料から直接読み取ることはできないのだ。また文献資料の大半は、後世の著述家が書いたものなので、信憑性に欠けたり、あるいは後世のバイアスが反映されていたりする怖れはぬぐえない。さらに、いくら比較的豊富だとはいっても、やはり必要な情報が多く欠落している。本章では、できる限りさまざまな文献資料を突き合わせ、また考古学調査や碑文研究などの成果を援用することにしたい。まずは、第二次ポエニ戦争前の前三世紀に、ローマとイベリア半島がどのような状況であったのかを確認することから始めていこう。

2 前三世紀のローマとイベリア半島

前三世紀のローマ

ローマは、前八世紀頃にイタリア半島中部の都市国家として生まれたと伝承でいわれている。しかし前三世紀半ば頃までに、イタリア半島の大部分を支配するようになる。ただ、この時期のローマのイタリア支配とは、基本的にはほかの都市国家と個別に結んだ同盟関係を軸に、他国を自国の意思に従わせるというものであった。ローマがイタリア全土を国土化するようになるのは前一世紀のことである。前

スキピオ関連家系図

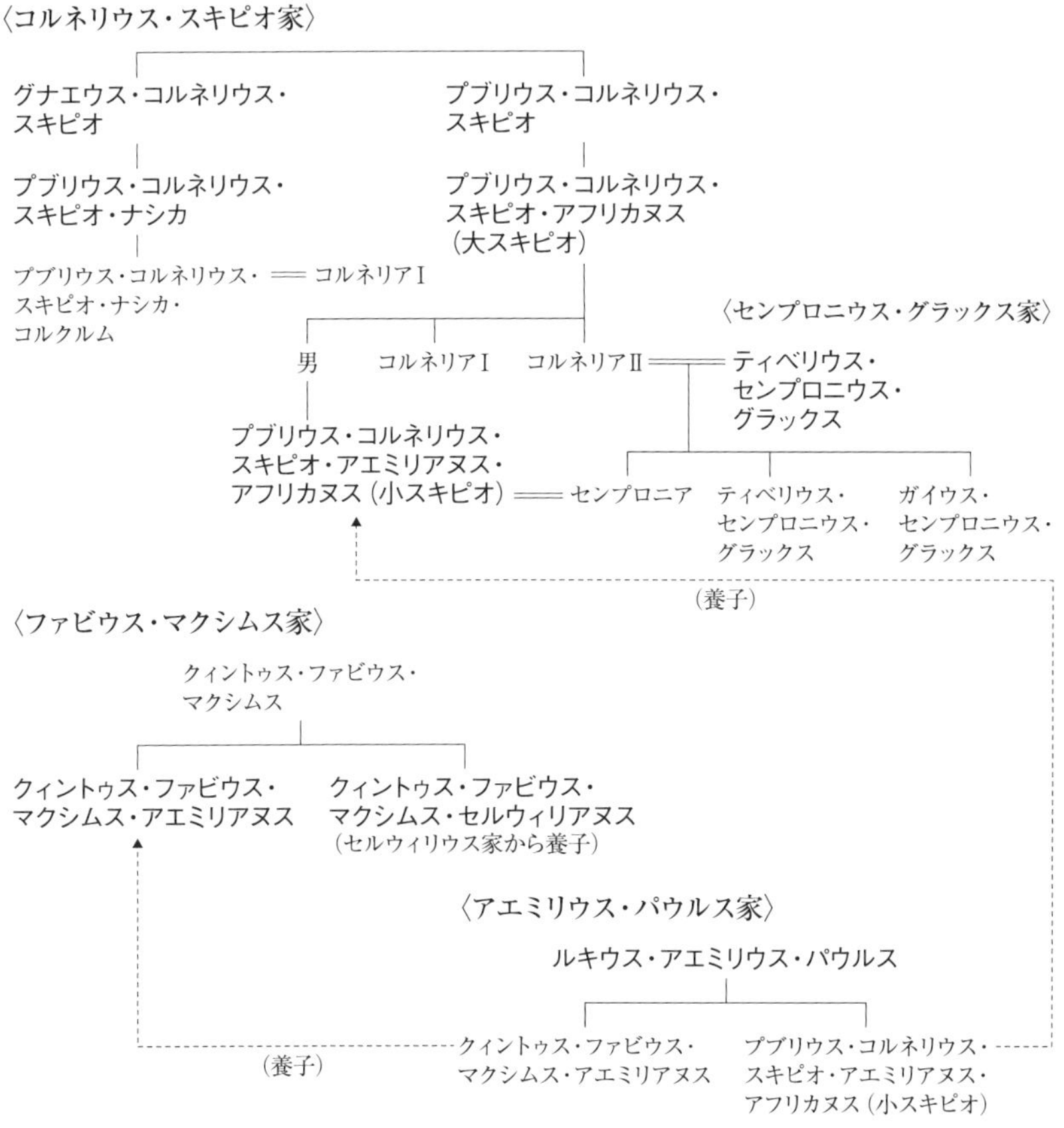

＊**太字**はヒスパニアで将軍として活動した人物。
＊ローマ人男性の名は通常，個人名・氏族名・家名の三つで構成される。しかしこれに加えて，しばしばなんらかの特徴を示す（例えば大きな功績。あるいは養子となった場合は実家の名など）第四，第五の名が加えられることもあった。例えば小スキピオの場合は①プブリウス（個人名）・②コルネリウス（氏族名）・③スキピオ（家名）・④アエミリアヌス（実家の氏族名から）・⑤アフリカヌス（カルタゴに対する勝利を称えて）となっている。これに対し，女性の名は氏族名を女性形に語尾変化したものだけだった。したがって，例えば大スキピオの2人の娘の名はどちらもコルネリアである。

三世紀末の段階でも、イタリアにはまだ多くの都市国家があり、ローマもその一つにすぎなかったのだ。

他方、前三世紀半ばには、ローマはイタリアの外、つまり海外へ進出し始めた。ここで、第一次ポエニ戦争(前二六四〜二四一年)が大きな意味をもつ。このカルタゴとの最初の戦争は、イタリア半島の南、シチリア島をめぐる抗争に端を発している。シチリアには当時、ギリシア人、現地先住民、南イタリア住民の錯綜した勢力関係があったが、そこにカルタゴと、ローマ双方が介入したことで、両者の対決という局面が生じたのである。カルタゴはローマに敗れて、前二四一年に和平条約を結び、シチリアから撤退した。さらに、ローマは前二三七年には、やはりカルタゴの勢力下にあったサルデーニャ島、コルシカ島をカルタゴの支配から奪った。ここからシチリアが前二四一年にローマの最初の属州となり、続いてコルシカ・サルデーニャが前二三七年に二つ目の属州となった、と一般に説明される。イタリアにおける同盟関係とは異なる形態の支配が開始されたということだ。だとするとこの段階ですでに、ローマ帝国形成の過程が始まったともいえそうである。

しかし、この時のシチリアやコルシカ・サルデーニャがおかれた状況からすると、そう簡単にはいいきれないのだ。前二四一年にシチリアをカルタゴから奪った時点では、ローマにはむろん海外支配の経験そのものがない。両属州には長いあいだ、のちの属州にあるような制度が整えられることはなかった。おそらく同時代人は、それまでとは違う新しい統治制度を創設するという意図を、当初はもっていなかったのではあるまいか。せいぜいがプロウィンキア《任務》が必要とされる戦地の延長、という認識だったのであろう。だとすると、要するに当時のローマの海外支配は、イタリアにおける支配関係と本質的には変わらないものといえる。つまり、対等の都市や王国ないしは部族に対して、同盟関係を結ぶか、あるいは戦うかということであり、戦う場合は政務官がプロウィンキアを帯び、将軍として軍を率いるということだ。

全体に前三世紀のローマの海外進出のあり方については、あまり実態がわからず隔靴掻痒《かっかそうよう》の感がある。ただはっきりしている点は、この時点でローマ人自身がどんな制度や認識や意図をもっていたにせよ、ローマを取り巻く状況は、到底ローマによる世界の一体化といったことが可能になるものではなかった、ということである。いや、ローマでなくとも、どんな勢力であれそれは不可能であったろう。それは、例えばシチリア一つをみても明らかである。あの小さな島にさまざまな人々が住み、彼らの力関係や同盟関係、交易、文化的接触が入り乱れていたのである。そしてそれらが入り乱れ、かさなり合った状態を包摂しつつ、シチリアという一つの世界があった。東方に眼をやるとどうか。地中海東部に関しては次章で詳しく取り上げられるが、さらに複雑な様相があったことだけは述べておきたい。そこではギリシア人の都市国家とギリシア系諸王国、各地の在地諸王国あるいは諸部族がそれぞれ独自の世界を保ちつつ、相互にかさなり合い、またゆるやかにいくつかの文化圏・政治的まとまりを形成しながら、錯綜した勢力関係を展開していた。この東方世界とローマとの接触は、前三世紀の段階ではまだ本格的に始まってすらいないのだ。

こうして見渡すと、前三世紀後半には、まだローマが世界を一つにまとめるなどという可能性はどこにもない、といわざるをえない。ローマに敗れて三つの島々を奪われたカルタゴにせよ、不利な和平条約を受け入れたのちも地中海西部の大勢力であったことにはかわりはないのだ。地中海各地のさまざまな、そして互いに接触し、かさなり合う小世界。第二次ポエニ戦争勃発前のローマはその一つにすぎなかったといった方が当時の現実に近いだろう。前二一八年、ローマ人とはじめて出会ったイベリア半島住民にとっても、ローマとはそのような存在であったはずである。では、彼らイベリア半島の住民は、当時どのような状況におかれていたのだろうか。

イベリア半島の世界

ヨーロッパの西端に位置するイベリア半島は、大雑把にいうと四辺形をしている。そのうち東の一辺だけはヨーロッパのほかの部分と地続きだが、峻厳なピレネー山脈がそのあいだに立ち塞がっている。そのほかの三辺はすべて海に向かって開かれているが、この章で扱う時代には、大西洋側は大きな役割ははたさない。一方、地中海とアフリカに向き合っている二辺には、古くからさまざまな人々が到来し、前三世紀までにイベリア半島各地に勢力圏を形成していた。ここでは外来のギリシア人、カルタゴ人と、先住のイベリア人そしてケルトイベリア人、ルシタニア人という五つの大きなグループを取り上げたい。彼らは互いに接触し、往来はしていたが、文化的・政治的に統合して一つの世界を形成するということはなかった。その最大の理由は、イベリア半島内部の地理的条件にあるといわれる。半島の中央部には、平均高度六〇〇メートルのメセタと呼ばれる高地が横たわり、またその東西南北には山地が連なっている。半島に居住する人々はこの障壁に遮断されて融合することがなかった。

ギリシア人たちは、半島南東部沿岸に、帯状に勢力圏を形成した。とくにギリシア都市マッシリア(現在の南仏マルセイユ)から植民した人々が、いくつかの都市や居住地を形成し、半島内外を結ぶ交易

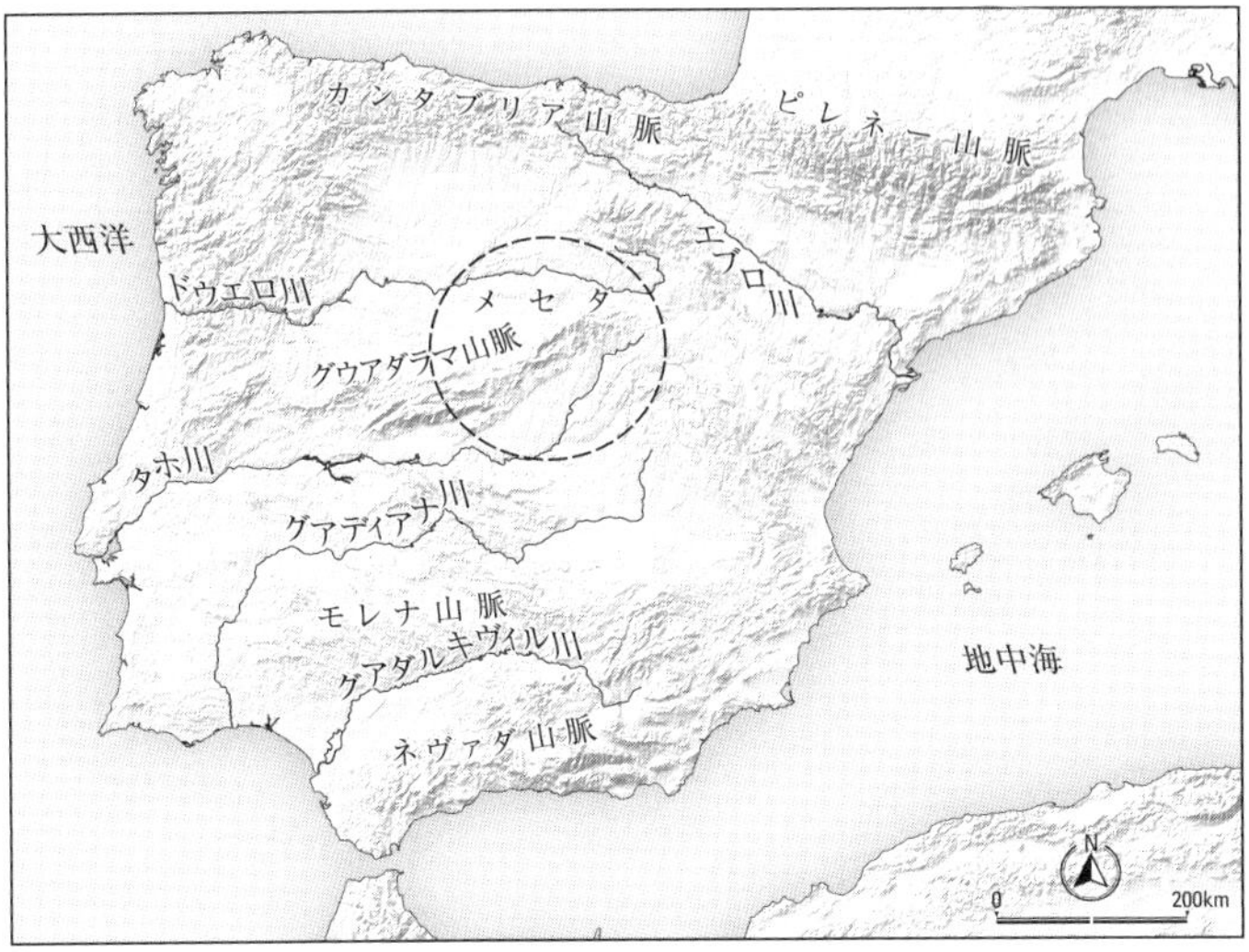

イベリア半島の地勢

に従事していた。カルタゴ人は、第一次ポエニ戦争後からイベリア半島に本格的な進出を開始した。この戦争で、カルタゴ軍を率いて善戦したハミルカル・バルカというカルタゴ貴族が、戦後、一門を率いて半島南部に移住したのである。ハミルカルはグアダルキヴィル川流域を支配下におき、さらにギリシア人勢力圏にまで勢力を広げた。彼の死後、女婿のハスドルバルが一門の長となった。現在スペイン南部沿岸にカルタヘナという港町があるが、これはハスドルバルが建設したものである。当時この都市はカルタゴ・ノウァ（「新カルタゴ」の意）と呼ばれた。

やっかいなのは先住民だ。彼らこそが前二世紀の反乱の主体であるが、その実像はわからない。古代の史料では、イベリア半島各地の先住民をあまり厳密に定義せずに、イベリア人とかケルトイベリア人あるいはルシタニア人とか呼んでいるからである。

実態はどうか。古い時期に関しては、考古学的、あるいは言語学的な知見に頼るしかない。イベリア人と呼ばれる人々の残した遺跡や遺物は、半島の各地で発見されている。ただしその時間的、空間的な広がりと内部の多様性があまりに大きく、結局何がイベリア人の固有性なのか、説明することは難しい。一方、ケルトイベリア人はどうか。じつはケルト人という概念自体が論争の的なので、そう簡単にイベリア半島のケルト人(すなわちケルトイベリア人)とはどんな人々か、はっきりと説明することはできない。しかし、少なくとも前六世紀頃以降のヨーロッパのほかの地域のケルト文化と、ある程度共通の風習や言語の痕跡がイベリア半島に散見されることがわかっている。だが、どうやらイベリア半島でのケルト文化はしだいに独自の展開を遂げたようである。このケルトイベリア的文化の特徴はとくに半島北東部の丘と山岳に囲まれた地域に顕著である。したがって、この地域(現在のカスティーリア・レオン州南部およびカスティーリア・ラマンチャ州北部の一帯)に定住していた人々が、狭い意味でのケルトイベリア人と考えられている。前三世紀頃のこの地域では、丘の上に無数の居住地が存在した。羊、山羊、牛が飼われ、穀物が栽培された。騎兵が特権的に政治と富を握り、世襲化して貴族層を形成した。「王」と呼ばれる権力者もいた。ただ、こうしたケルトイベリア的文化の諸特徴は半島のほかの地域でも散見される。

もっとも困るのは、ルシタニア人である。前二世紀の半ばには、ヒスパニアにおけるローマの最強の敵となるルシタニア人は、大まかにいうと半島西部一帯(現在のポルトガルにほぼ相当する)に勢力圏をもっていた人々を指す。半島西部は、メセタ南西端から西に延びる険しいモレナ山脈によって、グアダルキヴィル川流域一帯から遮断されている。この地域の住民は、しばしば外の世界に侵入して略奪行為をおこなっており、イベリア人やケルトイベリア人から怖れられていた。この人々を史料は大雑把にルシタニア人と呼んでいるが、その実態は杳《よう》として知れない。

このように、史料上も、実態面からしても半島のどこのどの人々がイベリア人であるとか、ケルトイベリア人であるとかルシタニア人であるとか截然《せつぜん》と分けるのは難しい。それでもあえて大摑みにいえば、半島の北東部はケルトイベリア的、南部はイベリア的、そして西部はルシタニア的世界と考えることができよう。

ここまでみてきたように、前三世紀の段階でのイベリア半島は、ピレネー山脈によってヨーロッパのほかの部分から遮断されてはいても、半島全体が一つの世界だったというよりは、内部にいくつかの小世界が存在していたという方が実態にそくしていたのである。これらの世界が、外来人であるカルタゴ人とローマ人とのあいだの第二次ポエニ戦争に巻き込まれていったわけだ。その時、こうした小世界の先住民と、カルタゴ人、ローマ人とはどのような関係をもつことになったのか、続いてそれをみてみよう。ただしみてきたとおり、この先で取り上げる先住民たちのなかには、はたしてどういう人々なのか判断できない者が多い。ここでは史料中の表現に従いつつ、考古学調査などで同定できる場合はその知見を用い、それ以外の場合は先住民と総称しておくという折衷的なやり方をとおしたいと思う。

もう一点、問題がある。前三世紀や前二世紀頃の先住民は、いくつもの部族に分かれていたと、一般に説明される。ただし「部族」という語は、普通は血縁関係や信仰を共有した、基本的に対等な人々の狭い社会集団を指す。だがみてきたとおり、この頃のイベリア半島にはもっとゆるやかでいくつもの血縁集団が有力者のもとに集まった（つまり上下関係がある）、一種の政治的なまとまりがあったようである。したがって、本当は「部族」という表現はあてはまらない。他方、史料のなかではさまざまな社会集団に属する人々があたかも一つの部族の成員であるかのように語られていることもままある。このように部族という語を用いると実態にそぐわない事態が生じてしまうのだが、しかしでは何と呼ぶかという適切な語は見当たらない。ここでは伝統的に用いられてきた「部族」という表現を踏襲し、「○○族」という表現を使うことにしたい。

第二次ポエニ戦争とイベリア半島

戦争前から先住民と接触があったのは、カルタゴ人である。前出のハスドルバルは、早くからイベリア人と友好的な関係を築くことに心を砕いていた、と伝えられる。彼はイベリア人のある部族長の娘と結婚し、全イベリア人から「至上の将軍」または「王」と呼ばれた。また、前にも述べたとおり、カルタゴ・ノウァを建設した。そしてそこに、カルタゴとの往来に至便な大規模港湾施設を整え、さらに「王宮」を造営した。

ハスドルバルはまた、前二二六年頃にローマとのあいだに、イベリア半島の勢力範囲をめぐる条約を結んだ。この条約の内容や意図については、現在も論争が続いている。しかし、どうやらカルタゴ人は半島東部のエブロ川を、武器を携えて渡河しないと約定したらしい。ピレネー山脈と並行して南下し、地中海にそそぐエブロ川は、その西にイベリア半島のほぼ全域を控えている。他方、その東でピレネーの切れ目を越えればガリアの地(現在のフランスなど)だ。条約の目的は措《お》くとして、ローマもイベリア半島におけるカルタゴの勢力を承認していたということは確かなようである。このように、すでに第二

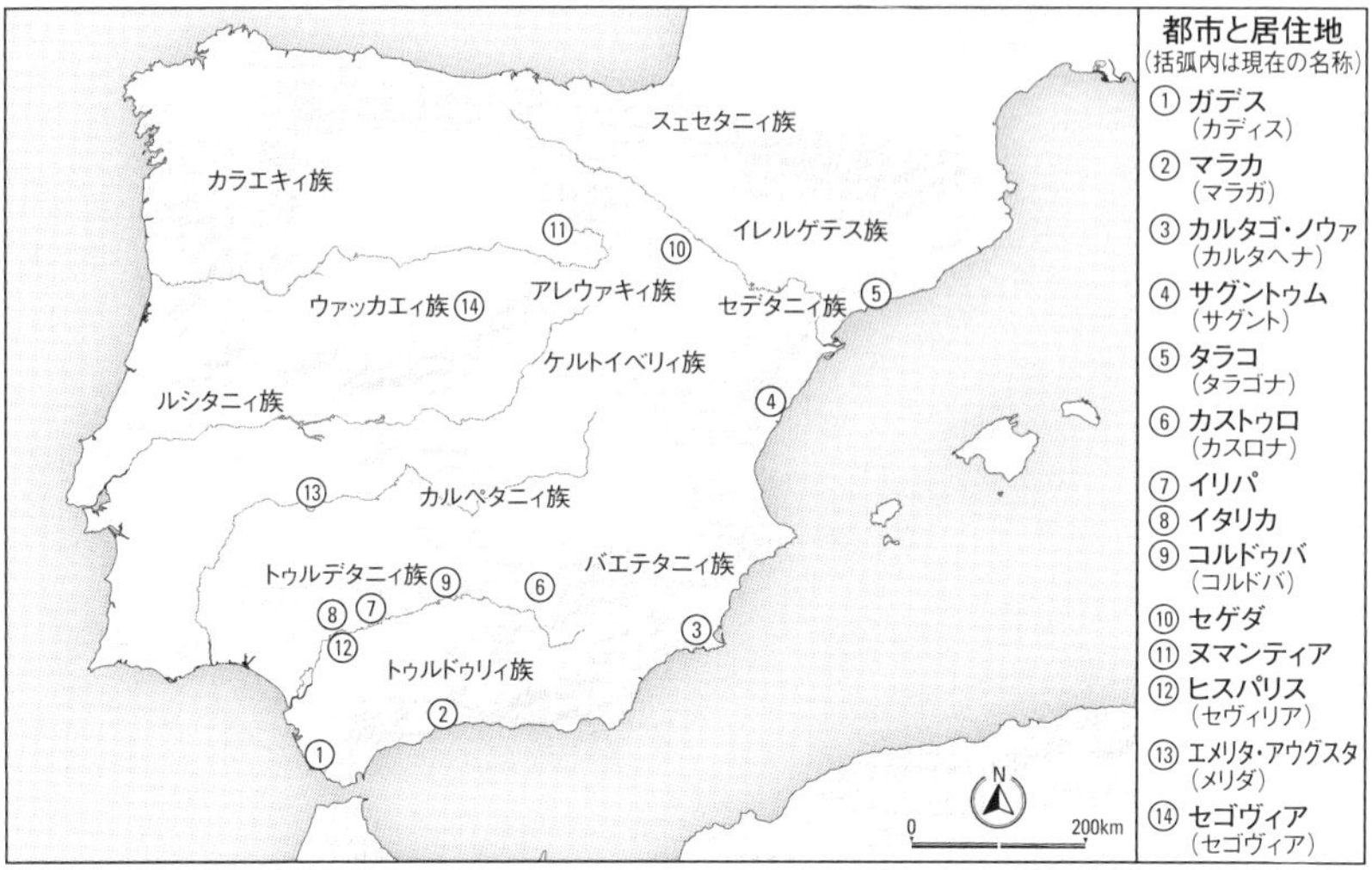

前3世紀頃イベリア半島のおもな部族と都市・居住地

次ポエニ戦争勃発より一〇年ほど前から、バルカ一門はイベリア半島南部において一門の地歩を確立し、さらに半島のほかの部分に勢力を拡張しつつあった。

とはいえ南部以外では事情は異なった。ハスドルバルの死後、義弟のハンニバルが後継者となり、ハスドルバルの方針を引き継いだ。ハンニバルもまたイベリア人部族長の娘を妻とし、半島南部で先住民との良好な関係構築に腐心した。その一方で、ハンニバルは前二二一年から軍を率いて北上し、ドゥエロ川とエブロ川のあいだのケルトイベリア人ヴァッカエィ族などを攻撃して降伏させている。彼のこの行動は、ハスドルバルが生前から立てていた方針を踏襲したものだった。北部の先住民(おもにケルトイベリア人)は、軍事力で服属させるべき相手だったのだ。カルタゴ人は、イベリア半島内部の小世界ごとに対応を変えていたということである。

カルタヘナ（古代のカルタゴ・ノウァ）の「ハスドルバルの山」（写真中央）
ここに「王宮」があったという。丘の上の建造物は中世のもの。

ところで、前二一八年の宣戦布告後、ローマの将軍プブリウス・スキピオがいったんイベリア半島に向かったが、イタリアに進軍したハンニバルを追って、自分もイタリアに戻ったことはすでに述べた。しかしこの時彼は、軍の大部分をイベリア半島に向かわせ、自分の兄グナエウスにその指揮を任せた。そして結局は、プブリウス自身も前二一七年にはイベリア半島に戻り、イタリアでのハンニバルの席巻を尻目に、イベリア半島で作戦を継続することになったのである。これはなぜだろうか。

　理由は、イタリア半島のハンニバル軍にとっての主要な輜重《しちょう》補給源が、なんといってもイベリア半島だったことにある。具体的にはまず武器、食糧、金銭である。ハンニバルは先のイベリア半島制圧の過程で、降伏した諸都市・居住地から、多くの食糧、金銭を略奪するか、あるいは供出させていた。もう一つ、バルカ一門がイベリア半島で開発した鉱山がある。ここから産出される銀は、カルタゴの戦費を賄った。ハンニバルは、イベリア半島からこれらをイタリアに輸送させようとしていた。もう一つ重要なのは、イベリア半島が、戦闘に必要な人員をカルタゴ側に供給していたことである。ハンニバル軍には、アルプスを越えてイタリアにはいった時点で、一万二〇〇〇人のカルタゴ歩兵とならんで八〇〇〇人のイベリア人歩兵がいたという。またハンニバルはイベリア防衛のために半島に残した弟ハスドルバル(義兄と同名の人物)の手元に、五七隻の軍艦、二一頭の軍象、一万二六五〇人の歩兵を残したが、そのなかにも多くの先住民がいた。さらにアフリカ本国の防衛のためにも、多くのイベリア先住民が派遣されている。これらイベリア出身の兵は、一部はカルタゴの要請に応じて各部族から供出され、一部は傭兵としてカルタゴに雇われていた。

このように、戦争中もイベリア半島は、ハンニバルにとって重要な意味をもった。したがって、先住民との関係維持も、戦争に勝つために必要不可欠なものであった。しかしその関係が単純でないこともわかる。相手によっては供出される兵を頼り、または傭兵として雇用関係を結びつつ、別の相手とは彼らの都市から金品を略奪したり、人質をとったりしている。こうした相違は、基本的に南部のイベリア人と、北部のケルトイベリア人とのそれぞれの小世界に対応している。しかしそれぞれのなかでも部族単位で、友好的関係と軍事力による強制の微妙なバランスの違いがあった。第二次ポエニ戦争中のカルタゴ人とイベリア先住民の関係を見渡していえることは、少なくともこの時点でカルタゴがイベリア半島全体を統治しているとか、先住民を一律に支配したとかといった状況は、そこにはなかったということである。

これは、イベリア半島に本格的に進出してきたローマ人にもあてはまる。みてきたとおり、ローマ軍がイベリア半島で作戦を展開したのは、戦略上の必要性があったからだ。この段階で、イベリア半島を恒常的に支配しようという意図はない。はじめて足を踏み入れるイベリア半島で、スキピオ兄弟がまず取り組まねばならなかったのは、現地住民のなかに作戦上の協力者を見出すことであった。

最初にイベリア半島に上陸した兄のグナエウスは、まず沿岸部の先住民諸部族の居住地を攻略した。しかしその後は、住民を懐柔し、そこから兵員を得てエブロ川流域への進軍をおこなっている。弟のプブリウスが到着して、前二一七年の夏頃までめざましい勝利をあげたのち、ハスドルバルの人質となっていた先住民の有力者子弟が、スキピオ兄弟のもとに逃亡してきた。遅くとも前二一三年までには、ローマ人もまた現地住民を傭兵として雇い入れていたようである。逆に前二一六年にはハスドルバルに対して、本拠地であるグアダルキヴィル川流域の諸部族（つまりイベリア人）が、反乱を起こしている。この年、カルタゴ本国がハスドルバルに対し、兄を援護するためにイタリアに渡るよう指令を送った。しかし、ハスドルバルは断った。理由は、自分がイベリア半島を離れるという噂が流れただけで、カルタゴ側にとって致命的な打撃になるであろう、というものであった。つまり先住民の、ローマ側への寝返りの怖れがぬぐえないということである。

しかしそれは、先住民が全面的にローマ人側に味方したということではない。スキピオ兄弟は、そのことを極めて厳しいかたちで思い知らされた。前二一一年、すでにグアダルキヴィル川流域にまで迫っていた彼らは、別動作戦をとっていた。この時、ハスドルバル軍に対峙していたグナエウスのイベリア人傭兵が、ハスドルバルの扇動によっていっせいに脱走し、グナエウスは後退せざるをえなくなった。

スキピオ兄弟および大スキピオの戦い

一方、プブリウスの軍は、カルタゴと同盟関係にあったヌミディア王国(現在のアルジェリア北部一帯)の軍に包囲されていた。そこへ、ハスドルバルに与《くみ》するケルトイベリア人スェセタニィ族とイレルゲテス族が、ハスドルバルの救援に近づいているという情報がはいった。プブリウスがこれを迎え撃とうと陣を離れたタイミングで、ヌミディア軍が彼の軍を急襲した。ローマ軍は敗北し、プブリウスは戦死した。さらに、弟と合流しようとして移動中だったグナエウスの軍も追撃されて、潰走のなかでグナエウスも戦死した。

このように、先住民の動向いかんによっては、ローマ軍が破滅する結果にもなったのだ。戦況自体は、前二一〇年にプブリウス・スキピオの同名の息子がイベリア半島に着任して、ローマ側に好転した。このスキピオが、のちにカルタゴ本拠地を叩いて、長く苦難の連続だった第二次ポエニ戦争をローマの勝利に導いた人物である。彼はその功績を讃えられ、スキピオ・アフリカヌスと呼ばれた。しかし、やはりアフリカヌスと呼ばれた養孫、小スキピオと区別して「大スキピオ」とも呼ばれるので、ここでも彼をそう呼ぶことにしよう。大スキピオはギリシア圏のタラコ（現タラゴナ）を拠点としつつ、カルタゴ・ノウァ攻略に成功し、カルタゴ軍を一気にグアダルキヴィル川流域に押し返した。ついで前二〇八年には、グアダルキヴィル川上流バエクラ（現在のカスロナ近く）でのハスドルバル軍との戦闘を制した。さらに前二〇六年初頭にイリパ（現在のセヴィリア近く）の戦いで、カルタゴ軍の最後の抵抗を打ち破った。

ここで大スキピオ着任以降の、先住民の動向をみておこう。大スキピオがカルタゴ・ノウァを攻め落とした時点で、カルタゴ側に味方していた先住民のなかからローマ側に走る者が続出した。例えば、父のプブリウス敗死の際には、ハスドルバル側だったイレルゲテス族もそうである。大スキピオは彼らに、カルタゴ・ノウァの戦闘で確保した、同族の女性たちを返還したという。彼女たちは、おそらくハスドルバルに人質として差し出されていたものであろう。バエクラの戦いを制した大スキピオのもとには、さらに多くの諸部族が集まった。彼らは大スキピオを、自分たちの王と呼ぼうとした。大スキピオはこれを断って、「将軍」と呼ぶように求めた。

しかし、すべての先住民が彼の側についたわけではない。イリパの戦いでは、スキピオ側には、ケルトイベリアのある部族の首長クルカスなる人物がいた一方で、カルタゴ軍のかたわらには、グアダルキヴィル川流域のトゥルデタニィ族が並んでいた。史料でトゥルデタニィ族と呼ばれる人々のなかには、その実さまざまな部族が含まれていたと考えられている。グアダルキヴィル川流域の広範囲なイベリア人が、カルタゴ側についたということであろう。ローマの勝利が明らかになった時、トゥルデタニィ族の首長らは、カルタゴ側将軍に対して、夜陰にまぎれて撤退するように助言したという。この助言に従った将軍たちは、わずかな兵員とともにかろうじてスキピオの追撃を躱《かわ》し、アフリカに逃げた。イベリア半島における、ローマのカルタゴに対する勝利が決定したのであった。大スキピオは翌年に帰国して執政官に就任し、その後前一八〇年代半ばまで、元老院最大の発言力を保ち続けた。

ここまで、第二次ポエニ戦争のイベリア半島における、カルタゴ人、ローマ人と先住民との関係を追ってきた。以上からみえるのは何よりも、第二次ポエニ戦争中に先住民はカルタゴ人、ローマ人双方に対して多様な関係を結んでいたということである。地域による違いもあっただろう。また、カルタゴ人の場合はとくに、戦前の関係も影響したようである。しかし戦前からカルタゴ人と友好関係にあったグアダルキヴィル川流域のイベリア人ですら、場合によっては反乱を起こしている。どちらの陣営とどんな関係を結ぶかは、最終的には状況に応じて部族ごとの判断で決められていたようである。彼らはカルタゴ人に与して、カルタゴ人のリーダーを「王」と呼ぶこともあったが、ローマ側が優位に立つとローマ側に走り、その将軍をまた「王」と呼ぼうとした。日和見といえばそうであろう。しかし別の見方をすれば、第二次ポエニ戦争前および戦争中のイベリア人諸部族は、他者とどう向き合うのか自律的に決めつつ、部族の利害を護っていたということである。カルタゴ人もローマ人も、その先住民を支配していたとはいいがたい。彼らにできたことは、そうした先住民諸部族とどう向き合い、どう利用することができるのかを考え、行動することであった。それを読み誤れば、スキピオ兄弟のように破滅を招くことになったのだ。

戦後のイベリア半島

こうして前二〇六年に、カルタゴ勢力はイベリア半島から撤退した。しかし、ローマ人と先住民との関係は、戦後しばらくのあいだは変わらなかったようである。その点をもう少し詳しくみていくに先立って、ここまで煩雑なので省いてきたインペリウム(軍命令権)にかかわる説明を補足しておこう。前二一八年にイベリア半島に送られたスキピオが、執政官だったことは述べた。だがその後、前二一一年まで彼は八年間、イベリア半島で将軍として軍を指揮している(つまりインペリウムを備えていた)。しかし執政官の任期はたった一年なのである。ではどうして彼はそれができたのだろうか。もともとインペリウムを保持できる正規の官職は、執政官と法務官のみである。しかし、二つの官職の経験者や、または同等の資格を認められた者にも、インペリウムが与えられることもあった。この方法はのちには、数が増えた属州の総督を創出するための一般的な手段となったが、それ以前から、困難な戦争を優秀な将軍に任せるために用いられることも多かった。前二一七年以降のスキピオも、元政務官として戦争の勝利を期せられたのであろう。とはいえ、これほど長期のインペリウム延長は一般的ではない。しかしそれ以上に特異なのは、息子の方のケースである。前二一〇年にイベリア半島に渡った時、息子のプブリウス(大スキピオ)は弱冠二五歳であった。当時の慣例では、法務官に就任できる年齢が四〇歳くらいであり、その上位の執政官は四三歳くらいであった。つまり大スキピオの年齢では法務官にすら就任できなかったのだ。彼は執政官資格者として、インペリウムを与えられたと考えられている。だが、二五歳という年齢でその資格を得るというのは、この時期にはほかに例がない。さらに大スキピオも前二〇六年まで五年間、イベリア半島で軍を率いた。第二次ポエニ戦争という異常事態がこのような特例を生み、個人に異例の権力を得るチャンスをもたらしたのだ。では前二〇六年にイベリア半島での戦争が終わり、大スキピオが帰還した後は、正規の政務官が派遣されたかというと、そうではない。前二〇五年以降も、イベリア半島には執政官資格者が送られ続けたのである。

なぜ前二〇六年以降も、イベリア半島に執政官資格者が送られたのか。それはローマがイベリア半島で、軍事行動を継続する必要があったからだ。そのことは、前二〇五年以降の将軍たちのなかに、任務終了後に「小凱旋式（正式の凱旋式に準ずるもの）」を執りおこなった者が複数いることからわかる。凱旋式は、軍事的勝利をおさめた将軍に認められるからである。まず、いまだカルタゴの残党が各地に残っており、これを駆逐する必要があった。しかしそれ以上に、先住民のなかでローマ人に対する敵対的行動がおさまらなかった。例えば、前二〇六年の勝利後に、大スキピオが病死したという噂が流れた。すると前にあげたイレルゲテス族が、即座にエブロ川河口付近の親ローマ的部族を襲撃した。この行動は大スキピオによって阻まれ、イレルゲテス族はおそれいって降伏した。しかし同様の行動はイレルゲテスのみならずほかの諸部族によっても、スキピオ帰国後も繰り返された。

ローマは前二〇六年後も、イベリア半島を戦地とみなしていたのだ。つまりプロウィンキアの対象である。だから、インペリウムを保持する立場の者が管轄する必要があった。ただ、前二〇一年までは第二次ポエニ戦争が継続していたし、地中海東部では、前二〇〇年から、ついにローマと東方勢力との本格的な戦争が始まっていた（第二次マケドニア戦争）。正規の執政官や法務官が、これらの主戦場やシキリア、コルシカ・サルデーニャに送られるなか、いまや喫緊の重要性を失ったイベリア半島には、執政官資格者が送られたのであろう。

送られた将軍たちが、のちの属州総督のように、イベリア半島とその住民を特定の制度や機構によって統治したという様子はみられない。彼らは先住民から物資や金銭、また人員を徴発している。前二〇三年には、イベリア産穀物がローマで安価に売られたという記録があるので、徴発した穀物をローマへ送ったということもあったようだ。しかし一般的には、物資も金銭も、現地で軍の補給用に徴発されたようである。のちの属州のような税徴収も、また政務官自身やローマ人商人の利得のための搾取の事例もこの時点ではまだみられない。

このように前二〇六年以降も、イベリア半島は基本的に、軍事的任務としてのプロウィンキアが遂行される場であったのだ。

だがそのなかで、先住民に対するローマの姿勢には、微妙な変化がみられる。先住民の一部が、たびたびローマに敵対的な行動をとったことは述べた。その理由は一つではない。ただ、多くの場合はローマ軍を攻撃することではなく、ほかの部族から略奪することが目的だったようである。多くの先住民部族には、もともとほかの部族を襲撃して略奪する習慣があった。彼らからすれば戦争が終わって平時に戻ったのだから、従来の行動を起こしたのであろう。しかしローマからすれば、それはローマの信義を裏切り、面子を潰す行為とみなされるようになっていたのではあるまいか。つまり先住民からすれば従来どおりの行為を、ローマ人側が「反乱」と受け止めるようになったのである。ローマ人は、こうした「反乱」を鎮圧することをプロウィンキア《任務》の一端と認識し、鎮圧後は懲罰的措置として、財貨や人員の徴発をおこなうようになった。そこには、いまやイベリア半島の平和維持については、ローマが責任を負っている、という認識が垣間みえているようだ。半面、大スキピオのように、先住民を対等の交渉相手とみなす姿勢は、薄れていったようにみえる。先住民の方でも、大スキピオが去った後にやってきたローマ人将軍に対しては、大スキピオに対していだいていた信頼や敬愛の念を示したという例が史料にはあらわれない。

このように、前二〇六年以降のローマ(人)とイベリア半島(およびその先住民)との関係には、それ以前と変わらない面と、変化の兆しを感じさせる面があった。変化の方に目を向けると、ほかにも目を引く点がある。第一に、すでに大スキピオが帰国前に、グアダルキヴィル川流域にローマ人の居住地を建設した。彼は、現在のセヴィリアから少し北へ行った場所で、自分の軍の傷病兵たちに土地を分配した。そしてその地をイタリカと名づけた。ハスドルバルが建設した「新カルタゴ(カルタゴ・ノウァ)」を彷彿とさせる命名ではないか。このことは、イベリア半島にローマ人の勢力圏をつくろうという構想が、大スキピオにはあったことを示唆している。

第二に、ここまで述べたとおり、前二〇五年以降も執政官資格者がイベリア半島を担当したのだが、この時期には毎年二人が送られている。彼らが各自で「管轄区」のようなものをもっていた様子はない。あくまでも二人で、イベリア半島全体でのプロウィンキアを遂行したと考えられる。とはいえ、この時期になるとイベリア半島のイタリア寄りを「こちら側のスペイン(ヒスパニア・キテリオル)」、西寄りを「あちら側のスペイン(ヒスパニア・ウルテリオル)」と呼ぶ慣行が定着し始めていたようである。じつはこの表現には先例がある。すでに前二一八年に、プブリウス・スキピオが「こちら側のスペイン」

に派遣されたと、ポリュビオスが述べているのだ。また、前二一一年にスキピオ兄弟が別動作戦をとった時に、兄のグナエウスはヒスパニア・キテリオル、弟のプブリウスはヒスパニア・ウルテリオルで作戦を展開したとある。これは、イベリア半島内に截然とした境界が引かれた、という意味ではない。ただ事実として、巨大なイベリア半島の、イタリア寄りかそうでないかが述べられているのである。前二一一年には兄はイタリアからみて「こちら側」、弟は「あちら側」で行動したということだ。前二〇五年頃以降も、おそらくそれは変わらない。しかし、しだいに二人の将軍のうち片方が「こちら」、もう片方が「あちら」で行動することが常態になりつつあったとしても、さほど不思議ではないだろう。

要するに、当時のローマにとってイベリア半島はまだ戦場であり、したがって軍事行動に有益な関係を先住民とのあいだに構築するという、スキピオたちの基本方針から大きく踏み出すことはなかったのだ。しかし、その一方で、ローマはしだいに半島先住民への支配の側面を強めていったということであろう。ただ、いまだイベリア半島を恒久的に統治しようという、なんらかのグランドデザインは、まだローマには欠けていたといわざるをえない。だが大きな変化が前一九七年にやってきた。

属州ヒスパニアの建設

前一九七年、ローマは法務官の数を、四名から六名に増員した。これ以降、二名の法務官がイベリア半島に派遣されるようになった。前二一八年以来、約二〇年ぶりの正規の政務官の派遣である。ただし、今度は法務官だ。法務官は、執政官(および執政官資格者)より、指揮する軍の規模が小さい。イベリア半島ではそれまでの軍事的要請が軽減されたと、元老院が判断したのかもしれない。

だがここで重要なのは、元老院が二人の法務官に、担当地域の境界を定めるように指示したことであった。この時点で、明確にヒスパニア・キテリオルとヒスパニア・ウルテリオルは空間的に区別されることになった。ここから、冒頭で述べたように、前一九七年にイベリア半島に二つの属州が建設された、といわれるのである。この先は、ローマ人の支配地となったこの半島を、彼らがラテン語で呼んだようにヒスパニアと呼ぶことにしよう。また二つの属州はキテリオル、ウルテリオルと表記したい。

しかし、だからといって、この時点で属州がローマ帝国の統治機構となった、といい切ることはまだ難しい。その理由はまず、いまだにこの二つの属州には特定の組織や制度と呼べるものがあらわれていないからである。また、属州総督である政務官は、この後もしばしば担当属州を越えて行動している。つまり、属州はいまだに後世のように截然とした境界をもっていないのである。そしてもう一つ。これ以降もなお、いやむしろもっと激しく先住民たちのローマに対する戦いは、繰り返されていく。前一三三年にいったん終結するまで、断続的に繰り返された先住民の反乱に直面して、ローマの将軍たちや、本国での元老院の方針も対応も二転三転した。そこには、いまだ行政と呼べるものも、統治のグランドデザインとみなされそうなものもあったとは、とうていいいがたい状態が露呈している。では、いつから どのようにして、ローマはヒスパニア先住民の反乱を抑え、彼らを安定的に統治したのだろうか。そして先住民側は、どのようにしてローマ世界の一員に組み込まれていったのだろうか。続いていよいよこの章の核心にはいっていこう。

3 ヒスパニア戦争

前二世紀前半の反乱

前二世紀のヒスパニアに関しては、同時代人ポリュビオスの書き記した文章は、ほとんど残存していない。このため、もっと遅い時期の史料を援用せねばならない。とくにこの世紀の最初の三〇年ほどについては、前一世紀末のローマ人、リウィウスの歴史書にある程度詳しい記述がある。それによると、前一九七年にはクルカスとルクシニウスという二人の先住民の王がローマに刃向かい、沿岸部の諸部族も呼応しているという報告が、ウルテリオルから元老院に届いた。キテリオルでは、ローマ軍が先住民に敗北して潰走し、軍を率いていた法務官が死亡するという事態になった。

思い出していただきたいが、ここで名前があがっているクルカスというのは、イリパの戦いの際に大スキピオとともに戦った、ケルトイベリアの部族長である。前二〇六年にはローマ軍に味方した先住民が、約一〇年後にはローマ軍を敗走させたことになる。もう一方のルクシニウスは、グアダルキヴィル川沿岸の部族長だと伝えられるので、おそらくイベリア人であろう。武力蜂起の気運が、先住民のなかに広くあったと考えて良い。翌前一九六年には、グアダルキヴィル川流域のトゥルデタニィ族が、キテリオルに侵攻している。

前一九七年以降のこの経緯を語るなかで、リウィウスは繰り返し「戦争」という語を用いている。例えば、彼はつぎのようにいう。「ヒスパニアの戦争は、ポエニ戦争と同時点で終わったが、五年後に再発したのだ」。また「はじめて、ヒスパニアがポエニ人の軍や将軍なしで自ら武器をとった……戦争」とも。リウィウスのこうした表現からすると、彼はこの時期のヒスパニア先住民を、自分が生きた時代(彼の時代にはローマ帝国内にはすでに二〇ほどもの属州が存在していた)の属州民よりも、カルタゴ人のような外国人と同列にみなしていたのではないかという印象がある。この状況で、前一九五年のキテリオルには、執政官マルクス・ポルキウス・カトが派遣された。

前に述べたとおり、執政官の方が法務官より上位であり、指揮する軍勢も規模が大きい。前二一八年以来、二三年ぶりにヒスパニアに執政官が送られたことは、元老院が事態を重くみていたことを意味している。

カトは、前二世紀中葉のローマ元老院で、最大の権威と政治的影響力を備えた人物であった。また、社会全般についてのその守旧的立場と、対外的な強硬姿勢で後世にも名を残す。この高名な人物もしかし、前一九五年という時点ではのちのように盤石な地位をもってはいなかった。イタリア地方都市出身であり、一族からはじめてローマの政界に打って出たカトは、ローマの政治家に必須条件だった家名も声望ももたず、ローマ人貴族の恩顧を得つつ、自らの才覚によってようやく執政官にまでのぼり詰めたところであった。

ヒスパニアでのカトの行動で、まず注目に値するのは、行政面での活動である。彼はエブロ川流域の銀鉱、鉄鉱から徴税した。それがどの程度の規模であったのかはわからない。また、おそらくは臨時の徴収だったのだろう。だが、ローマがヒスパニアの豊富な鉱山資源の搾取にはじめて着手したという意味では、やはり重大である。リウィウスは、彼がこの地域の鉱山資源の豊かさを元老院に報告した、と伝えている。ヒスパニアの鉱山資源への関心が、カトだけでなく元老院にもあったということであろう。さらに、カトが住民から直接税を徴収した、と受け取れる記述もある。全体として、後世の属州に備わっている行政の萌芽ともいえるものが導入されたのは、カトの在任中であったといってよいだろう。

軍事面ではどうだろうか。カトが軍を従えてキテリオルに着任した時点では、前年の法務官が蜂起した先住民に勝利して、反乱自体は一段落していた。したがってカトには先住民を攻撃する必要はなかったことになる。にもかかわらず、彼はトゥルデタニィ族を攻めたという。つまりウルテリオルまで進軍したわけだ。この点に関してはトゥルデタニィ族の概念の曖昧さを論拠に、カトが攻めたのはキテリオル内のイベリア人であろう、と考える研究者もおり、判断が難しいところだ。だが、もしウルテリオルまで進軍したのであれば、彼は担当していない属州まで足を踏み入れたということになる。

他方、彼はキテリオル内の先住民諸部族に対し、ローマ人のためよりもむしろ彼ら自身のためだと、極めて威圧的な口ぶりで武装解除を要求した。そして彼らがこれを拒否すると、かわりに彼らの居住地の囲壁を破壊させた。翌一九四年には北部のケルトイベリア人の居住地を攻撃し、周辺の主要部族を降伏させた。この経緯のなかで、カトはいくつものトリックと呼べそうな行為をおこなっている。イレルゲテス族が、敵の部族に包攻されたため、カトに救援を要請する使者を送ってきた。カトは援軍を送ることを約束したが、実際には送らなかった。彼のいい分は、ローマ軍到来の噂だけで敵は引き下がるであろう、というものであった。また彼は反抗的なある部族に対し、敵対するほかの部族を囮《おとり》に用いて住民を居住地外に誘い出し、その隙に居住地を占領した。帰国後、カトは元老院に対して「ヒスパニアの四〇〇の都市を制圧し、かの地に平和を確立した」と、誇ったそうである。元老院はカトの成功を認め、彼は凱旋式を挙行した。

しかし、カトのその主張は大きな誇張であったと考えざるをえない。なぜなら彼の帰国後すぐに、ヒスパニアでは再び反乱が起きているからである。

前一九四年以降は、再び両属州に法務官が送られた。この年、キテリオルではカトが制圧したはずのエブロ流域で、ケルトイベリア人の蜂起が続発した。担当法務官はウルテリオル担当のスキピオ・ナシカ（前二一一年に非業の死を遂げた、グナエウス・スキピオの息子）の支援を得て、かろうじて鎮圧した。ウルテリオルでも危機が生じていた。ルシタニア人が侵入してきたのである。イベリア半島の東西に二つの属州が設置されたこの時期にも、現実にはローマの勢力圏はいまだ半島南部に限定されていた。史料のなかでも、この時期の北部は「自律しているイベリア」と表現されている。この未知の地域から、未知の人々であるルシタニア人が、グアダルキヴィル川流域まで南下して、ローマ軍とぶつかったのだ。前一九四年には彼らはナシカによって北部へ押し返されたが、彼らのウルテリオルへの侵入は、これ以降も絶えることがなかった。

ローマ人とヒスパニア先住民

このように、前一九四年以降もローマはつねに二つの属州で先住民との武力抗争に晒され続けたのである。法務官たちと、彼らが指揮するローマ軍は、しばしば先住民との戦闘で勝利し、ときには大量の戦利品をローマに持ち帰って凱旋式を挙行した。だが惨めな敗北も、また数多くあった。いずれにしても、決してヒスパニアから反乱が一掃されることはなかった。

その理由は明白のように思える。何よりもまず、ローマの総督が直面していたのは、単一の先住民社会ではなかったからだ。たしかにおもな敵は、キテリオルではケルトイベリア人、ウルテリオルではルシタニア人であった。しかし彼らの内部にも外部にも、多種多様な小集団がみられ、先住民全体の統一された目的や行動があるわけではない。この時期の属州内部は、いまだ幾多の小世界が息づいている状態であった。この状態で、ローマはいったいだれに対して、何をどうおこなえば半島から「反乱」を一掃し、安定した統治を確立しえたであろうか。

このことは第二の理由とも結びつく。とくにルシタニア人について明白であるが、彼らはそもそも、ローマ人の勢力圏の外部からやってくる人々である。ローマ人はこれをも、例えばグアダルキヴィル流域のトゥルデタニィ族同様に、ローマに反抗する者として制圧しようとしたようだ。しかし、それはこの時期には不可能であった。現に、ルシタニア人はいくどローマ側に敗れても、いったんグアディアナ川の向こうへ去って、また翌年戻ってくるだけのことであった。同様のことは、北部のケルトイベリア人にもいえる。この時期のケルトイベリア世界が、すべてローマに服属していたわけではない。そもそも、ローマ人と接触すらしていなかった部族もあった。存在すら知らない相手を、服属させることができるであろうか。こうした人々が、自分たちの伝統的な生き方を踏襲してほかの部族を襲撃する行動をローマ人が「反乱」と呼んでも、それを「鎮圧」することは、この時期のローマにはできない相談であった。

以上に加えて、ローマ側の事情があった。属州が形成されたとはいえ、いまだに確たる組織も制度もない。それどころかカトやナシカの例からわかるとおり、二属州の区分すらまだまだ曖昧であった。一方、元老院はこの時期東地中海の戦争に全力をそそいでいた。東地中海の状況については次章に譲るが、それに比べればヒスパニア反乱は元老院議員たちの目には、ローマの国運にかかわるほど重大課題とは映っていなかったのだろう。二つの属州が定められ、それぞれに法務官が派遣されるという、統治の枠組み自体はたしかに設定された。しかし、後は現場の二人の総督が、直面するさまざまな(おもに軍事的)課題を、互いに協力しつつ解決するだけ、というのがヒスパニア属州のこの時期の現実である。

最後にもう一点、史料の行間から読み取れそうな問題をつけ加えておきたい。この時期のヒスパニア先住民に言及する後世の史料は、一律に彼らを野蛮人として描いている。そこには先住民の固有の文化や社会を理解しようという姿勢は欠如している。こうした軽侮の念は、前二世紀前半当時のローマ人にもあった、と考えて良いだろう。カトの先住民に対する態度からは、彼が相手を容易に脅し、欺けるものと考えていることが透けてみえる。ほかの法務官たちの態度も、カトと大差ない。だがこうした見方は大局的にみればこの時期のローマ側に決して有利には働かなかったのではあるまいか。述べたとおり、いまだ半島の多くの地域、多くの人々はローマ人にとって未知の存在であった。その状態で、対峙する敵がどんな相手であり、どのような力量を備えているかを度外視して一律に、野蛮人として威圧したり、あるいは出し抜こうとしても、決定的な勝利をおさめることは難しかったのではないだろうか。

しかし、こうした状況もゆっくりと変わりつつあった。南東部ギリシア人世界はすでにローマの支配下にはいっている。グアダルキヴィル川流域のイベリア人たちも、しだいにローマに反旗を翻すことはなくなった。それどころか、前一七一年に起こったあるできごとは、ヒスパニア南部の先住民と、ローマとの関係の深化を伝えてくれる。この年、半島南部に生きる四〇〇〇人もの人々の代表者が、使節としてローマにやってきた。彼らは、イベリア半島に駐留していたローマ兵と、先住民女性とのあいだに生まれた者たちの子孫であった。ローマ市民と非市民との結婚は合法ではないので、その子孫にはローマ市民権は認められない。が、元老院は彼らのために都市カルテイアを建設させ、これにラテン権(ローマ市民権に準ずるもの)を与えた。第二次ポエニ戦争が終結して三〇年が経過するなか、半島南部ではすでに、ローマ人と先住民の血の結合が一定程度進んでいたのである。そして属州統治体制に関して非常に重要なことに、この時はじめてヒスパニア属州の一部に、法的な権利を認められた都市が生まれたのである。

カルテイアは、当時としては特例であったのだろう。これ以外に、居住地や都市への法的地位の付与はみられない。しかし、ローマ人将軍による居住地建設自体は進められた。前一八九年、ウルテリオル担当法務官ルキウス・アエミリウス・パウルスは、半島南部のハスタ住民の一部に土地を与え、居住地を建設している。少し時期が下るが、前一六九年の法務官マルクス・クラウディウス・マルケルスが、ウルテリオルで居住地コルドゥバ(現コルドバ)を建設した。ローマ人将軍のなかには明らかに、先住民と交渉し、彼らの利害に一定程度配慮する者もいたのだ。だがそれ以上に、先住民の地位を抜本的に改善し、ローマとの関係を大きく変えた措置が、前一八〇年のキテリオル担当法務官ティベリウス・センプロニウス・グラックスによってとられた。彼は、先住民とのあいだにはじめての条約を締結したのである。

グラックスの体制

高等学校世界史の古代ローマ史についての記述では、必ず「グラックス兄弟の改革」という、共和政体制の転機となる政治改革が取り上げられる。そのグラックス兄弟の父親が、ここで紹介する人物である。グラックスは、ケルトイベリア人の反乱を鎮圧した後で、一つ一つの部族と「入念に条件を定めた条約」を結んだ。そして、ケルトイベリア人を「ローマ人の友」とすべく、相互に誓約をたてたと、伝えられている。条約の条文自体は残っていないのだが、断片的な情報を元にある程度の内容はわかる。グラックスは、ケルトイベリア人の貧困者に土地を分配した。先住民が自ら新しい居住地を建設することは禁じたが、既存の居住地に彼らが囲壁を建設することは禁じなかったようである。他方、ケルトイベリア人から毎年徴収する税の制度を定め、また彼らにローマへの軍役を課した。しかも、どうやらグラックスの先住民への対応は、ケルトイベリア人に限定されなかったらしい。彼がケルトイベリア人の土地のさらに奥地に、居住地グラックリスを建設したことがわかっている。また、グアダルキヴィル川流域でも、居住地を建設したことをうかがわせる碑文が出土している。これが本当なら、グラックスの先住民への対応は、ケルトイベリア人に限定されないだけでなく、属州の枠をも越えていることになる。ヒスパニア全土のすべての先住民に、一律に同じ条件が認められたということなのかどうかは、判断が難しい。しかしグラックスの対応は、部族や文化圏、地域の差を超え、一定程度の普遍性を備えていたといっても差し支えなさそうである。

グラックスの条約は、ヒスパニアを後世の属州のかたちに決定的に近づけたという意義をもっている。ローマは、将軍たちの恣意的な方法ではなく、ルールに従って先住民に対処するようになった。また、先住民のために新たな居住地を建設し、土地を分配し、彼らが居住地を防備することを認めた。先住民は「ローマ人の友」として、平和的にローマ人政務官に従った。そして、ローマが求める富を差し出し、ローマのために戦うようになった。例えば、後で述べる小スキピオのヌマンティア攻囲戦では、多数の先住民がローマ軍に加わっていた。

さらに重要なのは、この後グラックスの条約がローマとヒスパニア先住民との関係の基準とみなされるようになったことを、史料が示している点である。この条約の後、反乱自体が一掃されたわけではないが、大規模なものは前一五〇年代まで(つまり三〇年近く)なかった。そして前一五〇年代以降の反乱では、しばしば先住民は憧憬を込めてグラックスの取り決めを回想したという。いや、たんなる憧憬ではない。この時期になると、戦いの収束をめざしてローマ、先住民双方がグラックスの条約にそって交渉をおこなった。この全体から考えて、この章の冒頭で述べた、帝国統治の装置としての属州の機能は、グラックスの体制によってほぼ整えられたのである。

同時に、グラックスの体制は、別の側面ももたらした。それは、ローマ人による苛酷な富の吸い上げである。この時期以降、ヒスパニア各地で貨幣の鋳造が広範囲におこなわれるようになった。理由は、おそらく納税のためであろうと考えられている。かつてのように場当たり的な、しばしば強奪といった手段で、富が徴収されることはなくなった。かわって総督たちは、徴税システムを手づるに、よりシステマティックに属州住民から金銭、穀物、鉱山資源、貴金属などを収奪できるようになった。その徴収業務に、ローマ、イタリアからやってくる請負業者が参入してくる。商人たちも現地での有利な取引を認められる。こうして総督と彼の周辺のローマ人、イタリア人による属州民からの苛酷な搾取が進んだ。

グラックスが帰国した七年後、前一七一年には両属州のおもな部族から送られた使節が元老院の前で、担当法務官の搾取を取り締まり、「ローマ人の友」にふさわしい扱いをしてほしいという嘆願をおこなった。元老院は、担当法務官を調査する特別委員会を設置した。結果的には法務官は無罪となったが、元老院も搾取の訴えを重く受け止めたということである。少し話が先に進んでしまうが、前一四九年、ローマでは「属州不当搾取取締常設法廷」が設置された。この法廷はその名のとおり、属州総督の不当な搾取を訴追するための、前二世紀唯一の常設法廷である。この立法の直接の原因は、前年のヒスパニア両属州担当法務官の、先住民に対する法外な経済搾取であったと考えられている。グラックスの体制がヒスパニア統治の基本となったと述べたが、それは平和的・安定的な統治体制の強化とともに、属州総督による搾取と圧政という、後世のローマ帝国にみられる支配の側面をもたらしたのだ。

先住民は、こうした状況をどう受け止めたのであろうか。残念ながら、グラックス後の前一七〇年代、一六〇年代のヒスパニアについては、情報が非常に乏しい。再び情報量が増すのは前一五〇年代の中葉以降であるが、そこにみえるヒスパニアは、前二世紀前半よりもはるかに激烈な、先住民とローマ人との戦いで満ちている。

「ルシタニア戦争」と「ケルトイベリア戦争」

本章冒頭で紹介したとおり、前二世紀中葉以降のヒスパニアで燃えあがった二つの反乱は、後世のスペインやポルトガルで、愛国心や国民統合の象徴として称揚された。キリスト教世界最大の擁護者として、オスマン帝国に敢然と立ち向かう祖国、「大航海」にいち早く着手した祖国、あるいはナポレオンの侵略にさらされた祖国、あるいはやっと王政を復古させたというのに、大英帝国やドイツ帝国といった列強に押されていた祖国に、かつて自国の自由のために敢然と戦い死んでいった祖先がいたことを誇りたいという気持ちが、後世の人々にはあったのだろうか。国家主権という概念がない古代における、ヒスパニア先住民のローマとの戦いを、近世や近代の人々の考える愛国者の戦いと同列にみなすことはできない。しかし後世の人々に長く記憶され、彼ら自身の栄光や悲惨に引きつけて懐古されるほどに、この二つの戦いが激烈であり、ローマ帝国を苦しめたことは確かであろう。

この時期については、リウィウスの歴史書は、後世にまとめられた「概要」しか残存していない。そこで、おもに紀元二世紀のギリシア人作家アッピアノスが記した、『イベリア戦史』に頼らねばならない。ずいぶんと時代が下ってしまい、信憑性が高いとはいえない。しかし、これとほかのいくつかの史料を突き合わせていくと、当時の様子をある程度再現できる。アッピアノスは、前一五五年にウルテリオルで始まり、前一三九年まで続くルシタニア人との戦いを「ルシタニア戦争」と呼ぶ。一方、前一五三年にキテリオルで始まり、前一三三年まで続くケルトイベリア人との戦いを「ケルトイベリア戦争」と呼ぶ。まずはアッピアノスの叙述を中心に、簡単にこの時期の戦いの経緯を整理しておこう。

前一五五年、ウルテリオルでは、再び南下してきたルシタニア人がローマ軍を破り、ローマ兵九〇〇〇人を殺戮して、奪った武具や戦旗をケルトイベリア人の土地一帯に回覧させた。キテリオルでは、前一五三年にケルトイベリア人の居住地セゲダの住民が、囲壁建設の是非をめぐって元老院と対立した。セゲダ住民は、グラックスとの条約が囲壁建設を認めていると主張したが、元老院はそれを否定した。

そして逆に、グラックスの条約に従って税の支払いと兵士の供出を要求した。交渉は決裂し、元老院は執政官クィントゥス・フルウィウス・ノビリオルに約三万人の兵をつけて、キテリオルに送った。セゲダ住民は、ほかのケルトイベリア部族とともに別の居住地ヌマンティアに立てこもった。これ以降、ヌマンティアが前一三三年までケルトイベリア人反乱の拠点となる。

フルウィウスはヌマンティア攻略に失敗した。だが翌前一五二年の執政官マルクス・クラウディウス・マルケルスはケルトイベリア人を打ち破った。その後、クラウディウスは彼らに和平を約束した。しかし元老院が無条件降伏(デディティオ)以外の解決を拒否したため、マルケルスはヌマンティアからあらためてデディティオを取りつけた(デディティオについては、のちにもう少し詳しく説明する)。

にもかかわらず、前一五一年の執政官ルキウス・リキニウス・ルクルスは元老院の承認なしにケルトイベリア人のウァッカエィ族をおそった。ルクルスはその後、ウルテリオルに移動して、ルシタニア人に苦戦していたその地の担当法務官セルウィウス・スルピキウス・ガルバを支援した。ガルバはのちにルシタニア人に土地の分配を持ちかけ、彼らに武装解除させたうえで虐殺した。

この虐殺を逃れたわずかな人々の一人が、ウィリアトゥスであった。彼はルシタニア人を統率するようになり、前一四六年にローマ軍を打ち破って、ウルテリオルの広域を制圧した。前一四五年には、はじめてウルテリオルに執政官が派遣された。このファビウス・マクシムス・アエミリアヌスにウィリアトゥスは敗れたが、のちに再び勢いを増した。以後の将軍たちは、ウィリアトゥスを破ることができなかった。再びルシタニア人に鼓舞されたケルトイベリア人も、またもや前一四三年にヌマンティアを拠点に蜂起した。だが、執政官クィントゥス・カエキリウス・メテルス・マケドニクスがこれを鎮圧し

た。メテルスは、前一四二年にケルトイベリア人の全部族に対し、「ローマ人の友にして同盟者」なる地位を保障した。引き替えに彼は、これら部族に輜重と人質の供出および武装解除を求めたが、ヌマンティアは武装解除を拒否した。この時点で、元老院はヌマンティアのデディティオのみを、戦争終結の条件とすると宣言した。

この年、ウルテリオルでは執政官クィントゥス・ファビウス・マクシムス・セルウィリアヌス(前一四五年の執政官の養弟)がウィリアトゥスに降伏した。ウィリアトゥスはしかし、セルウィリアヌスと条約を結び、彼とその軍を解放した。条約には「ルシタニア人のこの時点での勢力圏を承認し、ウィリアトゥスをローマ人の友と認める」という内容が含まれていたという。元老院は、この条約を承認したようである。だが前一三九年の執政官グナエウス・セルウィリウス・カエピオ(前一四二年の執政官の実弟)は、ウィリアトゥスの側近を買収して彼を暗殺させた後、残されたルシタニア人に土地を分配した。これでルシタニア戦争は終結した。

ヌマンティア遺跡(上)　右手手前はケルトイベリア人の家屋を復元したもの。左手にローマ期の家屋の復元。その奥に20世紀初頭の顕彰碑。
反乱当時のヌマンティアの囲壁(右)　考古学調査に基づいて復元されたもの。高さ5mほどの石積みの堅固なつくりである。

他方、ケルトイベリア戦争は続いた。将軍たちはヌマンティア攻略に成果をあげられなかった。それどころか、前一三七年の執政官ガイウス・ホスティリウス・マンキヌスは、ヌマンティア側に降伏を余儀なくされた。この時、ヌマンティア側が交渉相手として唯一信用したのは、マンキヌスの旗下にあったティベリウス・センプロニウス・グラックスであったという。あの前一八〇年の法務官グラックスの子であり、のちの「グラックス兄弟の改革」の兄の方である。グラックスの仲介によって条約が締結され、ローマ軍二万人と将軍が解放された。しかし元老院はこの条約を承認せず、マンキヌスはローマ軍によってヌマンティアに引き渡された。

前一三四年になって、ついに小スキピオがキテリオルに着任した。当代一の将軍として高名だった彼は、ヌマンティアをぐるりと取り囲んで設置した陣営に六万の兵を配置し、約八カ月間ヌマンティアを包囲した。約四千人の住民は、セルバンテスが『ヌマンシア』で描くように、極度の飢えに苦しめられ、小スキピオにいくども和平を提案した。しかし小スキピオはそのすべてを拒絶し、デディティオのみを要求した。ついに前一三三年六月、ヌマンティアはデディティオをおこなった。小スキピオは、元老院の指示を待たずヌマンティアを焼き払い、住民を奴隷として売却した。かくしてケルトイベリア戦争も、ローマの勝利に終わった。

ヒスパニアにおける先住民反乱は、なぜ前二世紀中葉にこれほど熾烈《しれつ》なものとなったのだろうか。そこにはローマとヒスパニア先住民との関係の変化が作用しているはずであるから、帝国形成期の状況を知るためにはぜひこの点を明らかにしたいところだ。しかし、残念ながらアッピアノスらの史料はそのあたりを説明してくれない。この問いに対する答えは、ここまで概観してきた経緯のなかからみえる新たな局面を手がかりに、推論をかさねるしかないのだ。

4　ローマ帝国の支配と政治

ヒスパニアの変化

まずはルシタニア人とケルトイベリア人とが相互に連絡をとっていたという点からみていこう。ケルトイベリア人とヒスパニア人が、ローマに対して同時に蜂起した例は、前二世紀前半にもみられる。だが、ルシタニア人は彼らとは異質であった。世紀中葉までに、ウルテリオルではヒスパニア人はほぼ平定されていた。その時期に、ルシタニア人がキテリオルのケルトイベリア人を、ローマとの戦いへと鼓舞したというのである。

この点に関連して注目したいのが、前二世紀中葉において再三確認されるグラックスの条約の内容である。グラックスの体制がヒスパニア統治の基準となったことは、すでに述べた。世紀中葉には、そのなかでも土地分配と居住地建設が繰り返し取り上げられる。その理由はつぎのように推論できそうである。前二世紀中葉の反乱の一つの理由は、経済的困窮であった。だがそれは単純な貧困ではなかったのであろう。ここで思い出していただきたいのは、前一四九年に「属州不当搾取取締常設法廷」が設置されたことである。この法廷設置の直接の原因は、ガルバとルクルスのヒスパニアにおける極度の搾取であったと史料は伝えている。しかし、おそらく背景には、もっと根深い状況があった。前一八〇年のグラックスの条約以降、ヒスパニアの経済搾取が進んだことはみてきたとおりである。前二世紀中葉頃までに、ローマ人の搾取に起因して先住民の困窮が進み、彼らの不満が高まっていたのではなかろうか。

ただし、「自律するイベリア」の住民であるルシタニア人には、この時期はまだ総督の搾取の手はおよばなかったはずだ。ルシタニア人とケルトイベリア人のおかれた立場は異なっていたのである。史料も、両者のあいだに共通した目的があることを示唆してはいない。そもそも史料ではルシタニア人がケルトイベリア人を鼓舞したとあるが、ともに戦ったとは述べられていない。

とはいえ、ウルテリオルの安定化は、ルシタニア人の略奪を困難にしたはずである。端的なのは前一五〇年にガルバがルシタニア人を虐殺する前に、彼らを欺いて武装解除させるためにいった言葉であろう。彼はいう、「土地の貧弱さと赤貧がお前たちをこうした行動(蜂起)に駆り立てたのだ」と。また、ウィリアトゥスがローマ軍を殲滅《せんめつ》できたにもかかわらず条約締結を申し出たことを先に述べた。その時の彼の要求は、その時点でルシタニア人が占領していた土地の所有を、ローマが承認するということであった。

前二世紀中葉にローマと戦った二つの先住民グループは、どちらも困窮していた。その理由はおそらく、一方は総督による搾取、他方は略奪の困難化、と異なっている。この状況で、二つのグループは相互に共感し、鼓舞し合ったが、共闘まではおよばなかった、というのが実態に近いのではあるまいか。先住民の世界は、いまだに一つの普遍的なものにまとまってはいなかった。とはいえ、以前に比べれば一定程度の共通した認識が育ち始めていたということはいえそうである。それはローマの支配下で、自分たちの伝統的な暮らしが失われつつあり、そのために自分たちの生存が脅かされているという危機感であった。

ローマ側の対応はどうであろうか。この時期には、ヒスパニアへの対処について、元老院の積極的な関与が際立つ。ここまでみてきたように、世紀前半まではヒスパニア情勢への対処は、事実上、現地の将軍に一任されていた。しかし、いまや元老院は将軍の行動を逐一把握しようとしているかにみえる。元老院は、将軍が安易に先住民と和平を結ぶことを認めない。とくにケルトイベリア戦争では、反乱終結の条件をデディティオの取りつけとした。

デディティオとは、ローマと戦った国家なり共同体が、いかなる条件もなしにローマにすべてを委ねて降伏することで、戦争を終結させる方法である。ヒスパニア先住民にローマ側がデディティオを要求したことは、前二世紀前半には一度も知られていない。元老院の関与強化と、デディティオの導入とは連動しているとみてよいだろう。

デディティオを申し出た敵はローマにすべてを委ねる、ということは述べた。これは文字どおり「すべて」を意味した。その国家なり共同体なりは、自分たちの神と、土地、人、所有物をローマに引き渡す。また個々の構成員も命、身体、財産のすべてをローマに委ねることになる。こうして国家や共同体としての存立そのものを委ねてきた相手を、ローマは自らの信義にかけて護らねばならない。とはいえ、デディティオが、一つの共同体とその成員の法的自律性を失わせることであったことにはかわりがない。

なぜ元老院は、この時期になってケルトイベリア人にデディティオを要求するようになったのだろうか。簡単に「理由はこれだ」と、わかるような情報はない。だが、元老院がルシタニア人にはデディティオを一度も要求していない点は、手がかりとなろう。ローマからすれば、「自律したイベリア」からやってくる彼らは、属州民とはみなされなかったのではあるまいか。したがって、従来どおりに交渉の余地があった。現に元老院は、ウィリアトゥスに敗れたセルウィリアヌスの条約締結は承認した。じつはその後、キテリオル担当の将軍がウィリアトゥスと新たな条約を結び、どうやらそれも元老院は承認している。

これは、ヌマンティアに敗北して条約を締結した、マンキヌスへの対応とは際立って異なっている。こうみると、ケルトイベリア人にデディティオを要求したことの意味が鮮明となりそうではないか。元老院からすれば、ケルトイベリア人はいまや明確に、ローマの統治下にある属州の民であった。にもかかわらずローマ政務官に抵抗した彼らについて、たんに軍事的に制圧するだけではなく、彼らには共同体としての自律性がないことを示す必要性を、元老院は認識していたのではあるまいか。

グラックスの体制が確立して以来、二五年ほどのあいだに定着した制度、機能を前提に、またそれに基づく経済的利得の可能性を学んで、元老院の属州と属州民についての認識はここまで醸成されたのであろう。

ケルトイベリア人側からすればどうか。属州総督による搾取は、激しさを増していた。蜂起すればしたで、以前なら適度なところで手打ちとなったものを、いまやデディティオ(つまり無条件の降伏)を要求されるようになってしまった。その状況を考えると、前一四二年以降、彼らが徹底抗戦へと走ったのも、理解に難くない。

ローマ社会の変化

ここまでみてきた新局面は、ローマ人社会内部の変化とも連動している。現地の将軍たちの立場と行動を考えてみれば、それは明らかだ。この時期、先住民に対する彼らの卑劣な態度がめだっている。同様のことはカトの時代からあったし、その背後にはローマ人の先住民への軽侮があった。また、卑劣な手段を用いてでも、戦功をあげて政治的利点を得ようとする将軍たちの野心もあった。

しかしそうした傾向は、前二世紀中葉には格段に増しているようだ。前二世紀には、ローマは地中海各地で対外戦争を展開するようになった。将軍たちの重要性はますます増したはずであり、同時に彼らの競争を激化させたはずでもある。当時の将軍たちがどんな方法を用いても戦功をあげようとしたことは理解に難くない。ヒスパニアはそうした彼らにとって、大きなチャンスを摑む可能性に満ちていた。元老院が先住民への姿勢を硬化させていたのだから、なおさらである。

すべての将軍が、先住民を陥れる方法を選んだのではない。マルケルスは、元老院から戦争の続行を指示されると、自らヌマンティアのリーダーと交渉し、彼らの身柄を自分の信義で保証すると約束して、デディティオを取りつけた。デディティオはローマへすべてを委ねることであったが、しかし現実にはやはり現場の将軍が戦後処理に大きな影響力をもった。マルケルスはデディティオを受け入れた後で、ヌマンティア住民に、グラックスの体制下と同じ立場を認めている。ほかにも同様の行動をとった将軍が、この時期には何人もいる。

他方、属州の枠を越えて戦う将軍もいた。また、政務官就任規定を逸脱して執政官に就任する者が幾人もあらわれる。第二次ポエニ戦争時に特例としてあらわれた事態が、この時点で再びみられるようになったわけだ。マルケルスがそうである。そして小スキピオがそうであった。このように、この時期のヒスパニア反乱においては、具体的な方針や方法はさまざまだが、全体として従来の政治慣行を破ったり、元老院の指示に従わないローマ人政治家がめだつようになったのである。

それはたんに個々の将軍の問題に終わらなかった。これも早くからみられる事象だが、ヒスパニアに派遣された将軍たちのあいだには、血縁関係が多い。第二次ポエニ戦争中のスキピオ兄弟・親子を思い出していただきたい。このことも前二世紀中葉には再び際立っていく。ここまであげてきた政務官をあらためて振り返ってみよう。前一四五年のウルテリオル担当執政官マクシムス・アエミリアヌスは、じつは小スキピオの実兄である。この二人はそれぞれファビウス家、スキピオ家の養子だが、もともとはアエミリウス・パウルスの子であった。覚えておられようか。前一八九年のウルテリオル担当法務官である。さらに前一四二年のウルテリオル担当執政官マクシムス・セルウィリアヌスはセルウィリウス・

カエピオ家からファビウス家に養子にはいり、ファビウス・アエミリアヌスと兄弟関係にあった。前一四一年にウィリアトゥスを暗殺させた執政官カエピオは、その彼の実弟である。そのほか、名をあげなかったが小スキピオと友誼関係にあった人々が、多くこの時期の将軍に含まれている。スキピオ一門だけではない。「グラックスの条約」を締結したティベリウス・グラックスの同名の子が、前一三七年にヒスパニアで従軍していたことは述べた。戦功が政治権力に結びつくことを海外進出の過程のなかで学んだローマ人たちは、それを家門や親しい家系間で独占しようとしたのである。

他方、こうした将軍たちに率いられる一般市民にも変化があった。前一五一年、ローマでは、ヒスパニアへ送られる兵員の徴募に反対して、一般市民が騒乱を起こした。そして、騒乱を鎮圧しようとした執政官と、護民官が対立した。護民官は、一般市民の利害を護ることを職務として設置された政務官である。この時、護民官が執政官を投獄するという事態となった。また、前一四〇年には、募兵を一年に一回にすべしと元老院が議決した。前一三八年には再び募兵をめぐる対立から、護民官が執政官を投獄した。それに先立って、ヒスパニアでは脱走兵の公開鞭打ち刑がおこなわれた。

ローマから遠いヒスパニアに送られた兵士は、平均して六年ほど現地で軍役に携わった。これは大半が農民である市民にとって生活破綻を意味した。ヒスパニア反乱が頻発するなか、一般市民のなかには、これを根絶できないばかりか、自分たちに負担を強いる元老院に対する強い反感が生じていたのである。そして有力政治家のなかには、この市民の怒りをすくい上げる政治行動を示す者があらわれてくる。執政官を投獄した護民官がそうであろう。前二世紀中葉から、元老院の意思に反する護民官の行動がめだつようになる。先に述べたグラックス兄弟もまた、護民官として元老院の意思に反する改革を断行しようとした。彼らの改革は、ヒスパニア反乱とは直接の関係はない。しかし、彼らが救済しようとした対象は、まさに当時疲弊していた農民たちだった。

逆の行動を起こす者もいた。募兵を断行しようとした執政官たちはいうまでもない。また前一五一年の騒乱の際、この年にマケドニアで従軍予定だった小スキピオが、急遽ヒスパニア従軍を希望した。当時まだ三十代なかばであった彼は、勇気ある若者として喝采をあび、ここから一気に政界での声望を勝ち得ることになった。

ヒスパニア反乱は、元老院の集団指導体制によって支えられたローマ共和政の政治そのものを変えていく起爆剤ともなったのだ。その流れのなかから、小スキピオやグラックス兄弟のような人々が台頭してくる。彼らはローマ市民や、ローマ軍の支持を支えとして自分のめざす政策を押し通そうとし、また権力を握るために相互に争うようになった。

帝国形成の道程

ヒスパニアの問題に立ち戻って、ここまで述べてきたことの意味をあらためて振り返ってみよう。前二世紀中葉以降、ヒスパニア先住民の反乱と、それを鎮圧しようとするローマ人の戦いは、それ以前に比べて明らかに激化した。その背景には、ローマによる搾取、属州の概念、制度の確立とそれにともなう元老院の属州支配強化の方針、それに起因する先住民の窮状とローマへの反発、さらに声望を求める将軍たちとローマ市民の元老院指導体制への反感といった、さまざまな局面が考えられる。これらの要素は互いに連動していた。第二次ポエニ戦争中の前三世紀末から、前二世紀中葉までの約六〇年間でヒスパニアとローマはここまで変化したのである。

こうみると、前二一八年勃発の第二次ポエニ戦争に勝利したことで、ローマの帝国形成過程が開始されたといっても、それは決して簡単な過程ではなかったということが明らかとなる。ローマは前二一八年にヒスパニアに進出し、前二〇六年にその地の支配を開始し、前一九七年には属州を形成した。しかし、帝国統治の装置である属州の基本性格は、長く確立することはなかった。一方、先住民たちも決して一律に同じ属州民という立場にはなかった。彼らの個々の小世界はなかなか解消されず、その世界ごとに彼らはローマと向き合おうとした。そうした状態が、ようやく最終的に後世の属州の姿に近づきつつあったのが、前二世紀中葉頃以降だということなのだ。ローマ帝国の誕生という歴史の転換は、長い長い時間を要した。前二一八年はその出発点にすぎないと、考えるべきである。

しかし前二世紀中葉の二つの大反乱が終息しても、ヒスパニアはいまだ後世の属州と同質となったわけではない。みてきたとおり、いまだ半島の先住民世界は一つにまとまってはいない。なかでもルシタニア人たちは、その後も何度も蜂起した。興味深いのは、前一〇三年の蜂起である。この時、元老院はルシタニア人にデディティオを要求した。先に述べた推論が正しいとしたら、この時点までにルシタニア人も属州民とみなされるようになったのかもしれない。

属州も、帝国も後から現実に追いついてきた概念なのだ。それにともなって、反乱やデディティオといった概念も、その幅を変えていったはずである。前二世紀後半の段階で、元老院はたしかに、こうした概念を前三世紀末に比べれば確固とした実体をともなって認識し、それにそって先住民に対処し始めた。しかし、それは前一世紀に比べればいまだ確立途上の概念であった。

将軍たちの立場もまた不確定であった。彼らは貪欲に声望を求め、そのためにしばしば不要な戦いまでをもたらした。元老院による介入が強化されたといっても、現地の将軍たちの決定と行動が、やはり海外進出において重要な役割をはたしたことには変わりはない。この時期のヒスパニアでも、先住民への宥和路線をとろうとする将軍たちもいた。前一五一年、マルケルスのかたちばかりのデディティオを、結局元老院は認めている。他方、前一三三年、小スキピオは元老院の指示を待たずにヌマンティアを破壊した。デディティオを受けたにもかかわらず、である。これは元老院の権威を傷つけるものであったが、彼は自分の信念のままに行動した。元老院と同じかそれ以上の強硬路線を進む者も、グラックスの(あるいは大スキピオのかもしれない)宥和路線を継承する者も、どちらも元老院の意向をうかがいはするが、しかし諸々と元老院の指示に従おうとはしなかった。

有力政治家の、野心に裏打ちされた現地での行動が、やがて共和政そのものへの脅威となったことは、前一世紀におけるヒスパニア反乱が示唆している。この時期、ローマ社会内部の権力闘争のなかで、ローマ人の将軍が、ライバルや元老院に対抗して、ヒスパニアを拠点に反乱を起こすようになったのだ。属州ヒスパニアは、ローマ統治に対する先住民反乱の舞台というよりも、ローマの内乱において、ローマ人相互の戦いの舞台となった。ユリウス・カエサルの政敵、ポンペイウスの軍事拠点は東地中海と並んでヒスパニアであった。カエサルが前四八年にポンペイウスを打倒して、ローマに単独政権を樹立したことで内乱はいったん落ち着いた。しかし、ポンペイウスの二人の息子はあくまでもカエサルに対抗した。彼らはヒスパニアにおいて、前四五年までカエサルと戦い続けた。

こうした経緯をみると、前三世紀末から始まるローマ帝国の形成が、前一世紀末のローマ帝政への道を開いたということがわかる。

前二世紀中葉は、帝国を支える概念も装置も、また帝国内部の社会・政治体制も、すべて確立途上であった。この時期のローマおよびローマ人と、ヒスパニアおよびヒスパニア先住民たちの関係および、それぞれの内部の状況は非常に流動的であった。新たな認識とそれにともなう新たな状況を生み出しつつ、いまだ初期の認識と状況も一定程度とどめたまま、属州ヒスパニアは徐々に帝国へ統合され、帝国自体は徐々にその内実を変えつつあったのだ。

ここで、同じ時期に、地中海のほかの地域とローマとの関係はどうなっていたのかを俯瞰しておこう。この頃、ローマは地中海のほかの地域でも支配を強めていた。前一四六年、二つの都市が地上から消滅した。ギリシアのコリントゥス、そしてあのカルタゴである。どちらもローマと戦い、敗れ、破壊されたのだ。カルタゴを攻囲し、住民を極度の飢餓に陥れたうえで攻撃したのは、小スキピオであった。彼はカルタゴを破ったのち、五万人の住民を奴隷として売却し、都市を焼き払い、その後に塩を撒いたと伝えられる(地下の神に捧げる儀式。その後はこの地に生命が宿ることはないと信じられた)。カルタゴと戦い、この国を滅ぼすべきと、断固として主張したのはあのカトだった。そして彼が開戦を主張してやまなかった時、同じく断固としてカルタゴの存続を主張し続けたのは、小スキピオの縁者のスキピオ・ナシカであった。ナシカは、あの前二一一年にヒスパニアで戦死したグナエウス・スキピオの孫である。ローマ人有力者のなかに、それも同じ一族のなかにさえ、対外政策に関して異なる主義主張があるなか、結局は強硬路線が選ばれたのが前二世紀中葉だった。前二世紀中葉頃に、ローマ人は地中海世界を帝国に統合する、決定的な一歩を踏み出していたのかもしれない。その一歩とは、ローマの信義にすべてを投げ打ってすがる者は、ローマの統治下で存続が許され、そうせぬ者は、地上から消滅すべきというものだったのではあるまいか。そこにヒスパニアで前二一八年以降展開されてきた、いわば壮大な統治のための実験が作用しなかったとはいえぬであろうし、逆にほかの地域についての方針がヒスパニア統治に影響をおよぼさなかったともいえぬであろう。

ヒスパニア後日譚

ずいぶん長く、ローマ帝国形成期にヒスパニアが歩んだ道を眺めてきたので、最後にこの地ののちの姿をごく簡単に眺めて、この章を終えたい。前一世紀にはいっても、ヒスパニアの先住民蜂起はなくならなかった。しかし前世紀の熾烈さはそこにもはやない。その間、ローマの半島北西部への侵攻は続く。前一九年に、ついに半島の全土はローマの支配下にはいり、三つの属州に再編成された。ここまでに前二一八年からすると約二百年の歳月が流れたわけである。この時、ローマの政体はすでに、共和政からアウグストゥスの元首政に移行している。

アウグストゥス期に、全面的にローマ帝国へ統合されたヒスパニアでは、その後統治が安定した。本章冒頭部分で概説した属州民の地位は、元首政期にも本質的に変わらず、属州ヒスパニアの属州民たちは、帝国における被支配者であり続けた。

その一方、皇帝たちはさまざまな面で、ヒスパニアの開発と整備に尽力した。つぎつぎに都市が建設され、インフラの整備が進んだ。有名なセゴヴィアの水道橋などが、その一例である。これらの都市を中心に、先住民のローマ化(ローマ化については、第三章で詳しく取り上げる)が進行した。すでにアウグ

ハドリアヌス期に建設されたイタリカの円形闘技場

セヴィリアに残る塩水養魚施設

セゴヴィアの水道橋
紀元１世紀建造。
高さ30m近いローマ建築の粋。

ストゥス期に、ケルトイベリア人は「トガを着た人々(ローマ的文化をもつの意)」と呼ばれたそうである。いくつかの都市にはラテン権が与えられ、やがていくつかの都市にはローマ市民権さえ与えられた。ヌマンティアも再建されて一世紀後半にはローマ市民権を得ている(六四頁の写真を参照)。

都市周辺に広がる農村には、ローマ型の農業屋敷(ウィッラ)や、中小規模の農業経営が展開した。これらを経営したのは、ローマやイタリアからの入植者や、または現地住民たちであった。

都市と農村などからの生産物の、属州外への輸出が活性化した。すでにみてきたとおり、イベリア半島は各種の鉱山資源を豊富に産出する。金、銀、銅、鉛などが、大規模に採掘され、輸出された。またテラ・シギラータと呼ばれる美しく堅牢な陶器も、ヒスパニアで生産されて輸出された。農業生産物では穀物輸出が有名であるが、そのほかにもワイン、オリーヴオイルなどがある。また、大西洋に面しているという利点を活かした、魚類や魚の加工品(とくに魚醬)もヒスパニアの特産品として有名である。これらの商品は南仏、北アフリカ、イタリア、さらにはアドリア海東岸やアレクサンドリアにまで輸出された。商品の生産、輸送、販売にはローマ人、イタリア人、そして属州民が従事した。

ヒスパニアは、帝国で指折りの豊かな属州となった。その政治的地位も高まった。属州民たちの一部は、個人単位で、あるいは共同体、都市単位でローマの有力者から保護を受け、彼らからさまざまな恩恵を与えられた。かわりに、総督そのほかの役職者としてヒスパニアを統治するローマ人有力者は、先住民の協力を得、彼らに顕彰された。これは、ローマ帰還後に彼らに政治的優位をもたらした。現在、マドリードなど各地の考古学博物館では、そうした関係を示す多くの銘文をみることができる。

ローマ人と結んだ属州民のエリートたちは、都市役人や都市参事会議員として都市自治を担った。彼らのなかからローマ市民権を得て、ローマの政界に進出する者もあらわれた。ちょうど数百年前にカトがそうだったように、最初はローマ人の恩顧を得て。しかしやがて政務官を歴任し、元老院議員となり、皇帝の信任を得る者もあらわれた。皇帝自身になる者さえもがあらわれた。ローマ帝国の安定期を統治した五人の皇帝、いわゆる五賢帝の二人目、トラヤヌス帝は、ヒスパニアのイタリカ出身である。あの大スキピオが前二〇六年に設置した、傷病兵のための居住地が、皇帝を生み出したのだ。後継者のハドリアヌス帝も、イタリカに縁の深いヒスパニア出身者である。彼は都市イタリカに植民市の地位を与え、都市を大々的に整備、拡張した。前二一八年にローマと出会い、前二世紀にローマと戦い続けたヒスパニアは、ローマ帝国の安定期においてもっともローマ的であり、もっとも繁栄した属州となったのである。

COLUMN

カルタゴ滅ぼさざるべからず

共和政ローマの有力政治家、カトはカルタゴとの開戦を強く主張してやまなかった。前一九五年にはまだ新人政治家だった彼は、前二世紀中葉には元老院で最大の影響力をもつ大物政治家となっていた。その彼が元老院でどんな演説をおこなっても、最後に必ず「カルタゴ滅ぼさざるべからず」と締めくくったというエピソードをご存じの方は多いだろう。最近の翻訳では、この科白《せりふ》はぐっと現代的に表現されている。「カルタゴは滅びるべきだ」とか「カルタゴは滅ぼさなければならない」というように。それはむしろ適切な訳である。とはいえ、ここはやはり「……ざるべからず」という文語調の表現の方が、カトの何がなんでもカルタゴを滅ぼそうという強固な意志がよく伝わるように感じられる。

カトの意志どおり、カルタゴとローマは、前一四九年に三度目の戦争に突入した。そこにいたるまで、カルタゴ側は戦争を回避するためにあらゆる手段を講じ、それに対してローマ側はあらゆる無理難題を押しつけた。とうとうカルタゴの堪忍袋の緒が切れるところまで追い詰めるさまは、まさに「いじめ」以外のなにものでもない。この第三次ポエニ戦争で、カルタゴは三年にわたる戦いのすえ、小スキピオの身の毛のよだつ破壊と虐殺の挙げ句に滅ぼされたと伝えられる。カトの執念が成就したのである。

国家としてのカルタゴはこうして前一四六年に消滅した。都市カルタゴの破壊後、アフリカ北岸のカルタゴ勢力圏（現在のチュニジアの大半）は属州アフリカとして再編された。イベリア半島の両ヒスパニアに続く属州建設である。ヒスパニアと異なり、属州アフリカでは大きな反乱もなく急速にローマ化が進んだようである。都市カルタゴ自体も、カエサルとアウグストゥスによって再建された。破壊から約百年後のカルタゴ復活である。だが、新しい都市カルタゴの住民はローマ市などイタリアからの入植者であった。都市そのものも完全にローマ型都市の特徴を備えている。かつてのカルタゴが備えていた文化、生活様式はそこにはなかったといって良い。属州アフリカは経済的に繁栄し、都市カルタゴはその随一の都市となった。しかし、ある研究者が、「都市カルタゴの再建こそがカルタゴの息の根を止めた」と述べているのは、やはり正しいと思える。このかたちでローマはかつての仇敵カルタゴ人の世界を帝国に統合したのである。

しかし彼らの文化が地中海世界に残した影響は滅びなかった。ローマ自体がカルタゴ文化の影響を一部受けたこともよく知られている。なかでも、カルタゴ人が地中海西部に確立した覇権の形態こそが、ローマ帝国形成期のローマ人にとってのモデルであったという可能性を忘れるべきではあるまい。前三世紀末までのローマは、いまだ海外支配の経験もほとんどなく、その方法を知ってもいなかった。そのローマ人は一〇〇年あまりのあいだに、ローマ市と地中海各地を線で結ぶ支配形態を確立した。ローマの前に地中海世界でその種の支配をまがりなりにも成功させていたのは、カルタゴだけなのである。その支配を「カルタゴ帝国」と呼ぶ研究者は多い。むろん単純に両者の「帝国」をかさね合わせることはできない。しかし、もしカルタゴがローマ帝国のモデルであるならば、ローマ人の「カルタゴ滅ぼさざるべからず」の声は、親殺しの叫びだったということになる。そして、そうであるにもかかわらず、カルタゴはローマ帝国のなかにまさに帝国の本質として生き続けたといえるかもしれないのだ。

二章　消滅するヘレニズム世界

藤井　崇

1　アンティオコス三世時代のヘレニズム世界

競合する王国

紀元前二二〇年が明けたとき、セレウコス朝の王アンティオコス三世(在位前二二三〜前一八七)は、メソポタミア北部のアンティオケイア(アンティオキア)にいた。現在のシリアとトルコの国境に位置するこの町は、セレウコス朝の創始者セレウコス一世ニカトル(「征服者」)が、要衝の地ニシビスをギリシア都市に改変したものである。兄王セレウコス三世の暗殺後に登位した若きアンティオコスは、王位継承をとらえて反乱を起こしていた王国東部諸州の総督モロンを討つべく、王位についてすぐに遠征の途につき、前二二一年から前二二〇年の冬、アンティオケイアで軍を冬営させていたのである(ポリュビオス『歴史』五・五一・一〜二)。

このとき弱冠二十歳を過ぎたばかりのアンティオコスには、およそ三〇年後の前一八九年にはマグネシアで自身がローマと激突し、およそ一六〇年後の前六四年にはポンペイウスによってセレウコス王国がローマの属州へと解体されることになるなど、おそらく思いもよらなかったことだろう。では、前二二〇年のアンティオコスが実際に目にしていた、そして彼自身が重要なプレイヤーとして活躍すること

アンティオコス３世肖像
前200年頃のオリジナルのコピー。
ヘレニズム王権の象徴であるディアデマ（細帯）を着け、その表情は、王の峻厳な軍事指揮官としての側面を強調している。
ルーヴル美術館所蔵

になるヘレニズム世界とは、どのような世界だったのだろうか。

前三二三年にアレクサンドロス大王がバビロンで急死したのち、アレクサンドロス麾下の軍幹部や総督たち、いわゆるディアドコイ（「後継者」）は、バルカン半島からインド亜大陸にいたる大王の帝国を、できる限り自身の手中におさめるべく相争った。後継者たちの合従連衡と形勢の浮沈は複雑だが、前三二三年に始まった後継者戦争を、ポリュビオスの『歴史』の浩瀚《こうかん》な注釈で著名なヘレニズム時代史家フランク・ウォールバンクは、つぎのように二つの期間に大別している。

第一期は、前三二三年から前三二〇年までで、アレクサンドロス帝国の千人隊長（キリアルコス、事実上のナンバー2）だったペルディッカスの野心とその挫折によって特徴づけられる。ペルディッカスはアレクサンドロス大王の後継人と目されていたフィリッポス三世（大王の兄弟）とアレクサンドロス四世（大王の子）の後見人となって権力をふるったが、大王によって代理統治者としてマケドニアに残されていたアンティパトロス、小アジア西部を掌中におさめたアンティゴノス・モノフタルモス（「独眼」）、エーゲ海北岸のトラキアを支配したリュシマコス、そしてエジプトを押えたプトレマイオスらがペルディッカスに反抗し、彼は最後にエジプトで軍の反乱に遭い殺害された。

後継者戦争の第二期（前三二〇～前三〇一年）は、アンティゴノス・モノフタルモスとその息子デメトリオス・ポリオルケテス（「攻囲者」）の覇権と失脚を中心に展開された。アンティゴノスは、一時、アレクサンドロス大王の帝国の大部分を支配下におさめるが、前三〇一年、フリュギア（小アジア内陸部）のイプソスでの会戦で、リュシマコス、そしてアレクサンドロスの精鋭近衛部隊（ヒュパスピスタイ）の指揮官でセレウコス朝を興すことになるセレウコスに敗れ、殺害された。ヘレニズム世界の形成という観点からとくに重要なのは、この第二期とその後の二〇年ほどのあいだに、後継者のあいだでアレクサンドロス帝国の再統一という大義名分が失われ、各地に独自の王位を継承する王朝が確立したことである。前三〇六年から前三〇四年にかけて、アンティゴノス・モノフタルモス、プトレマイオス、そしてセレウコスがそれぞれ王（バシレウス）を名乗った。その後、アンティゴノス朝はマケドニア、プトレマイオス朝はエジプト、セレウコス朝はシリア、メソポタミア、イランを基盤に国家を運営していくことになる。

これら三つの主要なヘレニズム王朝の特徴を、ここで簡単にまとめておこう。まず、アンティゴノス朝は、ギリシア北部のマケドニアを基盤とする軍事国家で、マケドニア人のエリート層とフィリッポイ、カッサンドレイア、ペラなどの諸都市との関係に依存していた。北方と西方の諸民族に対する防衛に苦心しながらも、テッサリアとギリシア南部の諸都市に深く関与し、エーゲ海と小アジアにも一定の影響力をおよぼした。つぎに、プトレマイオス朝は、ナイル川流域を基盤として、リビュア、キュレナイア、キプロス、シリア南部、小アジア、エーゲ海島嶼部、トラキアまで幅広く支配の手を伸ばした王朝である。とくに、コイレ・シリア（「くぼんだシリア」の意で、シリア地域を指す当時の用語）をめぐっては、つぎに述べるセレウコス朝と熾烈な戦いを繰り広げた。支配者たるギリシア・マケドニア人は、先住のエジプト人と比較すると圧倒的に少数だったが（ある推計では移住者はエジプト全住民の一〇〜一五％ほどとされる）、緊密な官僚機構、組織的な徴税方法、独自の貨幣経済で富強を誇り、その財力は地中海地域屈指の大都市アレクサンドレイア（アレクサンドリア）の経営にいかんなく発揮された。セレウコス一世ニカトルの征服事業により、小アジア沿岸部・南東部、シリア、バビロニア、イランなどを支配下においたセレウコス朝は、遠征と移動を繰り返す王権によって支えられた国家だった。支配地域の政治的、文化的伝統は極めて多様で、セレウコス朝の王は、小アジア沿岸部を中心とするギリシア都市や、バビロニア人やペルシア人、ユダヤ人の共同体に対して、柔軟に対応する必要に迫られた。また、セレウコス朝は軍事植民と都市経営にも熱心で、主要な都市としてアンティオケイア、オロンテス河畔のアパメイア、ティグリス河畔のセレウケイア（セレウキア）などが知られている。以上が、ヘレニズム世界に君臨した三つの主要な王国だが、この他にも、アッタロス朝ペルガモンや小アジアのビテュニアやポントスの王朝、さらには西方のシチリアの王朝など、大小の王国が存在した。アレクサンドロス大王の

アラル海
ヤクサルテス(シル)川
オクソス(アム)川
カスピ海
最果てのアレクサンドレイア
アンティオケイア
アイ・ハヌム
バクトリア
バクトラ
パロパミサダイ(ヒンドゥークシュ山脈)
エクバタナ
パルティア
アラコシア
エウライオス河畔のセレウケイア(スサ)
アレクサンドレイア(カンダハル)
エリュマイス
ペルセポリス
ペルシア湾
インダス川
ゲドロシア
マウリヤ朝
インド洋
(Chaniotis 2005, map 1をもとに作成)

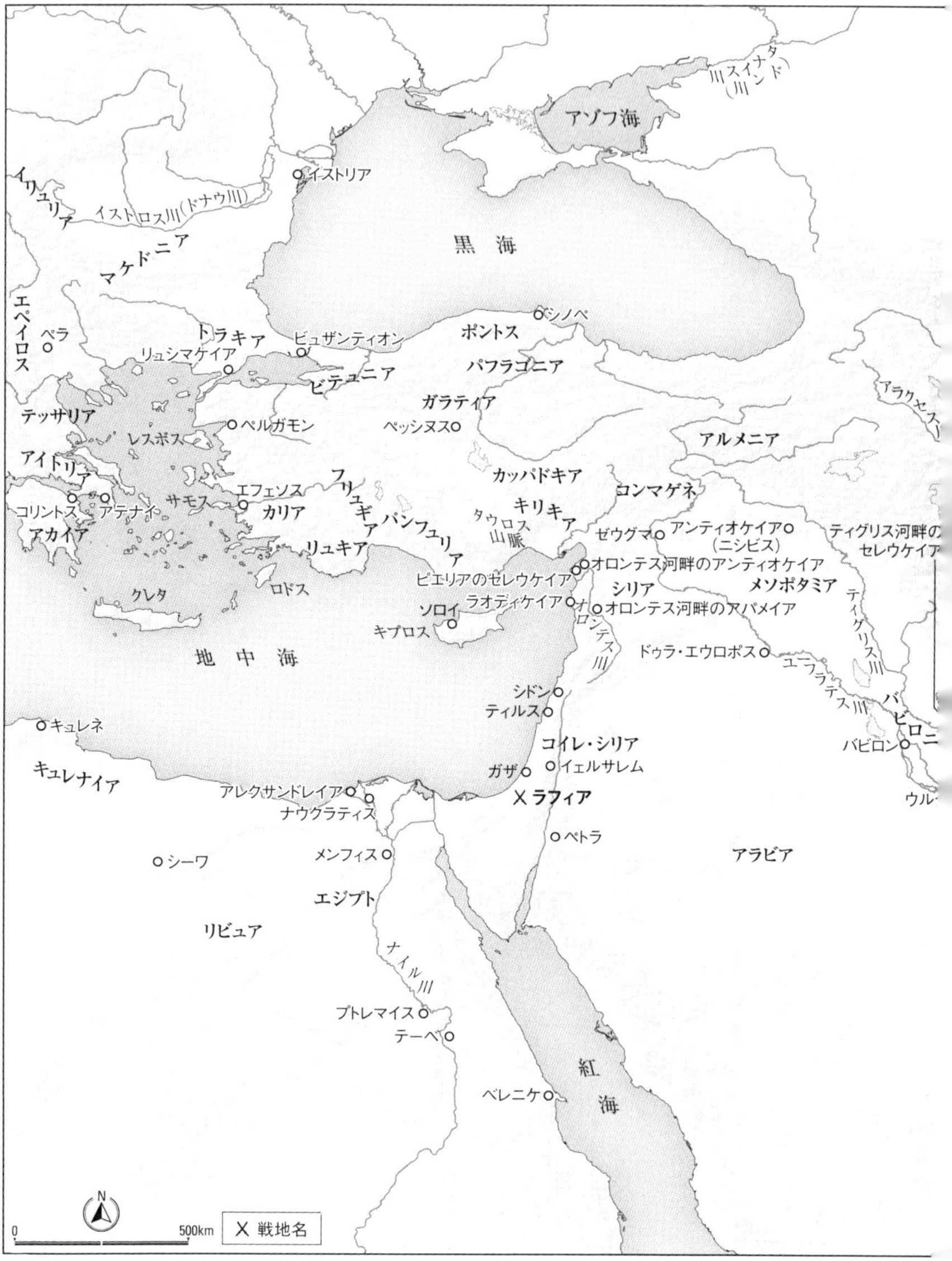
アゾフ海
タナイス川（ドン川）
イストリア
イリュリア
イストロス川（ドナウ川）
黒　海
マケドニア
エペイロス
ペラ
トラキア
ビュザンティオン
シノペ
ポントス
リュシマケイア
ビテュニア
パフラゴニア
ガラティア
アラクセス
テッサリア
ペルガモン
ペッシヌス
レスボス
アルメニア
アイトリア
カッパドキア
フリュギア
コンマゲネ
エフェソス
コリントス
アテナイ
サモス
カリア
タウロス山脈
キリキア
アカイア
パンフュリア
ゼウグマ
アンティオケイア
（ニシビス）
ティグリス河畔のセレウケイア
リュキア
オロンテス河畔のアンティオケイア
ピエリアのセレウケイア
シリア
メソポタミア
クレタ
ロドス
ラオディケイア
オロンテス河畔のアパメイア
ソロイ
ティグリス川
キプロス
オロンテス川
地　中　海
ドゥラ・エウロポス
ユーフラテス川
シドン
ティルス
バビロニ
キュレネ
コイレ・シリア
バビロン
キュレナイア
ガザ
イェルサレム
アレクサンドレイア
ラフィア
ナウクラティス
ウル
ペトラ
シーワ
メンフィス
アラビア
エジプト
リビュア
ナイル川
プトレマイス
テーベ
紅　海
ベレニケ
N
0
500km
戦地名

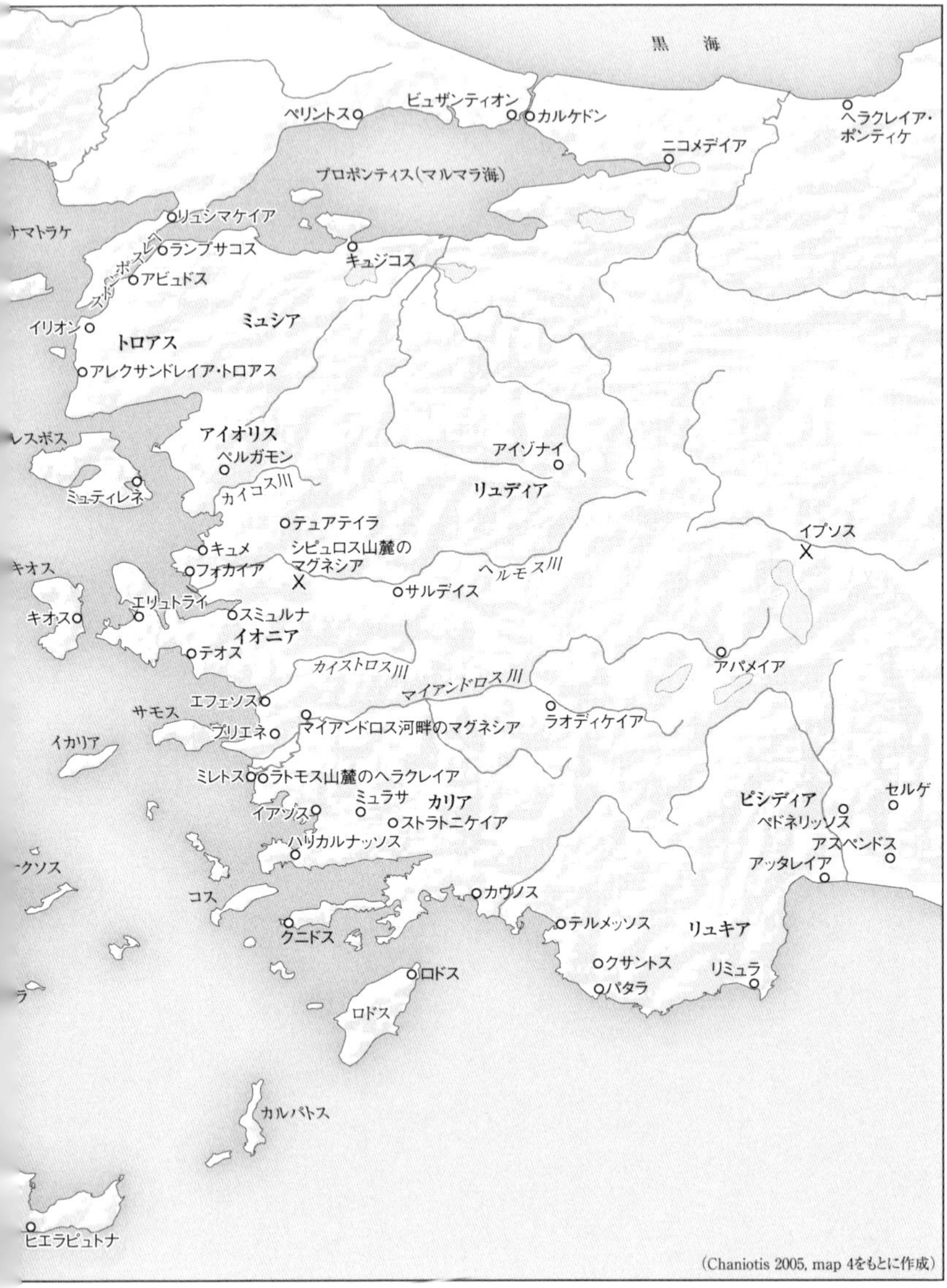

(Chaniotis 2005, map 4をもとに作成)

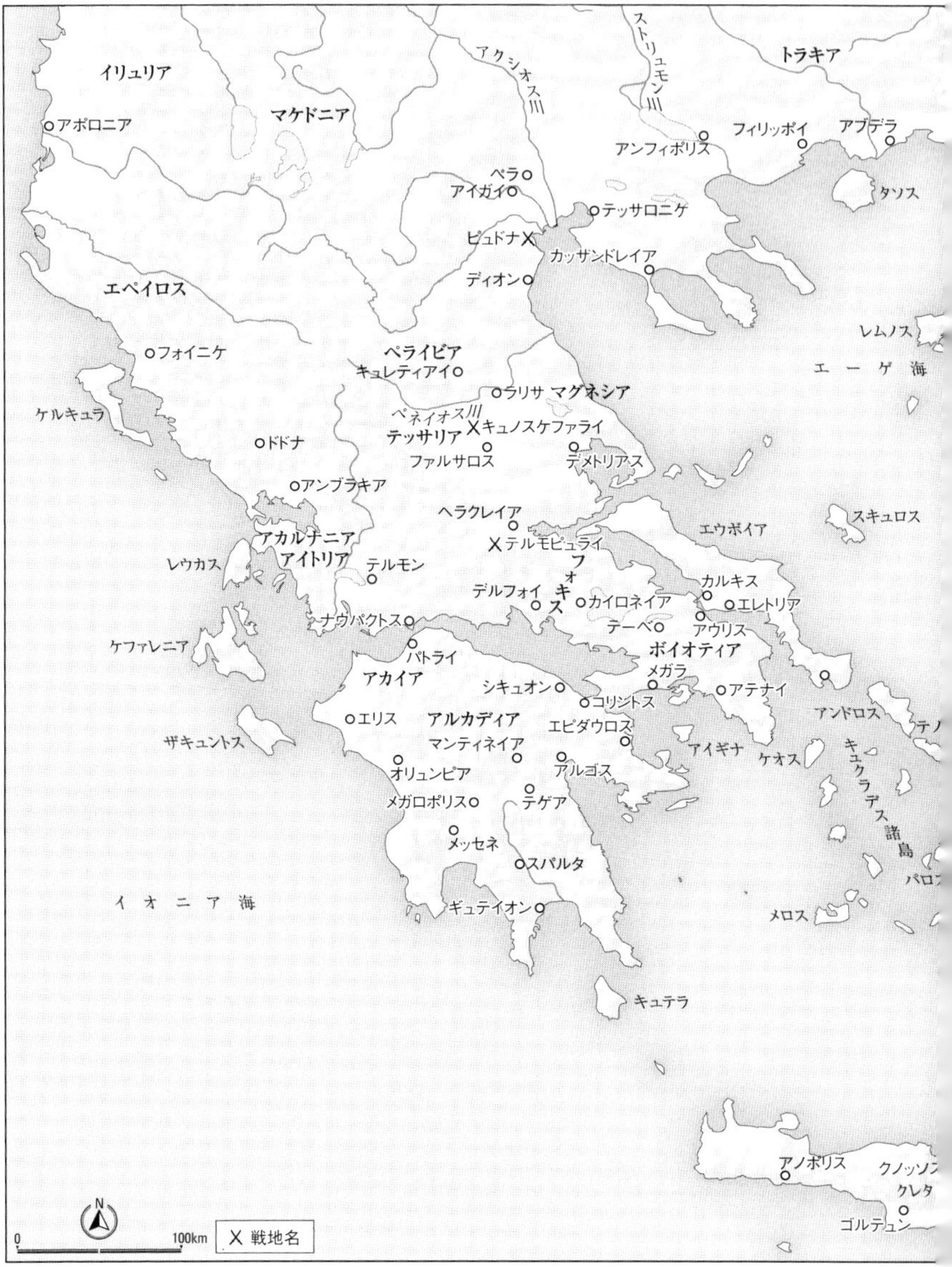
イリュリア
マケドニア
トラキア
アクシオス川
ストリュモン川
アポロニア
フィリッポイ
アブデラ
アンフィポリス
ペラ
アイガイ
タソス
テッサロニケ
ピュドナ
カッサンドレイア
ディオン
エペイロス
レムノス
ペライビア
フォイニケ
キュレティアイ
エーゲ海
ラリサ
マグネシア
ケルキュラ
ペネイオス川
キュノスケファライ
テッサリア
ドドナ
ファルサロス
デメトリアス
アンブラキア
スキュロス
ヘラクレイア
エウボイア
アカルナニア
アイトリア
テルモピュライ
レウカス
テルモン
フォキス
カルキス
デルフォイ
カイロネイア
エレトリア
ナウパクトス
テーベ
アウリス
ケファレニア
パトライ
ボイオティア
メガラ
アカイア
シキュオン
アテナイ
コリントス
アンドロス
エリス
アルカディア
エピダウロス
ザキュントス
マンティネイア
アイギナ
ケオス
キュクラデス諸島
オリュンピア
アルゴス
メガロポリス
テゲア
メッセネ
スパルタ
イオニア海
ギュテイオン
メロス
キュテラ
アノポリス
クノッソス
クレタ
ゴルテュン
N
0
100km
戦地名

遠征によってペルシア帝国の支配が失われ、大王自身の帝国も分裂してしまった東地中海・近東地域は、複数の王国が互いに競合する空間へと変貌したのである。

では、このようなヘレニズム諸王国による支配の実態は、どのようなものだったのだろうか。本書が扱う歴史の「転換点」である前二二〇年を生きたアンティオコス三世の経験をたどりながら、王権の諸相を具体的にみていこう。

戦う王

前二二三年に登位したアンティオコス三世は、冒頭でふれたように、王位継承をとらえて王国東部諸州で反乱を起こしたモロン、さらに、将軍として活躍しながらも小アジアの都市サルディス(サルディス)を拠点に反旗を翻していた、自身のおじで王を僭称するアカイオスに対処する必要に迫られたが、その一方で、コイレ・シリアの支配権をめぐってプトレマイオス朝エジプトと戦端を開いていた。結果からみれば、この戦争はアンティオコス三世の敗北に終わるが、戦争の帰趨《きすう》を決定づけたラフィアの戦い(前二一七年)に関する歴史家ポリュビオスの伝えからは、支配下にある多数の民族から兵を動員することのできる偉大な指揮官だったアンティオコス三世の姿が浮かび上がる(『歴史』五・七九)。トラキア、小アジアそして近東における支配地域から動員されたこれらの諸民族は、マケドニア兵やギリシア諸都市から集められた傭兵とあわせて、王国全体を会戦の場に象徴的に再現することになった。ヘレニズム時代になってはじめてギリシア人の戦争に使われるようになった象も、実際に戦場で大きな役割をはたしただけでなく、地中海世界を越えて広がったヘレニズム時代の王国を寓意している。ちなみにポリュビオスによれば、プトレマイオス朝側に従軍したアフリカ象は、セレウコス朝側のインド象のにおいと咆吼に圧倒されたとのことである（『歴史』五・八四）。わが国の代表的なヘレニズム時代史家である大戸千之が指摘するように、ラフィアの戦いにおけるセレウコス朝軍は支配地域からの制度的徴兵によるものではなく、ギリシア諸都市と小アジア・近東地域からの傭兵に頼る部分が大きかったので、アンティオコス三世の王国支配とラフィアでの陣容を短絡的に関連づけることには慎重でなければならない。しかし、王権による直接支配と並んで、王権が駆使した諸民族とのさまざまなネットワーク、そして王権のもつ財力によって実現された大軍を率いたアンティオコス三世が、王国の偉大な指揮官としての役割を演じることに成功したことは否定できないだろう。

アンティオコス三世は、指揮官であるだけでなく、自身が危険を顧みず前線で戦う戦士でもあった。前二一三年に、僭称王アカイオスをようやくサルデイスに討ち取ったアンティオコス三世は、翌年、王国東部の旧領の再征服をめざした軍事遠征（アナバシス）を敢行する。アンティオコス三世は、コンマゲネとアルメニアを王国の支配下におくことに成功し、パルティアとバクトリアにセレウコス朝の宗主権を認めさせた。王はこの時、インドのマウリヤ朝との友好条約も更新しており、多数のインド象を贈られている。これらの遠征の結果、アンティオコス三世はメガス（「大王」）の名を与えられることになった。再びポリュビオスの記すところによると、この遠征の最中、バクトリアのエウテュデモス一世の軍との戦闘で、アンティオコスは口を打たれて歯を失いつつも最前線で奮闘を続け、勇敢な王との名声を高めることに成功した（『歴史』一〇・四九）。

多数の古典作品をもとに一〇世紀終わり頃に編纂されたとされる百科事典『スーダ』によると、君主の権力は生まれや法によってではなく、軍を指揮し政治に熟達した人物に与えられるものだと定義されている。現代の代表的なヘレニズム時代史家の一人であるアンゲロス・ハニオティスは、この王権の定義がヘレニズム時代の諸王の性格を的確に表現しているとする。王たちは軍を指揮し、またときには自ら前線に立ち、父祖から継承した土地を守り、失地を回復し、新領土を獲得しなければならなかった。「王」(バシレウス)という称号に、「マケドニア人の王」などのような民族、地域の限定がないことは、領土を際限なく求めることができるというヘレニズム時代の王権の好戦的性格を示唆している。王朝の領土は、「槍で勝ち取られた土地」(ドリクテトス・コラ)であり、王はそれを維持発展させるために、自ら有能な指揮官でかつ戦士である必要があったのである。王の好戦性は、槍にもたれた支配者を示す神々しい男性裸体像である「テルメの支配者」や、グレコ・バクトリア朝末期の王であるエウクラティデスの貨幣などによって、視覚的にも表現された。アンティオコス三世の奮戦も、まさにこのヘレニズム時代の王権の伝統を示す一例である。

もちろん、このような王の好戦性は、ヘレニズム世界を生きる人々に大きな影響を与えずにはおかなかった。広範な影響の一つの側面として、ここでは、王朝の戦争がもたらした経済的損失をみてみよう。アンティオコス三世の先々代の王セレウコス二世カリニコス(「完勝者」)とプトレマイオス三世エウエルゲテス(「善行者」)とのあいだで戦われた第三次シリア戦争に関して、勝利したプトレマイオス三世が銀で四万タラントン(一タラントンはアッティカ・エウボイア基準で二五・八六キログラム)にのぼる戦利品を獲得したと伝えられている。堅固な財政基盤を誇ったプトレマイオス二世期のエジプトからの収入は、穀物を別にすると、一年で銀一万四八〇〇タラントンだったことを考慮すると、この戦利品の巨大

エウクラティデスの
テトラドラクマ銀貨
表面(上)はマケドニア風の騎乗用ヘルメットをかぶったエウクラティデスが、槍を構えている姿を描いている。
裏面(下)の刻印は、「大王エウクラティデス」と読める。

「テルメの支配者」像
前3世紀から前2世紀のブロンズ像。特定の王との同定はできないが、筋肉が強調された裸体とそれが寄りかかる槍は、ヘレニズム王の超人性と武断的性格を表現していると考えられている。
ローマ国立博物館所蔵

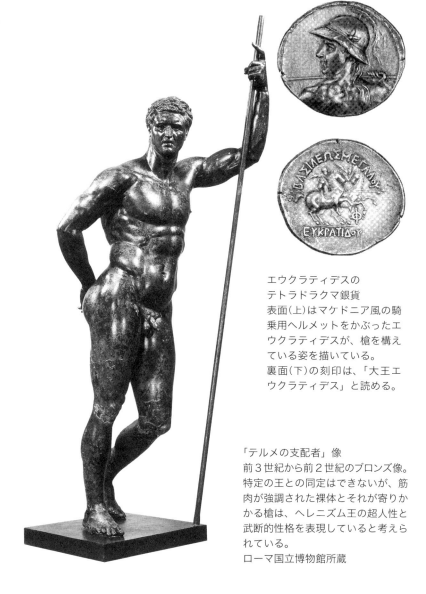

さがよく理解できる。ヘレニズム時代の王による戦争は、一方ではこのような経済的利益をその目的の一つとしていたが、他方では相手方とその臣民に巨大な経済的損失をもたらしたのだった。

交渉する王

アンティオコス三世の王権について、戦う王という役割以上に興味深いのは、臣民と交渉する王という役割である。ヘレニズム王権に関するもっとも重要な研究者の一人であるジョン・マは、ヘレニズム王朝の王(とくにさまざまな政治的、文化的背景をもつ人々を支配するセレウコス朝の王)は、臣民の制度と慣習にあわせて自らの支配のスタイルをカメレオンのように変えていった事実を強調している。エジプトやバビロニアといった独自の伝統ある王権観や宗教をもつ支配地域に対しては、王たちはギリシア・マケドニアの出自であるという自意識を堅持しつつも、自身の王権を表現するにあたって柔軟な態度を示した。例えば、いわゆるボルシッパ・シリンダーには、バビロン近郊のナブに捧げられたエジダの神殿を、バビロニアの王としてのアンティオコス一世が手ずからこねたレンガで再建したことが、楔形文字で伝えられている(Austin, no. 166　銘文史料の略号は一三六頁参照。以下同。)。また、アンティオコス三世も、バビロニアの王権を引き継ぐ支配者として、新バビロニアのネブカドネザルのマントを継承している。エジプトに関しては、遠征の途上でアモンの神殿をシーワのオアシスに訪ね、アモンの子との託宣を受けたアレクサンドロス大王以降、プトレマイオス朝の王たちはエジプトの宗教とファラオの伝統をもつ王権観を、自身の王権の表現に最大限に取り入れた。滋賀県のＭＩＨＯ ＭＵＳＥＵＭに所蔵されている優美なアルシノエ二世像は、その良い例である。

アルシノエ2世像
前3世紀半ばの作品。高さ約160cmのこの像は、閃緑岩《せんりょくがん》製で、アメンホテプ3世の妻ティの像がヘレニズム時代に再利用されたものと考えられている。
MIHO MUSEUM 所蔵

しかし、交渉という観点からもっとも豊富で詳細な史料が残っているのは、ヘレニズム王とギリシア都市とのあいだの交渉である。前二二〇年のヘレニズム王権への理解を深めるために、ここでアンティオコス三世を中心に王とギリシア都市との交渉の実例をみていきたい。この点については、これまで何度か引用したポリュビオスの『歴史』が引き続き重要な証言を残しているが、こうした文献史料とあわせて、おもに石に刻まれた銘文史料を検討することが必要不可欠となる。王と都市との交渉は、都市への命令、自治と自由の認可、恩恵付与を示した王の書簡、そして王への名誉付与、奉献、像の建立などを定めた都市の決議という、文書に基づくやりとりが基礎になっていたが、これらの一部が石に刻まれ永遠の命を与えられて、現代まで伝わっているのである。例えば、アンティオコス三世と小アジア西部のギリシア都市との交渉については、五〇ほどの銘文が確認されている。

前二〇五年頃に東方遠征から帰還したアンティオコス三世は、小アジア西部での征服活動を進めたが、この地域に位置したギリシア都市テオスから、アンティオコス三世と都市との関わりを伝える長文の銘文が出土している。テオス市の決議を伝えるこの銘文のなかで、アンティオコス三世は戦い征服する王ではなく、都市と交渉し恩恵を施す王として立ちあらわれる。

……彼〔アンティオコス三世〕は全ギリシア都市、とりわけわれわれの都市〔テオス〕の共通の恩恵付与者になることを決意し……〔アンティオコス三世はテオスにはいると〕民会に姿を現し、市域とその郊外が神聖かつ不可侵で貢納の義務を負わないことを自ら認め、われわれがアッタロス王に負っていたその他の負担については、王によってわれわれがそれらから解放されること約束した。都市の運営を好転させた王は、市民の「恩恵者」とあわせて「救済者」との称号を受け取るべきこと。王は友人と彼に従う軍隊とともに都市に滞在し、すべての人々に対して、すでに彼のものであった誠実さを偉大なる範例で示し……

(Austin, no. 191)

アンティオコス三世は、さらにテオスから送られてきた使者に、アッタロス王への税の支払いから永遠に解放することを再度確約している。また妃のラオディケも、テオスへの恩恵付与に非常な熱意を示したと称えられた。

この事例にみられるように、ヘレニズム時代の王たちは、実際には武力やその他の手段で獲得したギリシア都市に対し、貢納を免除し、自治と自由を認め、駐留軍をおかず、さまざまな政治的、軍事的、財政的援助を与えることを惜しまなかった。また、アンティオコス三世が都市の決議機関の一つである民会で恩恵付与の宣言をおこなったことからもわかるように、王は都市の民主政的政体を最大限に尊重した。都市自治の守護者、都市への恩恵付与者というヘレニズム王権の特徴は、すでに冒頭でふれた後継者戦争の時代に確認されており、アンティゴノス・モノフタルモスは、カッサンドロス(アンティパトロスの子)に対抗するにあたって、ギリシア人は自由で、駐留軍をもたず、自治をおこなうべし、と宣言している。ギリシア都市への自由と恩恵の付与者というヘレニズム王権のモデルは、のちにみるように、ローマとギリシア都市との関係のなかにも引き継がれていくことになる。

王と都市との関係は、王から都市への一方通行ではなかった。テオスの決議は、種々の恩恵を実現したアンティオコス三世に、都市は返礼として「恩恵者」と「救済者」の称号を贈ったうえで、王と妃ラオディケの大理石像を作製し、それをディオニュソス神の神殿のなかの神像のかたわらに安置すべきことを定めている。ここからわかるように、王と都市の関係は、王による恩恵付与と都市による名誉付与というギブ・アンド・テイクの関係に基づいていた。王にとっては、都市による自身への名誉決議は、自らの支配の正当性の担保として機能し、都市にとっては、王による恩恵付与は自治と自由という都市の理念を支えると同時に、実際的な政治的、軍事的、財政的な援助を意味していた。王と都市との交渉の基礎には、両者の相互依存が存在していたのである。

アンティオコス三世とラオディケに対するテオスの返礼のなかには、特殊な名誉、すなわち神と等しい名誉が含まれている。テオスの人々は、王と妃の大理石像をディオニュソスの神殿に祀り、神々に対するのと等しい崇拝を彼らに捧げるのである。同じくテオスから出土した別の決議銘文では、アンティオコス三世とラオディケへの支配者崇拝の内容がさらに詳しく述べられており、テオスが王のための祭礼、犠牲と灌奠《かんてん》、像の建立、特別な泉の奉献などをおこなったことが確認できる(Ma, no. 18)。業績や権力の点で超人的な人物に神的な名誉を捧げる支配者崇拝は、ギリシア世界では前四世紀頃から散見されるが、これが本格的に広まったのはアレクサンドロス大王以降であり、ヘレニズム時代には王と都市との交渉において大きな役割をはたした。巨大な領土と権力を誇り、大規模な援助を実施するヘレニズム王は、都市にとって超人的な恩恵付与者であり、自らの近くにあって実際に目にすることのできる、願いを聞き届けてくれる顕現神(テオス・エピファネス)だったのである。

都市の戦争、個人の戦い

ここまでアンティオコス三世とテオスを中心に、王とギリシア都市との交渉の実態をみてきたが、いうまでもなく、王と都市との交渉がつねに円滑に進んだわけではない。一見平和的に映るテオスの事例でさえ、王が軍隊を都市に入城させていることからわかるように、多くの場合、王と都市との交渉の背景には王の軍事力の影がちらついていたし、さらに、王による支配に反抗し武力衝突も辞さなかった都市も数多く知られている。第三節でふれるように、アンティオコス三世の支配に抵抗した小アジアの都市スミュルナとランプサコスは、その良い例である。

ヘレニズム時代のギリシア都市は、市域を守るために堅固な城壁を築き、王に対する防衛戦争や近隣の諸都市に対する侵略戦争を頻繁におこなう、軍事都市だった。もちろん戦争といっても、王朝による支配に抵抗する生死をかけた防衛戦が常だったわけではなく、近隣の諸都市との国境をめぐる小競り合いや、農作物の略奪を狙う奇襲攻撃など、小規模の戦闘も多かった。しかし、いずれにせよ、都市が理想とした自治と自由には、自律的に戦争をおこなうことができる権利が含まれていた。例えば、前二一七年のラフィアの戦いとほぼ同じ時期、小アジアの都市セルゲが近隣のペドネリッソスを攻略しようとしたことを、ポリュビオスが伝えている（『歴史』五・七二～七六）。最終的には、ペドネリッソスが当時小アジアに勢力を伸ばしていたアカイオス（アンティオコス三世の副王で反乱を起こす）に助けを求め、またセルゲで内紛が勃発したこともあって、セルゲによる攻略は失敗したが、この事例は、当時のギリシア都市の戦争能力をあますところなく伝えている。先に紹介した研究者ジョン・マは、近隣の都市を犠牲に支配権を広げる都市のこうした覇権主義を小帝国主義（マイクロ・インペリアリズム）ととらえ、王朝同士の巨大な会戦だけでなく、軍事力をもつ都市による中・小規模な戦争の重要性を指摘している。ヘレニズム時代の王が交渉しなければならなかったギリシア都市は、民会と評議会を中心とした民主政的な政治制度や自治と自由の理念だけでなく、それを裏打ちする実質的な軍事力に立脚していたのである。

それでは、こうしたギリシア都市に生きた人々は、どのような生活を送っていたのだろうか。シチリア島から黒海、中央アジアにいたるヘレニズム世界は広大で、言語や基本的な生活様式や宗教観、そしてアゴラ(広場)、神殿、ギュムナシオン(体育場)などの主要な都市施設、民会と評議会からなる政治機構といったある程度の共通点を除けば、各地のギリシア都市の人々の生活はじつにさまざまだったに違いない。また、多くの場合、大国の戦争や都市の外交を中心テーマとする文献史料や、王や都市の公的な決定を刻んだ銘文史料には、王との交渉や小帝国主義の行使をおこなった一部の富裕な政治指導者を除けば、一般の市民や、市民の家族、ましてや社会の下層におかれた外国人や奴隷の姿はなかなか登場しないのが実情である。こうした問題を念頭におきながらも、ここでは、ヘレニズム時代のクレタ島を一つの事例として取り上げながら、当時の人々の生活のいくつかの側面に光をあてたい。

地中海で五番目に大きな島であるクレタ(兵庫県とほぼ同じ面積)には、ヘレニズム時代、五〇から六〇ほどの都市が存在していたが、これらの都市は絶え間ない戦争に明け暮れていた。クノッソスとゴルテュンという二つの大都市を中心として、そしてアンティゴノス朝やプトレマイオス朝といった島外の大勢力も絡みつつ、多くの都市が同盟と離反を繰り返し、作物や家畜を奪う小競り合いから、敗北した都市の徹底的な破壊と殺戮にいたる大戦まで、さまざまな規模の争いが頻繁におこなわれていたことが、戦争終結時の和平条約を刻んだ多数の銘文から確認されている。このクレタの状況は、先に紹介した小帝国主義の最たる事例だが、こうした倦むことない戦争の背景として、山がちな島内で多くの都市が平地に密集し、さらに夏は高地、冬は低地へと家畜を移動させる移牧がさかんだったため、都市間の領土争いが起こりやすい状況があったことが指摘されている。ヘレニズム時代のクレタのギリシア都市は、このようにほぼつねに戦時体制下にあったので、それぞれの都市は将来の戦士を育てるために男性中心の同志会(ヘタイレイア)を発達させ、その同志会が男部屋(アンドレイオン)で式次第にのっとった共食(シュッシティオン)を定期的におこなうことで、小帝国主義実現のための強固な社会的紐帯を維持していた。

当時のクレタ島のもう一つの大きな特徴は、それがヘレニズム世界でも有数の移民の送り出し地域だったことである。多くのクレタ人が、ヘレニズム諸王朝や有力都市に傭兵として仕えるために、海を渡った。例えば、前三世紀末の数年のあいだに、約三〇〇〇から四〇〇〇のクレタ人傭兵とその家族が、小アジアの都市ミレトスに移住したことが知られている。これは、直接的には農地と放牧地に不足したクレタ諸都市の人口調整の必要、そしてヘレニズム世界全域で戦争が頻発していた状況に起因しているが、より広い視点から考えれば、アレクサンドロスの帝国崩壊以降、ヘレニズム世界は諸王朝の成立で政治的には分断されてしまったものの、ギリシア語の共通語化とギリシア・マケドニア風の生活様式のある程度の普及によって、人々の移動が加速、拡大していった当時の社会状況を反映しているといえるだろう。

クレタ島出身の傭兵は、先にふれたコイレ・シリアをめぐるラフィアの戦いでも、アンティオコス三世とプトレマイオス四世の両陣営に参加していた。また、同じくコイレ・シリアの都市ガザからは、ラフィアの戦いとおおよそ同じ時期のクレタ人傭兵の実態を伝える、興味深い墓碑銘が出土している(SEG 8, no. 269)。この墓碑銘は、クレタのアノポリス出身の傭兵ハルマダスとその家族に関するもので、彼の娘が別のギリシア人傭兵とおそらくガザで家族をもったこと、そして、ハルマダスがプトレマイオス朝のもとで傭兵として活躍する一方、故郷のアノポリスのためにも戦士として駆けつけたことが記されている。ハルマダスがラフィアの戦いに実際に参加したかはわからないが、ヘレニズム王朝が戦った大会戦、そしてギリシア都市の覇権と存立をかけた戦いの裏側には、こうした無数の個人の戦いの物語があったことを忘れてはならない。

これが、前二二〇年の年明け、メソポタミアの北辺で冬を越すアンティオコス三世の眼前に広がっていたヘレニズム世界、彼がその後の治世三〇余年に行使することになる王権とその主要なパートナーたるギリシア都市、そしてそこで生きる人々の諸相である。

2　第二次マケドニア戦争終結まで

前二二〇年とは何か

では、このようなヘレニズム世界は、前二二〇年を境としてどのように転換していったのだろうか。もちろん、後世の私たちにとって転換の概要はすでに明らかで、それはヘレニズム諸王国の滅亡とローマ帝国の成立である。ただ、本書の転換点である前二二〇年がとくに興味深いのは、転換の時代を生きたヘレニズム時代最大の歴史家ポリュビオスが、前二二〇年を一つの画期とみなして自身の『歴史』を執筆していることである。ポリュビオスの見解については、本書冒頭の総論でもふれられているが、歴史の転換点を後づけではなく同時代人の視点から考えるために、彼の洞察をもう一度ここで簡単にまとめておこう。

ポリュビオスが前二二〇年を転換点として『歴史』全四〇巻を執筆した理由は、彼自身の言葉によって明確に表現されている。この年からローマを中心に「歴史があたかも一つの身体のようなまとまりをもち始め、イタリアとリビュアのできごとがアジアとギリシアで起きたことと絡まり合」うようになり、第三次マケドニア戦争（後述）の帰趨《きすう》を決定づけたピュドナの戦いにいたるわずか五三年間のうちに、「人の住む限りのほとんど全世界」がローマの覇権にまとめあげられた、とポリュビオスは考えていた。この見解は、逆説的ではあるが、ポリュビオスが前二二〇年以前、そして前二二〇年以後ローマの支配が完了するまでは、世界が分断されていたと認識していたことを示している。東地中海・中東地域に関していえば、この考え方は、競合する王国という前節で確認したヘレニズム世界の基本モデルと対応している。アケメネス朝ペルシア、そしてアレクサンドロス大王の帝国の瓦解後、東地中海・中東地域は、支配層が同じ文化的アイデンティティ（ギリシア・マケドニア文化）に立脚しながらも競合する諸王国の世界だった。つまり、ポリュビオスの洞察を私たちの言葉で言い換えるならば、前二二〇年に始まる転換とは、競合する王国モデルの崩壊とローマによる一元支配の確立である。

もちろん、このような転換が前二二〇年に瞬時に達成されたわけではない。歴史のなかに明確な転換点を見出すポリュビオスでさえ、ローマの覇権の確立に五三年間の幅をとっている。そこで本章はこの五三年間を三つの時期に分け、ローマの東地中海・近東地域への進出によって、ヘレニズム世界の諸王朝、そしてそれらと深い関係にあったギリシア都市のあり方がどのように転換していったのかを考えていきたい。第一期（一〇四〜一一七頁）は、おおよそ前二二〇年から前一九〇年代前半まで続く、アンテイゴノス朝のフィリッポス五世とローマとの闘争の時代。第二期(一一七〜一二七頁)は、前一九〇年代後半から前一八〇年代前半における、セレウコス朝のアンティオコス三世によるローマに対する挑戦の時代。最後の第三期(一二七〜一四一頁)は、前一六七年に終結する第三次マケドニア戦争によって、アンティゴノス朝の支配が事実上終わりを迎える時代、である。

フィリッポス五世の野心

アンティゴノス朝のフィリッポス五世(在位前二二一〜前一七九)は、わずか十七歳で義父アンティゴノス・ドソンを継いで王となると、まずダルダニオイ人をはじめとする北方の諸民族と戦い、その後、マケドニア王の指導権のもとにおかれた攻守同盟であるヘラス同盟を率いて、アイトリア連邦、スパルタ、エリスなどと対峙した。これは、同盟市戦争(前二二〇〜前二一七年)と呼ばれ、この戦争を優位に進めたフィリッポス五世は、王の若年をあなどる幕友(フィロイ)の策動を抑えると同時に、バルカン半島南部とペロポネソス半島の諸都市への影響力を拡大することに成功した。この同盟市戦争が終局に近づきつつあった前二一七年七月、アルゴスにむかったフィリッポス五世はネメア競技祭を訪れている。そして、この競技祭の最中、ポリュビオスの看破するごとく、「全世界」が一つに縒り合わされていく重要な事件が起こった。

運動競技を見物していたフィリッポスのもとに、本国からの使者が到着した。イタリア半島のトラシメヌス湖畔の戦いで(前二一七年六月)、カルタゴの将軍ハンニバルがローマ軍に圧倒的な勝利をおさめ、カルタゴ軍がイタリア半島での地歩を固めたとの報である。トラシメヌス湖畔の戦いでは、執政官ガイウス・フラミニウスが命を落とし、ローマの将兵およそ一万五〇〇〇人が殺戮されたと伝えられている。この報に接し、幕友の一人ファロスのデメトリオスは、同盟市戦争をできるだけ早くかたづけ、ローマ敗北の機をとらえてイタリアに渡って全世界制覇をめざすべし、とフィリッポスの野心を燃えあがらせた。フィリッポス五世は、その他の幕友を含めた会議で同盟市戦争の幕引きを決定した（ポリュビオス『歴史』五・一〇一〜一〇二）。

アイトリアのナウパクトスで開催された講和会議では、マケドニアとアイトリア連邦をはじめとする関係諸国の代表が集まり、現時点での支配地域維持という条件を軸に話し合いがもたれたが、そこでナウパクトス人アゲラオスが非常に興味深い演説をおこなっている。

何よりもいいたいのは——とアゲラオスは演説した——どんなことがあってもギリシア人同士が戦

君主頭部（フィリッポス５世？）
前３世紀の作品。
エーゲ海のカリュムノス島沖で1997年に発見された。
カウシアと呼ばれるマケドニア風のマッシュルーム形の帽子を着けている。
この像の同定は困難で、フィリッポス５世とも、ペルセウスともいわれている。
カリュムノス考古学博物館所蔵

いあってはならないということだ。……〔ギリシア人は〕西方で起こった巨大な戦争とその地の強大な軍隊の存在に目をこらし、心を一つにして警戒に努めるべきである。なぜならこの戦争でカルタゴがローマを破るにせよ、ローマがカルタゴを破るにせよ、勝者がイタリアとシチリアの支配だけで歩みをとめるとはとうてい考えられないのであって、必ずや則《のり》を越えて野望と軍事力を押し広げ、いずれこの地にあらわれる……もしフィリッポスがなんらかの軍事行動を望むなら、西方に目を向け、イタリアで起こった戦争から注意をそらさないよう忠告する。まずはその勝利の行方を見守る賢明な傍観者となり、時がくれば全世界の制覇をめざして立ち上がればよい。……もし今西の空にあらわれた黒雲がギリシアの地を覆うまで座して待つようなことをすれば、和睦やら戦争やら、要するにわれわれが現在ギリシア人同士でやっているような児戯のたぐいは、われわれのだれにも手の届かないところへ逃げてしまうのではないか、そしてわれわれはギリシア人同士で望みどおりに戦争したり講和したりする自由がほしい、つまりは自分たちの紛争の主人公になりたい、と神々に懇願するはめになるのではないか、そんな危惧を私はぬぐいきれないのである。

（ポリュビオス『歴史』五・一〇四、城江良和訳、表記などを一部改変）

まず、アゲラオスの危惧の根底に、西方の強国による支配でギリシア人の戦争の自由が失われることへの不安があることに注目しよう。前節で確認したように、戦争をおこなう自由と能力は、ヘレニズム時代の王と都市の存在意義だった。この演説からおよそ二〇〇年後に成立する「ローマの平和（パクス・ロマナ）」によって、アゲラオスの不安は実現することになるが、本章の対象とする時期においては、王権、都市ともに当面は戦争の自由を保持していく。アゲラオスの演説でさらに興味深いのは、ローマもしくはカルタゴが強大な国家として強調されてはいるものの、ヘレニズム世界の一国家の王フィリッポスが対峙することができる勢力とみなされている点である。つまりこの時点では、ギリシア人と異民族を対比的にとらえるギリシア知識人に特有の二項対立は強固に存在するものの、ローマもしくはカルタゴがヘレニズム世界の競合する王国モデルに取り込まれているのである。

もちろん、トラシメヌス湖畔の戦いの報が本当にネメア競技祭見物中のフィリッポス五世にもたらされたのか、そしてナウパクトス人アゲラオスの演説は本当にこのような内容でフィリッポスの野心をかき立てのか、ポリュビオスの伝えを補強する並行史料が存在しない状況では、確定できない点が多数存在することにも留意しなければならない。できごとをドラマティックに描く歴史家を痛烈に批判し、客観的な歴史記述を自負するポリュビオス自身、劇的な演出や感情的な描写を好んで用いたことはよく知られている。ただ、ポリュビオスの記述からは少なくとも、イタリアの情勢がギリシア本土の王権、都市の当事者の関心の的となっていたこと、そしてローマ(もしくはカルタゴ)が、ヘレニズム王権の対等なカウンター・パートナーと認識されていたということはできるだろう。事実、フィリッポスのローマ観は、ポリュビオス史料とは直接関係のない銘文史料からも確認できる。

前二一五年に年代決定されるテッサリアの都市ラリサ出土の銘文からは、ローマの政治制度に学びながらその勢力に対抗しようとするフィリッポス五世の姿が浮かびあがる(Austin, no. 75)。この銘文は、フィリッポスがラリサに宛てた書簡とそれを受けたラリサの決議から構成されている。ラリサのあったテッサリアは、名目上は自治を維持していたが、実際はマケドニアの管理下にあり、戦乱によってこの都市の住民が減少し耕作地が放棄されていることを問題視したフィリッポスは、当地のテッサリア人とギリシア人にラリサの市民権を与えるよう都市に命じ、都市はこの王命に従って新市民を補充したのである。人口の維持と拡大が国家の要であるとして、フィリッポスはローマの制度に言及する。王曰く、ローマは奴隷を解放して市民団に組み入れて公職就任さえ認め、そうすることで自身の国家を拡大させただけでなく、七〇にもおよぶ植民市を建設した、と。ローマで公職就任を認められたのは解放奴隷自身ではなくその子息以降だったし、植民市の数も誇張されてはいるが、ローマの比較的寛容な市民権付与、そして首都ローマと植民市などの諸都市が統一体として国家を形成する制度を、ローマの強さの秘密とするフィリッポスの理解は鋭い。当時のフィリッポスにとって、ローマは互いに切磋琢磨しつつ競合するライバルだったのである。

第一次マケドニア戦争

前二一七年のナウパクトスの和約で同盟市戦争に終止符を打ったフィリッポス五世は、本格的に「西方の黒雲」に取り組むことになる。第二次ポエニ戦争の帰趨が明らかになっていない状況で、カルタゴとローマのどちらと戦うのか。フィリッポスはカルタゴと手を組み、ローマと事を構えることを決断した。ローマ帝政期の歴史家リウィウスの伝えるところでは、フィリッポスとハンニバルの同盟では、マケドニアとカルタゴは互いに協力して戦い、イタリアはカルタゴに帰属させ、ギリシアでの獲得地はマケドニアに帰属させることが定められていたが(『ローマ建国以来の歴史』二三・三三・九〜三四・二)、ポリュビオスの伝えでは、この同盟におけるフィリッポスの最大の関心は、先のイリュリア戦争(前二二九〜二二八年ならびに二一九年)でローマの保護下にはいっていたイリュリアの失地回復にあったとされる(『歴史』七・九)。前二一四年の終わり頃、フィリッポスはイリュリア地方に一二〇艇の快速船を進め、ローマはこれに対抗して五〇隻ほどの重装五段櫂船を派遣した。第一次マケドニア戦争の勃発である。しかし、この戦争ではマケドニア軍とローマ軍との直接対決はほとんどなく、前二〇六年にローマと同盟を結んでいたアイトリア連邦が単独でフィリッポスと講和を結ぶと、その翌年には、戦争中の獲得地の領有を大筋で認めるかたちで、フィリッポスとローマも講和にいたった。講和が話し合われたエペイロスの都市にちなんで、フォイニケの和約と呼ばれている。

この第一次マケドニア戦争では、フィリッポス五世もローマも相手を殲滅する意図はほとんどなかった。フィリッポスのハンニバルとの同盟は、リウィウスとポリュビオスのいずれの伝えでも、フィリッポスがイタリア半島を含む「全世界」を自らの支配下におさめることを前提にしたものではなかったし、そもそも、この同盟条約はハンニバルが認めた案にすぎず、条文を携えたマケドニアへの使節が道中でローマにとらえられたため、フィリッポス五世はそれを実際には目にしておらず、ましてやこの段階で正式の締結など存在しなかったと考えられる。また、戦争の過程でフィリッポスは自軍の艦隊を焼却処分してしまっていたので、イタリアへ渡ることは事実上不可能だった。

一方ローマにしてみても、この戦争の目的はあくまでもフィリッポス五世をギリシアに足止めし、そうすることで、ハンニバルのイタリアからの排除と排除後のアフリカへの追跡に専念することだった。マケドニアとの全面対決は、この時点ではローマの望むところではなかったのである。しかし、どのようなかたちではあれ、ローマ軍が九年間もバルカン半島に展開した事実は、イタリアとギリシアのできごとが一体化していく過程のなかで大きな転換点となったといって良いだろう。それに呼応するかのように、ローマ軍の司令官ウァレリウス・ラエウィヌスの任務(プロウィンキア)が、戦争当初はフィリッポスの動きへの注視だったのが、のちにギリシアとマケドニアが任地としてラエウィヌスに割り当てられることになった。ローマは、ヘレニズム世界の支配への階梯を、確実に登り始めたのである。

ローマのバルカン半島への進出は、ヘレニズム世界の人々の日常にも無視できないインパクトを与えた。前二一二年頃、ローマはフィリッポス五世とハンニバルを牽制するためにアイトリア連邦と同盟条約を結んだが、そこでは、今後の戦争で得られる戦利品のうち、不動産はアイトリア連邦に、動産（とくに人的動産、つまり捕虜）は、ローマに所有権があるとする条項が含まれていた（Austin, no. 77）。この条約は、ローマがこの時点でギリシアの恒久的な支配を意図していなかったことの証拠としてしばしば言及されるが、この条約に基づいておこなわれた略奪の実例は、このような一面的な評価を許すものではない。例えば、前二一〇年にアテナイ（アテネ）の沖に浮かぶアイギナ島を攻略した司令官スルピキウス・ガルバは、身代金準備のためにほかの都市への使節派遣を求めるアイギナ市民の要請を冷酷に拒絶したうえで彼らを奴隷として売却し、条約の規定どおりにアイトリア連邦に引き渡されたアイギナは、ペルガモンのアッタロスに三〇タラントンで転売された（ポリュビオス『歴史』九・四二・五〜八、二二・八・九〜一〇）。ローマ自身の戦争目的がどうであったにせよ、ヘレニズム世界の諸都市にとっては、ローマは競合するヘレニズム諸王国とまったく同じく、戦い奪う権力としてバルカン半島の政治の舞台に登場したのである。

第二次マケドニア戦争

フォイニケの和約ののちも、フィリッポス五世は依然として活発な軍事、外交活動を繰り広げている。なかでも特筆すべきは、前二〇三／二〇二年頃と考えられるフィリッポスとセレウコス朝のアンティオコス三世との密約の締結だろう。前二〇四年にプトレマイオス朝の王プトレマイオス四世フィロパトル（「愛父者」）が死ぬと、まだ幼少であったプトレマイオス五世エピファネス（「顕現者」）が即位した。この不安定な政権移行期を狙って、フィリッポスとアンティオコスが、プトレマイオス朝の領土分割を目論んだのである（ポリュビオス『歴史』三・二・八、一五・二〇・一〜七）。この密約の存在とその内容については疑う研究者も多いが、ともかくも、アンティオコスは長年の係争地コイレ・シリアを手中におさめ、フィリッポスはエーゲ海島嶼部、ボスポラス、ダーダネルス海峡地域、ペルガモン、小アジアのカリア地方に触手を伸ばした。フィリッポスの攻勢を前に苦境に陥った諸都市や、黒海交易の権益を脅かされたロドス、そしてフィリッポスに海外領土を侵食されたプトレマイオス朝は、ローマの使節団が滞在したアテナイや都市ローマの元老院に使節を派遣して、フィリッポスの蛮行を非難しローマの派兵を要請した。これを受けて元老院は開戦の決意を固めたが、第二次ポエニ戦争に疲弊していた民衆は開戦を決議するケントゥリア民会で、開戦を一度は否決した。しかし、その後の政治指導者層の説得が奏功して、前二〇〇年に民会がフィリッポスに対する開戦を決議し、ダーダネルス海峡（ヘレスポントス）に面した都市アビュドスを攻囲していたフィリッポスに、ローマ側の最後通牒が届けられた。第二次マケドニア戦争の開始である。

この開戦の経緯は、当時のヘレニズム世界の王権と都市がローマをどのようにとらえていたのかについて、いくつか興味深い論点を提供してくれる。とくに注目すべきは、都市ローマが、ヘレニズム王権と諸都市の外交活動のネットワークに組み込まれ始めた点である。前節でふれたように、ヘレニズム王権と諸都市は使節派遣と文書行政によって、緊密なネットワークを形成していた。二度のマケドニア戦争をへて、都市ローマがこのネットワークのなかで、ますます重要な地位を得るようになったのである。そして、都市ローマは、ヘレニズム世界の外交ネットワークに取り込まれただけでなく、その性格までも変質させていく。ローマの政治指導者層の前で王国と都市の使節が弁論をおこなった元老院会議、そして開戦と条約締結が決議されたケントゥリア民会は、都市ローマでおこなわれた。これは、王国内を移動する王とその幕友で形成されたヘレニズム王国(とくにセレウコス朝)の意思決定機関のあり方とは、外交ネットワークの地理的な固定化という点で、決定的に異なるものだった。時代が下るにつれ、都市ローマはただたんにローマ国家の首都というだけでなく、ヘレニズム世界の人々にとって、自身の処遇が決定され、それゆえにつねにコミュニケーションをとり続けなければならない地になっていった。

こうして始まった第二次マケドニア戦争は、前一九八年に執政官としてクインクティウス・フラミニヌスが軍を指揮するにいたり、大きな展開をみせることになった。幾度かおこなわれたフィリッポスとの和平交渉を、厳しい条件設定と巧みな政治手腕で引き伸ばしつつ、フラミニヌスはアカイア連邦、スパルタ、ボイオティア連邦を含む数多くの都市を、ローマ側の勢力に加えていった。フィリッポスとフラミニヌスの最終決戦は、前一九七年、テッサリアのキュノスケファライでおこなわれ、ローマ軍が圧倒的な勝利をおさめた。フィリッポスは、海軍の保持の禁止、占領地のローマへの引き渡し、賠償金の支払いなどの講和条件を受け入れ（ポリュビオス『歴史』一八・四四）、これを受けて元老院は元老院議員から構成された十人委員とフラミニヌスにギリシアの戦後処理を託すことを決定した。彼らは、コリントスやマグネシアのデメトリアス、エウボイアのカルキスといった戦略拠点を当面はしたたかに保持しつつも、ギリシア諸地域に自治と自由を宣言した。以下は、前一九六年にコリントスで開催されたイストミア競技祭でのできごとである。

やがてイストミア競技祭開催の時節が訪れると、ほぼ全世界の名士たちが、そこで起こることへの期待に引き寄せられるように集まってきた。……競技をみようと大勢が運動場に集まってきたとき、進み出た触れ役がラッパ手に指示して人々に静粛を求めたあと、つぎのような布告を宣した。「ローマ元老院と執政官権限保持者ティトゥス・クインクティウスは、フィリッポス王とマケドニア軍を戦争によって破った者として、コリントス、フォキス……テッサリア、ペライビアの人々に、自由独立し、外国軍の駐留なく、貢租負担なく、父祖伝来の法のもとに生きることを認める」。この布告の途中で早くも嵐のような拍手が湧き起こり……人々はティトゥスに感謝しようと殺到したため、歓喜の大きさに酔うあまり、あやうくこの恩人の命を奪いそうになった。ティトゥスに面会して、「救済者」の称号を捧げようとする者もあれば、その右手を握ろうとする者もあり、さらには頭に冠や紐飾りを投げて載せようとする者も多数いて、ティトゥスは体を引き裂かれるかというほどの勢いだった。　（ポリュビオス『歴史』一八・四六、城江良和訳、表記などを一部改変）

このフラミニヌスによるギリシアへの自治と自由の付与というできごとは、ローマが競合する国家の一つとして、ヘレニズム世界に組み込まれたことを示す重要な証拠である。前節でアンティオコス三世

クインクティウス・フラミニヌスのスタテル金貨
前196年頃。この貨幣は、10万枚以上発行されたと考えられている。

とテオスの関係において確認したように、ヘレニズム王はしばしば占領した都市に、貢納を免除し、自治と自由を与えたが、フラミニヌスの政策は、大筋でこのヘレニズム王権の支配の文化に従うものである。もちろん、この自治と自由の付与の是非とその内容は、個々の都市の状況に応じて支配者が決定し、その意味で非常に恣意性の高いものだった。今回のローマによる付与の場合も同様で、イストミア競技祭の直後、フラミニヌス、十人委員、そして元老院の協議のすえ、いくつかの都市・地域の処遇が個別に決定されたし(ポリュビオス『歴史』一八・四七)、テッサリアの都市キュレティアイに関する銘文からは、フラミニヌスが都市の状況を個別に判断し、戦時中の財産権の混乱を裁定したことがわかる(Bagnall & Derow, no. 36)。

前一九六年のローマによるギリシア都市への自治と自由の付与は、都市による返礼という観点からも、ヘレニズム王権と都市のあいだのギブ・アンド・テイクの関係と多くの共通点をもっている。自治と自由を宣言したフラミニヌスにはイストミア競技祭の参加者から、「救済者」の称号が与えられ、銘文史料からは、カルキス、コリントス、ギュテイオンといった都市で「救済者」や「善行者」の称号を付与されたフラミニヌスの彫像が建立されたことが確認されている。また、アルゴスではフラミニヌスの名を冠した競技祭が開催されたことが知られているが、こうしたフラミニヌスのための祭礼は帝政期にいたるまで存続した(Sherk, no. 6)。さらに、前一九四年にローマ駐留軍のバルカン半島からの完全撤退が決定されると、ギリシア人はフラミニヌスをほとんど神々と同列にみなして、彼の恩恵に報いた(リウィウス『ローマ建国以来の歴史』三四・四八・二〜五二)。前節でアンティオコス三世と都市テオスとの事例で強調した恩恵付与と名誉と崇拝による返礼というギブ・アンド・テイクの関係は、競合する一国家としてヘレニズム世界に登場したローマにも、そのまま適応されたのである。フラミニヌスは、ヘレニズム王権がもつ交渉する王としての役割を、自ら演じたのだった。おそらくはカルキスでつくられたスタテル金貨は、表面にはフラミニヌスが描かれ、裏面ではヤシの葉をもつ勝利の女神ニケが、上下方向に書かれたフラミニヌスの名前に冠を授けている。フラミニヌスの額にヘレニズム王権の象徴であるディアデマ(細帯)はないが、彼は自治と自由をめぐるヘレニズム世界の交渉に参入しただけなく、その交渉に基づくヘレニズム王の図像表現から多くの要素を引き継いでいったのである。

3　アンティオコス戦争終結まで

アンティオコス戦争と「自由」をめぐる論争

キュノスケファライの戦いがおこなわれた前一九七年、小アジア西部ではセレウコス朝のアンティオコス三世による諸都市の征服が進められていた。前二〇五年頃に王国東部への遠征から帰還し、フィリッポス五世と同盟を結んでいたアンティオコスは、第二次マケドニア戦争の間隙をついて、タウロス山脈を越え小アジア西部まで支配の手を伸ばしてきていたのである。本章冒頭では、ギリシア都市に自治と自由をはじめとする多くの恩恵を与えるアンティオコス三世の姿を強調したが、もちろん、それは王と都市との交渉の一つの側面にすぎない。一見平和的にみえる交渉の裏側では、王権と都市との冷酷な武力闘争が存在していたのである。この征服の過程でセレウコス朝軍に攻略されたある都市の窮状を伝える銘文(前一九七年頃)が残されている(Ma, no. 36)。断片的な銘文のため関係する都市の名前はわからないが、残存する箇所によると、この都市は焼き討ちにあい、住民の多くは財産を奪われ殺害された。徴税の停止と移住者の派遣を求める都市の使節に対し、アンティオコス三世の軍幹部は、七年間この都市に対する徴税を停止し、守備隊を駐屯させないことに同意している。王による戦争の冷たい現実を伝える史料である。

エーゲ海に面したスミュルナとダーダネルス海峡を望むランプサコスは、アンティオコスの侵攻に頑強に抵抗した。リウィウスが、おそらくポリュビオスに拠りながら、以下のように伝えている。ここでは、ヘレニズム王による都市との交渉と自由の付与が、いかに暴力と表裏一体の欺瞞に満ちたものであるか、余すところなく暴露されている。

同年、アンティオコス王はエフェソスで越冬したのち、小アジアの全都市を、再び自身の支配下に戻らせようと試みた。平地にあるとか、城壁や軍備、成年層にあまり自信がないとの理由で、大抵の都市は軛《くびき》を受け入れるだろうと彼はみていた。だが、スミュルナとランプサコスは自由を享受しており、もし彼らの思うままのことを許したら、他の都市も——アイオリスとイオニアではスミュルナを、ヘレスポントスではランプサコスを——追随する危険があった。そこで王は、自分自身でもエフェソスからスミュルナ包囲のために軍を送るとともに、アビュドスにあった軍勢を、守備のためにわずかなものだけを残して、ランプサコス攻撃に向かわせるよう命じた。武力で恐怖を与えるのみならず、使節も送り、穏和な口調で話させ、相手の向こう見ずや強情さを戒めさせた。求めていることを近いうちに獲得できるとの希望を相手に与えようと試みたのだ——だがそれは、彼らの自由は王から与えられたもので、機に乗じて奪ったものではないということを、彼ら自身も他のすべての人々も十分に認識していればのことだ、というわけである。これに対し、つぎのような返答が王に返された——もし自分たちが、自由の希望が先延ばしされることを穏やかな気持ちで受け入れることがなくとも、アンティオコスは驚いたり怒ったりするべきではない、と。

（『ローマ建国以来の歴史』三三・三八・一〜七、吉村忠典・小池和子訳、表記などを一部改変）

アンティオコス三世が、父祖の旧領を回復するとして、アジアからヨーロッパに渡りトラキアやマケドニアの諸都市をうかがう姿勢を明らかにすると、第二次マケドニア戦争の戦後処理にあたっていたローマの十人委員も王を無視できなくなり、ダーダネルス海峡のヨーロッパ側に位置する都市リュシマケイアで、アンティオコスと会談した（前一九六年秋）。ローマ側は、アンティオコスがプトレマイオス朝から奪った全アジアの諸都市から撤退することを要求し、王のヨーロッパ遠征についても、その本当の目的はローマ軍撃退であろうと非難した。これに対し、アンティオコス曰く、トラキアの諸都市はセレウコス一世以来のセレウコス朝の領土であり、それをプトレマイオス朝、ついでフィリッポス五世が不当に奪い取ったにすぎない。またアジアの都市に関しては、その立場や帰属に対し、ローマは一切介入する権利をもたないはずである。そして、「アジアにあって自治を保っている都市については、それらの都市が自治独立を得るのは良いが、それはローマ人の指令によるのではなく、私の与える恩恵によるのでなければならない」(ポリュビオス『歴史』一八・四九〜五二)。アンティオコス三世とローマは、戦う王、交渉する王というヘレニズム世界の王権の二つの側面を互いに正当化しながら、競合する勢力として対峙しているのである。

アンティオコスとローマとの戦争は、簡単にまとめると、以下のように展開した。先のリュシマケイアでの会談後、アンティオコス側とローマ側は都市ローマと小アジアのアパメイアで話し合いの機会をもったが、いずれも物別れに終わった。アンティオコスは、カルタゴから亡命したハンニバルを幕友に加え、婚姻政策によりプトレマイオス朝と結び、さらにアイトリア連邦を味方につけると、前一九二年の終わり頃、一万の歩兵と五〇〇の騎兵を中心とした軍隊を率いて、マグネシアのデメトリアス付近でヨーロッパに上陸した。これに対し、ローマはほぼ同じ時期からバルカン半島への派兵を始め、マケドニアのフィリッポス五世の援助も確保した。ローマの司令官アキリウス・グラブリオは、二万の歩兵と二〇〇〇の騎兵を中心とする軍を率いてペルシア戦争の古戦場テルモピュライでアンティオコス軍を撃破し、アンティオコスは小アジアに退却した(前一九一年)。前一九〇年、ハンニバルを破ったスキピオ・アフリカヌスの兄弟ルキウス・スキピオが執政官に選ばれると、ルキウスがアンティオコス戦争の司令官を引き継ぎ、スキピオ・アフリカヌスは副司令官として彼を支えることになった。スキピオ兄弟が率いる約三万のローマ軍は、小アジアのマグネシアで約七万のアンティオコス軍を破り(前一九〇年末か翌年年明け）、前一八八年に、アンティオコスのタウロス山脈以西からの撤退や巨額の賠償金支払い、象部隊の廃止などを条件に、アンティオコスとローマの講和が成立した。アパメイアの和約である。

本節では、この戦争の前後の時期のヘレニズム世界において、ローマがどのような存在だったのか、とくにギリシア都市とローマとの関係に注目しながら考えてみたい。フィリッポス五世との角逐《かくちく》を通じて競合する王国モデルに参入し、交渉する王の役割を引き継いだローマと都市との関係には、この時期になんらかの変化が起こったのだろうか。

繫ぎあわされる「歴史」

ダーダネルス海峡のアジア側に位置する都市ランプサコスがアンティオコス三世の攻勢に対抗したことは先にふれたが、この都市はアンティオコス侵攻の脅威を前にして、ローマの援助を求める使節団を派遣した。この使節団の長を務めたヘゲシアスなる人物の功績を称える銘文からは、王朝の巨大な武力を前にした都市の恐怖、使節団の長期におよぶ危険な旅程、そして何よりも、ランプサコスがローマとの関係を確立した外交手法について、多くの興味深い事実を知ることができる（Austin, no. 197）。この使節団の派遣は、前一九七年からその翌年にかけてのことである。

使節に付随する費用負担と身の危険を顧みず、自身の都市の利益を第一に考えて任務を引き受けたヘゲシアスは、まず、当時ローマ軍の艦隊司令官としてバルカン半島に滞在していたルキウス・クインクティウス・フラミニヌスのもとを訪れた。第二次マケドニア戦争で活躍したフラミニヌスの兄弟である。ルキウスに対し、ヘゲシアスはランプサコスへの支援を要請するのだが、その説得の方法は、ランプサコスとローマの伝説的な繋がりを強調するものだった。ヘゲシアス曰く、「われわれ〔ランプサコス人〕と彼ら〔ローマ人〕とのあいだの血族関係ゆえに、またローマ人民の友であり同盟者であるマッサリアの人民はわれわれの兄弟であるという事実ゆえに、彼ら〔ローマ人〕がつねにわれわれの都市の利権を保護するのは当然であった」。ルキウス・フラミニヌスはヘゲシアスの要請に応じて、ローマとランプサコスの血族関係を承認し、ランプサコスの自治と自由を尊重してそれを犯す者を排除することを約束し、それと同時に、第三者と同盟を結ぶ場合には、ランプサコスもその同盟に含めることを認めた。この最後の条項は、具体的には、フィリッポス五世とローマの講和のことを指している。

ヘゲシアスが主張したランプサコスとローマとの血縁関係は、ランプサコスが小アジア北西部のトロアスの都市連合に所属していた事実に由来する。トロアスには、ホメロスが叙事詩『イリアス』で歌ったトロイアが位置している。ホメロスが歌うトロイア戦争にはいくつかの後日譚があるが、その一つは、トロイアの王子アエネアスがギリシア勢に攻め滅ぼされる故国から落ちのび、地中海を放浪の末イタリア半島にたどりつくと、そこでローマ建国の祖となったというものである。トロイア人とローマ人とのこうした神話上の繋がりは、初代ローマ皇帝アウグストゥスの時代を生きたウェルギリウスの叙事詩『アエネイス』で完成されることになる。ヘゲシアスとルキウス・フラミニヌスの交渉で重要なのは、こうした「神話」があたかも実際の「歴史」であるかのように扱われ、都市がローマと関係を結ぶにあたって、一つの有効なレトリックとして機能したことである。ローマ人自身もアエネアスとの繋がりを意識しており、前一九〇年にアンティオコス三世を追ってアジアに渡ったルキウス・スキピオは、トロイアの故地に建てられたとされる都市イリオンを特別に訪問し、神殿で犠牲を捧げている（リウィウス『ローマ建国以来の歴史』三七・三七・一〜三)。

ヘゲシアスの使節団は、ルキウス・フラミニヌスとの面会後、バルカン半島を離れてギリシア人都市マッサリア(現在の南フランスのマルセイユ)に向かった。すでにローマと友好関係を結んでいたマッサリアの援助を確保し、ランプサコスとローマとの結びつきを強化するためである。ここでも、古えの時代に遡る血縁関係が役立った。ランプサコスとマッサリアは、もともとはともにフォカイアの植民市で、その意味で「兄弟」の間柄だったのである。マッサリアを発ったヘゲシアスは、都市ローマの元老院に向かい、そこで、ランプサコスとローマ、ランプサコスとマッサリアの血縁関係を縦横に駆使する演説をおこなった。元老院はヘゲシアスの主張を認め、ランプサコスの処遇をバルカン半島で第二次マケドニア戦争の戦後処理にあたっていたティトゥス・フラミニヌスと十人委員に委ねた。イタリア半島を離れたヘゲシアスは、最終的にコリントスを訪問し、そこでフラミニヌスと十人委員との会見をはたした。

以上が、ヘゲシアスの任務の概要だが、ここではとくにつぎの二つの点が注目に値する。第一に、ローマが参入したヘレニズム世界の外交ネットワークでは、ギリシア人が伝統的に使用してきた神話上ならびに歴史上の血縁関係が大きな役割をはたしており、ローマもヘレニズム世界の血縁関係に取り込まれていったこと。ギリシア都市は、自分たちの得意とする手法を用いて、ローマとの交渉をはかったのである。第二の注目ポイントは、ローマ自身がその血縁関係を強化することに努め、都市ローマの重要性を高め、ヘレニズム世界の外交ネットワークを自身に統合しようとする動きをみせていることである。ローマは、自身がヘレニズム世界の中心地の出であることを利用して、侵攻した地域の歴史の古層に自らを結びつけていきながら、他方では、元老院と民会が開催された都市ローマを、ヘレニズム世界の外交ネットワークの必要不可欠な基点として確立していった。神話と歴史、そしてそれに基づく外交の面でも、ポリュビオスが喝破した「全世界」の統合が進んでいったのである。

ゆらぐ自治と自由

この節の冒頭でふれたように、アンティオコス三世とローマの競合の時代は、フィリッポス五世との戦いの時代と同じく、ギリシア都市の自治と自由というテーマが、ローマとその敵対者、そして彼らとギリシア都市との交渉のなかで、引き続き大きな意味をもっていた。しかし、この時期のローマとギリシア都市のやりとりのなかには、都市への自治と自由の付与という従来の枠組みにはおさまらない事例をいくつかみつけることができる。

アンティオコス戦争でアンティオコス側についたギリシア本土のアイトリア連邦は、前一九一年にテルモピュライでアンティオコス軍が敗れて王がバルカン半島から小アジアに退却したのちも、ヘラクレイア、そしてのちにはナウパクトスを拠点にしぶとくローマに抵抗した。しかし、その抵抗も長くは続かず、アンブラキア防衛戦に疲弊したアイトリア連邦はローマに降伏し、前一八八年、ローマとアイトリア連邦の平和条約が締結された。こうしたローマとの戦争の最中、アイトリア連邦はローマ軍の司令官アキリウス・グラブリオに講和のための使節を派遣したことがあったが、その時の緊迫した会談の様子を、ポリュビオスはつぎのように伝えている。

……アイトリア人は弁明の根拠を過去に求め、かつて自分たちがローマ人のためにどれほど友情の誠をつくしたかを説き始めた。しかしルキウス〔アイトリア連邦使節に対応したローマ軍副官のルキウス・ヴァレリウス・フラックス〕は相手のその熱弁をさえぎり、そのたぐいの弁明は現在の状況にふさわしくない、といい放った。……弁明はあきらめて、嘆願へと気持ちを切り換え、執政官〔アキリウス・グラブリオ〕に自分たちの過ちを許してくださいと願い出る以外に道はあるまい、とルキウスは諭したのである。アイトリア人はなお長い弁論を展開したが、結局、ローマ人の信義に身を委ねて、マニウス〔・アキリウス・グラブリオ〕にすべてを預けることを決定した。このときアイトリア人はこの決定が何を意味するかを知らず、信義という言葉に欺かれて、こうすればいっそう確かな慈悲が得られるものと思っていた。しかし、ローマ人にとって、「信義に身を委ねる」とは「自身に関する決定権を勝者に差し出す」というのと同義なのである。

（『歴史』二〇・九〜一〇、城江良和訳、表記などを一部改変）

アイトリア連邦の使節と司令官グラブリオとの直接会談では、グラブリオが「信義に身を委ねた」アイトリア人に、私人としてであれ公の決議に基づいてであれ、アジアに渡ってアンティオコスに協力することを禁じ、同時にローマが戦争犯罪人とした人々の引き渡しを命じると、アイトリア使節は、これらの要求が正義にもギリシア人の流儀にも反していると、グラブリオに抗弁した。これに対し、グラブリオは「おまえたちはローマ人の信義に身を委ねておきながら、まだギリシアの流儀を云々し、適正や正義について語るつもりか。私の一存でおまえたちを残らず捕まえて、鎖につなぐことだってできるんだぞ」と一喝した。

「信義に身を委ねる」は、ラテン語で deditio in fidem と表現されるが、本書第一章でも述べられている通り、このデディティオはローマ側の考え方ではローマの権力を認めたうえでの無条件降伏とほぼ同義だった。降伏後に平和的な関係を築くためには、降伏した側はローマの意向に従い、ローマはそれへの返礼として降伏した側の国制を尊重し恩顧をかけるという、相互のモラルに基づいた支配・被支配関係が重視されたが、いずれにせよ、降伏した側の処遇はあくまでローマの裁量次第だった。そのため、deditio in fidem は、必ずしも今回のアイトリア連邦に対するもののような苛烈な降伏条件を前提とはしておらず、例えば、前述のマグネシアの戦いの直前に、小アジアに渡ったスキピオ兄弟がカリア地方のヘラクレイアに宛てた書簡からは、この都市がローマ人の信義に身を委ねつつも、自治と自由、さらには市民の財産権がローマによって保障されたことが判明している(Bagnall & Derow, no. 40)。

ローマとギリシア都市の自治と自由をめぐるこれまでの流れをまとめると、つぎのようになるだろう。支配下にある都市に自治と自由を与え、その恩恵の見返りに都市は王に協力しその名誉を称えるというヘレニズム王権の伝統的な交渉の手法は、前節で確認したように、フラミニヌスによるイストミア競技祭での宣言にも踏襲された。その場合でも、各都市の自治と自由の内実は個別に裁定されたが、これはヘレニズム王権による自治と自由の付与の場合でも、基本的には同じである。しかし、この交渉手法は、ローマ側、つまりラテン語の世界からみると、支配もしくは影響下にある者にローマ人の信義に身を委ねさせることにほかならなかった。フラミニヌスは、ローマ人の信義に服した(と彼が理解していた)バルカン半島の諸都市に、自身のモラルと政治状況を勘案して自治と自由という恩恵を与えたのである。では、ヘレニズム世界の自治と自由とローマ人の信義はどう違うのか。両者の違いは、都市の自治と自由をどこまで自明のもの、いかなる状況でもある程度尊重すべきものと考えるかという、程度の問題にあるのではないだろうか。アンティオコス戦争の時代とは、ギリシア都市の自治と自由の重要性を理解しながら、支配者と都市との交渉のシステムに参加していたローマが、自身の本来の支配・被支配の概念をヘレニズム世界で表明しはじめ、その結果、ローマ支配の現実とギリシア都市がこれまで王権に期待してきた理想とのギャップが、次第に明白になった時代なのではないだろうか。つぎの最終節でみるように、ギリシア都市がローマ支配に対してかかえたこの矛盾は、帝政期にいたっても完全に解消されることはなかった。

4　第三次マケドニア戦争とその後

「戦う王」の終わりの始まり

第二次マケドニア戦争に敗れたフィリッポス五世は、マケドニア国内の産業振興、鉱山の開発、人口の増加に努めると同時に、前節で述べたようにアンティオコス戦争中はローマ側で参戦することで、ローマの了解をもとにマグネシア、テッサリアの一部などの領有に成功した。しかし、フィリッポスの進出に不満をもったテッサリアの諸都市がローマに訴え、結局フィリッポスはこれらの地域からの撤退を余儀なくされる。また、王はアンティオコス戦争後の混乱に乗じてヨーロッパのトラキアの諸都市を支配下におさめたが、ローマはここからもマケドニア軍の退去を要求した。つまり、この時点で、ローマは直接矛を交えずしてヘレニズム王の軍事行動を掣肘《せいちゅう》する力をもっていたのである。

これらの事件をへて、ローマとの再度の決戦は不可避と悟ったフィリッポスは、国力のさらなる充実をはかりつつ、息子の一人デメトリオスを使者としてローマに派遣した。都市ローマの政治指導者層は、ローマに人質として滞在の経験があったこの若者を厚遇し、アンティゴノス朝の後継者として支援する姿勢をみせたが、これがマケドニア王家での確執を生じさせ、デメトリオスは前一八〇年に父フィリッポスの命で殺害された。そして、フィリッポス自身も失意と苦悩のなかで、その翌年、五九年の生涯を終えることになる。

父の後継者となったペルセウス(在位前一七九〜前一六八)は、当面はローマとの平和的な関係を継続しつつ、ギリシア諸都市やその他の王家との関係改善に努めたが、ローマとの最終決戦を逃れることはできなかった。一貫してローマに忠誠を誓っていたペルガモンのエウメネス二世が元老院でペルセウスの脅威をあおり、またエウメネスの暗殺未遂事件がペルセウスによるものだとの噂が広まると、前一七二年に元老院はマケドニアへの開戦を決定した。第三次マケドニア戦争の勃発である。戦争はローマの予想以上に長引いたが、前一六八年、スキピオ・アフリカヌスの義理の兄弟である司令官アエミリウス・パウルスが、マケドニア南部のピュドナでペルセウス軍を壊滅させて終結した。ペルセウスは廃位され、数年後、イタリア半島のアルバ・フケンスで捕虜の身のまま死んだ。ここに、アレクサンドロス大王の故国を統治した伝統あるアンティゴノス朝が断絶したのである。戦後、ローマの十人委員が王国なきあとのマケドニアの統治体制の整備を進め、マケドニアを四つの共和国に分割して自治と自由を認めつつ、ローマへの貢納とマケドニアの鉱山経営の禁止が決定された。また、同時にギリシア諸都市の親マケドニア派が処罰され、アカイア連邦からは、歴史家ポリュビオスを含むおよそ一〇〇〇名が人質

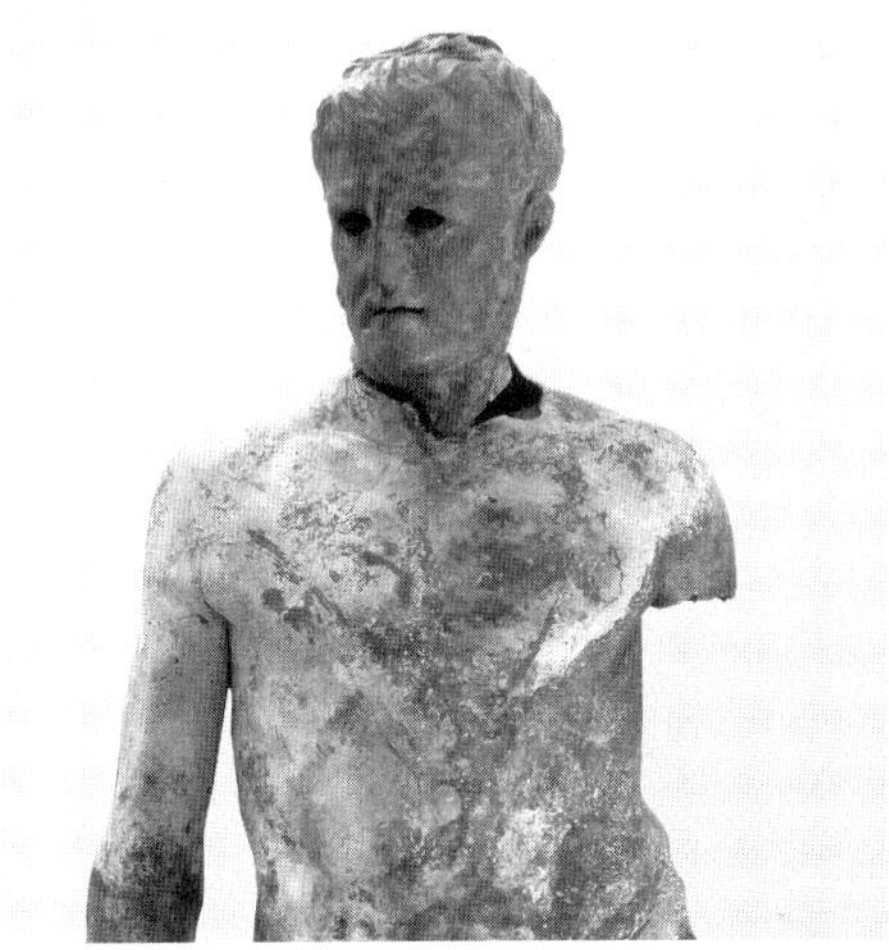

男性像(アエミリウス・パウルス？)　前２世紀のブロンズ像。
1992年にイタリアのブリンディシ近くの海底から発見された。
毛髪、額、口の造形は、この像に感情的でダイナミックな印象を与えている。
特定の人物との同定は難しいが、アエミリウス・パウルス像との説がある。
フランチェスコ・リベッツォ考古学博物館所蔵

としてローマに連行された。

以上で、私たちは歴史家ポリュビオスが設定した五三年間の「全世界」の統合の時代、すなわち転換の開始点としての前二二〇年から転換の完了点としての前一六八年までの歴史を、簡単に振り返ったことになる。ポリュビオスが見通した転換の内容は、第二節冒頭で確認したように、ヘレニズム世界の競合する王国モデルの崩壊とローマによる一元支配の確立だと考えられる。ここでは、これまでの議論をまとめつつ、ピュドナの戦いとその後の時代を幅広くみることで、転換した世界の様相を探っていきたい。キーワードは、第一節で紹介しその後もたびたびふれてきた、「戦う支配者」「交渉する支配者」である。

第三次マケドニア戦争勃発の経緯と戦争の結果は、ローマがヘレニズム王の存在意義でもあった戦う資格と能力を独占して競合する相手を滅亡させ、東地中海・近東地域の統治のモデルを、ヘレニズム期の競合する王国モデルから、帝政期のローマによる一元支配のモデルに変更していく力をもっているという事実を、白日のもとに晒したといえる。もちろん、ピュドナの戦い以降も、セレウコス朝やプトレマイオス朝をはじめとする多くの王国は存続したし、前一世紀にはいっても、黒海沿岸ポントスのミトリダテス六世のように、ローマ軍に大きな損害を与えることのできた王も存在した。しかし、前二二〇年から前一六八年のあいだに、ローマとヘレニズム王とのゲームのルールがまったく変わってしまったことは、だれの目にも明らかだった。彼らは、もはや対等な競合相手ではなくなったのである。

例えば、ピュドナの戦いの同年、セレウコス朝のアンティオコス四世は戦わずしてローマの力に屈しなければならなかった。マグネシアの戦いののち、敗れたアンティオコス三世は再び王国東部に向かうが、ローマへの賠償金支払いの財源を確保するためにエリュマイスでベル神殿を略奪した際に、殺害されてしまう。王の次男セレウコス四世が後継者となるが、彼も前一七五年に暗殺されると、アンティオコス三世の三男が王位をおそった。これが、アンティオコス四世である。アンティオコス四世は王位継承の混乱のなかにあったプトレマイオス朝を攻めたが、ローマの使節ポピリウス・ラエナスに屈辱的な扱いを受けることになる。

……ローマ軍司令官ポピリウスは、アンティオコスが遠くから声をかけて右手を差し出してきたとき、元老院決議の書板を手にもったまま相手の方に突き出して、まずこれを読めと命じた。……王が〔即座にプトレマイオスとの戦争をやめるべしとの〕決議に目をとおしたあと、この件についてはは幕友たちに相談したいと答えたとき、それを聞いてポピリウスのとった行動は、極めて峻厳でしかも尊大なものだった。手にもっていたブドウの木を使って、アンティオコスの回りの地面に円を描いたうえで、書状への回答を示すまではこの円から出るのを許さないといい渡したのである。

（ポリュビオス『歴史』二九・二七、城江良和訳、表記などを一部改変）

アンティオコスにできたのは、ローマ人の命令に服して、エジプトから退却することだけだった。

東地中海・近東地域における戦争で、ローマの立場が圧倒的になるにつれて、戦争と支配が与える経済的なインパクトも、巨大で長期間にわたるものになっていった。第三次シリア戦争でプトレマイオス三世がセレウコス朝から得た利益については第一節でふれたが、ローマが敗者に求めた戦争賠償金や支配地での略奪は、それをも上回っていく。まず、賠償金については、フィリッポス五世から一〇〇〇タラントン、アイトリア連邦から五〇〇タラントン、アンティオコス三世から一万五〇〇〇タラントンといった金額が伝えられている。一万五〇〇〇タラントンとは、約四〇〇トンの銀に相当する。これに、数多くの戦利品（捕虜や美術品を含む）、イタリア商人や徴税請負人（プブリカニ）の収奪、戦争による人的資源の減少と土地の荒廃などを考え合わせれば、ローマによる戦争がこの地域に与えた損害は甚大で、前二、一世紀の東地中海・近東地域の経済と人口は衰退の一途をたどり、アウグストゥスによる「ローマの平和」の確立まで、回復の兆しはみせなかったと考える研究者も存在するほどである。

転換した世界での交渉

本章では、ヘレニズム王権の特徴として、「戦う王」とならんで「交渉する王」に注目し、ローマの支配もしくは影響下にあるギリシア都市に関して、ローマが当初はヘレニズム王の交渉のスタイルに従いながらも、外交ネットワークにおける都市ローマの中心性を高めたり、都市の自治と自由をめぐる交渉に対してローマ独自の解釈を加えたりすることで、ヘレニズム世界の交渉の枠組みからしだいに逸脱していく様子を強調してきた。では、前一六八年前後のローマと都市の交渉は、どのような姿になっているのだろうか。先にアンティオコス三世の交渉相手として注目した小アジアの都市テオスから、当時の都市ローマでの交渉の作法を伝える興味深い銘文が出土している(*SEG* 62, no. 1910)。この銘文は、トラキアの都市アブデラがアミュモンとメガテュモスなるテオス市民の名誉を称えたもので、この二人のテオス市民は、トラキア人の王コテュスによる支配拡大の動きに対抗するためにローマの助力を必要としたアブデラの頼みで、ローマへの使節を引き受けたのである。この使節団の年代については長く議論が続けられているが、第三次マケドニア戦争直後とするのが有力な見解の一つとなっている。

〔使節たちは〕私たち〔つまりアブデラ〕市民のためにローマへの使節任務を引き受けて、肉体的、精神的困難をたえ、くる日もくる日も忍耐をもって指導的なローマ人に会見し、味方に引きいれ、都市の保護者がわれわれの市民のために助けを与えてくれるよう要請し、そして事態を説明し、毎日彼らのアトリウムに侍ることによって、彼らはわれわれの敵〔トラキアの王コテュス〕を優先して保護を与えていた者たちを、友人としていった。

アブデラの委託を受けたテオスの使節は、都市ローマを中心とした外交ネットワークのなかで、まったくローマ風の作法によって、ローマの政治指導者層から恩恵をかちとらなければならなかった。彼らは、故国を遠く離れたローマまで危険に満ちた道程を旅し、慣れないこの都市に長期間滞在し、有力者の邸宅のアトリウム(玄関広間)で、自分たちの挨拶の順番が回ってくるのをじっと待ったのである。この日ごとの挨拶は、サルタティオと呼ばれる慣習で、とくに上下関係のある間柄では、被保護者(クリエンス)は夜明けに保護者(パトロヌス)の邸宅を正装で訪問して挨拶をし、その後、保護者の外出につきそう必要があった。

もちろん、このテオスの使節団の事例は、当時のローマとギリシア都市の交渉のごく一部の側面をあらわしているにすぎない。前一六八年以降も、ローマはヘレニズム世界に伝統的な自治と自由の交渉の枠組みを、完全に捨て去ることはなかった。むしろ、ローマは、信義に基づいたギリシア都市の服従を前提としつつも、ギリシア都市に自治と自由を与える支配者という理念を維持していったのである。この点を、ローマ帝政期のギリシア都市の様子を簡単にまとめながら、さらに深く考えてみたい。

前一世紀末の帝政成立以降も、自治と自由を旨とするギリシア都市は存続する。それどころか、戦乱の疲弊から立ち直った帝政期の東地中海・近東地域では、アレクサンドレイア、アンティオケイア、エフェソスといった大都市を中心に、豊かな都市文化が花開いたのである。それぞれの都市には、意思決定機関として評議会と民会が存在し、選挙で選ばれた者が公職に就任した。もっとも、評議会に所属し、民会で大きな力をもち、多額の費用負担がともなった公職に就任できたのは、多くの場合は都市の富裕者層のみであり、彼ら富裕者層が公的、私的に財産を供出して責任ある都市運営を実現していた。この富裕者中心の都市運営は、すでにヘレニズム時代の中頃には顕著になっていたが、それと同時に、制度としては民主政が多くの都市に採用されるようになっていった。また、帝国の前線を除けば、ローマ軍の駐屯はほとんどなく、帝国政府当局者の数は非常に限られていた。以上をまとめるならば、帝政期のギリシア都市は、政体としては民主政的な自治都市で、富裕者が国政で重要な位置を占め、直接的な帝国支配の装置は身近には存在しない、そのような共同体だったといえるだろう。

ローマは、このようなギリシア都市の自治と自由を尊重した。皇帝や属州総督は、多くの場合、都市の評議会と民会の決議を異論なく承認したし、重要な都市には貢納免税や名誉称号などの特権が与えられた。このように帝国政府が都市の自治と自由を優遇した背景には、貧弱な官僚機構しかもたないローマが、帝国の安定的な運営のために、各都市の自律的な運営を求めていたという事実と関係している。つまり、一見背反するかにみえる帝国の支配と都市の自治は、ローマ帝国では共存する必要があったし、事実、この共存は、大筋では平和的に実現していた。各都市の富裕者は、自らを中心とする都市の自治運営を帝国の平和と繁栄の基盤であると自認し、帝国政府も都市の自治のために富裕者層の存在を認め、その一部を帝国貴族の列に加えた。この意味で、都市の富裕者と帝国政府は、帝国維持のための共犯関係にあったといえるだろう。

しかし、このような都市と帝国の蜜月も、あくまでローマが相互関係の中心に位置し、都市が帝国に服従するという相互理解が維持される限りでのものだった。東地中海・近東地域のギリシア都市や都市連合は、自身の法的地位の承認や特権の付与の請願、近隣の諸都市との不和の仲裁、皇帝崇拝儀礼設立の報告と承認などのために、都市ローマの元老院と皇帝に使者を派遣する必要があった。本章でふれたランプサコスとアプデラのためのテオス人使節団は、こうした帝政期の無数の使節団の先駆的な事例である。これと同時に、帝政期のギリシア都市は、ヘレニズム時代以上に、帝国政府への絶対的な服従を求められた。これは、「ローマの平和」の確立によって、小規模の治安維持機構を除けば都市独自の武力が存在しなくなり、それによってヘレニズム時代の都市が行使した小帝国主義が崩壊したことで、帝国政府への都市レベルでの反抗が事実上不可能になったことが、直接の理由である。自律的に戦争を遂行できる権利は、ヘレニズム時代の都市の自治と自由の大きな柱の一つだったが、帝政期の都市の自治と自由は、この点ではほとんど完全に制限された。帝政期のギリシア人著作家プルタルコスは、小アジアの都市サルディスでの活躍を求める友人メネマコスに、今(つまり帝政期)の都市の政治指導者層は、戦争遂行と条約締結で活躍はできないので、弁論の腕をあげ、皇帝へ派遣される使節団に選ばれるよう専心せよ、と忠告している(『政治家になるための教訓集』八〇五・A～B)。ギリシア都市の自治と自由は、ローマの支配によって、大きな改変を余儀なくされたのである。

帝政期のクレタ島

このような帝政期のギリシア都市の状況は、本章の第一節でふれたクレタ島にも、もちろんあてはまる。クレタを一つの事例として取り上げながら、帝政期のギリシア都市とそこに生きた人々の様子を、さらに詳しくみてみたい。前六七年に最終的にローマに征服されたクレタは、北アフリカのキュレナイアとあわせて一つの属州とされ、毎年元老院から派遣される総督に支配されることになった。ゴルテュンは属州の首都とされ、総督やその下僚が駐在した。もう一つの大都市クノッソスは、ローマ植民市コロニア・ユリア・ノビリス・クノススとして再建されて、ローマ都市の政治制度が導入された。もちろんゴルテュンやクノッソス以外の都市も存続したが、ヘレニズム時代に五〇～六〇あったとされるギリシア都市は、ヘレニズム時代の戦乱とローマによる征服の過程で激減し、帝政期には二〇弱が知られる

帝政期のゴルテュン
ゴルテュンに残る属州総督の居館とされる建築物の遺構。1ha以上の大きさを誇った。

■銘文史料の略号一覧

AE	*L'Année Épigraphique,* Paris, 1888-.
Austin	Austin, M.M., ed., *The Hellenistic World from Alexander to the Roman Conquest: A Selection of Ancient Sources in Translation,* 2nd ed., Cambridge, 2006.
Bagnall & Derow	Bagnall, R.S., & Derow, P., *The Hellenistic Period: Historical Sources in Translation,* 2nd ed., Oxford, 2004.
I.Cret.	Guarducci, M., *Inscriptiones Creticae,* Rome, 1935-1950.
Ma	Ma, J., *Antiochos III and the Cities of Western Asia Minor,* Paperback ed., Oxford, 2002.
SEG	*Supplementum Epigraphicum Graecum,* Leiden, 1923-.
Sherk	Sherk, R.K., *Rome and the Greek East to the Death of Augustus,* Cambridge, 1984.

だけである。存続した都市は自治的な政治制度と独自の法を維持する一方、諸都市の連合体であるクレタ連邦を形成し、貨幣製造や皇帝崇拝儀礼を共同でおこなった。また、共和政期から帝政期にかけてのクレタは、ローマの退役兵やイタリア人商人など多くの移民を受け入れたことが知られている。

このような政治状況の変化とあわせて、クレタの人々の個人の物語も、大きく様変わりした。軍人育成と都市内での社会的紐帯強化のためにヘレニズム時代のクレタ都市で結成された同志会と、同志会がおこなった男部屋での共食は、帝政期になって都市間戦争が終結し、イタリア移民の増加や連邦の結成によって都市への帰属意識が弱まると、その存在意義を失って消滅した。それにともなって、社会的流動性が高まり、都市の枠組みを超えた富裕者層が形成された。彼らの多くは、ローマ市民権を獲得するとともに、都市と連邦の運営に貢献し、それと引き換えに名誉を授与された。多くの銘文(クレタに関する主要な歴史史料)が、彼らの活躍を伝えている。例えば、ティトゥス・フラウィウス・ウォルムニウスという人物は、連邦の皇帝崇拝神官を務めると同時に、剣闘士競技や野獣狩りといった見世物を開催した(*I.Cret.* 4, no. 305)。こうしたクレタの指導者層には、公的に活躍する女性も含まれる。例えば、フラウィア・フィリュラという女性は、ゴルテュンにエジプトの神々の崇拝のために神殿を建設したことが知られており(*SEG* 49, no. 1227)、アゴという女性は、都市ヒエラピュトナにある種の組合を結成したと伝えられている(*I.Cret.* 3, 3, no. 7)。このように銘文によって個人、さらに女性が称えられる現象は、軍事を重視する都市とその内部の組織が集団的に都市運営をおこなっていたヘレニズム時代の銘文では、ほとんど確認されていない。

こうした帝政期のクレタの指導者層の一部は、島の経済の「グローバル化」の恩恵に与っていたと考えられる。ヘレニズム時代のクレタ島は、諸王朝の中間地点に位置していたにもかかわらず、おそらく熾烈な都市間戦争の影響によって、その経済活動はおもに都市ごとの需要を満たすものに限られていた。しかし、帝政期にはいって戦争が終結し、イタリアやその他の商人との交流が活発化すると、クレタでは商品作物の生産と輸出が飛躍的に拡大した。クレタの産品でとくに有名なのは、ワインと薬草である。クレタの指導者層の一部は、都市の枠を超えて互いに協同し、外来の商人と連携しながら、ローマ帝国が実現した平和と経済の「グローバル化」を享受した。

このようなクレタ島と他地域との繋がりは、第一節でみた傭兵ハルマダスの事例とは、大きく様相を異にしている。ヘレニズム世界も、言語や生活様式の共有という点である種の「グローバル化」した世界であり、ハルマダスもそこに自身の活路を見出して海を渡った。しかし、ローマ帝国の「グローバル化」は、ハルマダスの墓碑銘が描く世界を超えていく。帝政期になってクレタの都市は軍隊を放棄したが、個々のクレタ人は優れた軍事技術をもとにローマ軍にはいり、帝国各地に居住した。また、ドナウ川流域やヨルダンには、クレタ人の部隊が駐屯したことが知られている。ドイツ中部、ライン河畔のマインツ出土のあるラテン語の墓碑銘は、傭兵ハルマダスの後継者たちが、ハルマダスがみた世界よりずっと広い世界で活躍していた様子を伝えてくれる(*AE* 1965, no. 251)。この墓碑銘によると、クレタ出身のテアンデルなる人物は、二六年におよぶローマ軍勤務ののち、ここマインツで四五年の人生を終えたのである。

帝国の成立

私たちの本来の叙述の流れに戻ろう。

第三次マケドニア戦争の戦後処理が完了したのち、バルカン半島には一応の平和がもたらされたが、この平和も長くは続かなかった。ペルセウスの子フィリッポス(この時すでに死亡していた)を詐称したアンドリスコスなる者が、マケドニアを基盤として反ローマ闘争を起こし、その討伐に向かったローマ軍を壊滅させるほどの勢力を築いたからである。前一五〇年前後のできごとである。ローマは、第三次ポエニ戦争で苦戦する最中ではあったが、偽フィリッポス殲滅のために大軍を派遣し、ようやく前一四八年に僭称王を打倒することに成功した。こののち、ローマはマケドニアを、恒久的に司令官を派遣する地域(当時の用語でプロウィンキア)とした。一方、バルカン半島南部では、アカイア連邦が滅亡の道をたどった。第三次マケドニア戦争後にローマに抑留されたおよそ一〇〇〇人のアカイア連邦の指導者たちは、前一五〇年に帰国を許されたが、すでに多くの者が帰らぬ人となっていた。ちょうど同じ頃、連邦と当時その構成国だったスパルタが仲たがいを起こしたが、この内紛はローマの介入を招くこととなり、最終的にアカイア連邦とローマとの戦争に帰結した。前一四六年のこの戦争はアカイア戦争と呼ばれる。アカイア連邦は奴隷を解放するなどして総力戦で臨んだが、あえなく破れ、主要都市のコリントスはローマ軍によって跡形もなく焼きつくされ、市民は虐殺され、女性や子どもは奴隷として売られた。陥落直後のコリントスにはいったポリュビオスは、貴重な美術品や奉献物が、その価値のわからないローマ軍兵士によって蹂躙される様子を目撃している(『歴史』三九・二)。戦後、アカイア連邦は存続を許されたが、その領域は大幅に縮小され、多くのギリシア都市には、ローマへの貢納の義務が課された。

ローマによるこのような支配と略奪の物語は、アウグストゥスによる帝政と「ローマの平和」の確立まで、あと百数十年間は続くことになる。本章では、これ以降のローマ支配の進展をたどることはもはやできないが、最後に、本書の大きなテーマである「帝国の成立」という問題について、前二二〇年という転換点との関わりを振り返っておきたい。

本書の総論でまとめられているように、皇帝の有無は、帝国成立のための第一の必要条件ではない。したがって、ローマ帝国初代皇帝アウグストゥス以降を帝国もしくは帝政期と呼ぶのは、種々の権力と権威を集中した一人支配の成立と、その力の一族内での継承をローマ支配の画期とする歴史家の見方に基づくもので、大方の了解のもと便宜的に使用されてはいるが、ローマの実際の帝国支配の開始期については、それぞれの研究者の帝国の定義次第で、これまでさまざまな考えが提唱されてきた。そもそも、ある国家を帝国であると自他ともに認める条件とは、何であろうか。総論で提起されている強大な軍事力と広域支配という条件を基調としつつも、中核と周縁という支配関係を軸とする国家、民族的・人種的な不平等を基盤とした国家など、多種多様な定義づけがなされてきた。

本章では、総論での帝国の扱いを踏まえたうえで、ポリュビオスに倣いつつ、ある一定の「世界」のなかで競合する相手を認めず、また実際に競合する相手が存在しないと承認されている国家を、東地中海・近東地域でのローマの帝国としての成立条件の一つと考えて、前二二〇年から前一六八年の五三年間を、この条件がしだいに確立していく時代ととらえたい。ヘレニズム世界の世界観からいえば、それは競合する王国モデルの崩壊であり、交渉と外交のネットワークのローマへの統合である。ヘレニズム世界の大国は、互いに激しい戦争を戦いながらも、競合相手を滅亡させることはなかった。ローマは、当初は競合する勢力の一つとしてヘレニズム世界に参入したが、五三年のあいだに、競合相手を滅ぼしても良い、そして実際に滅ぼすことのできる国家になったのだった。

最後に、東地中海・近東地域におけるこうした世界観の転換を、第三次マケドニア戦争のローマ軍司令官アエミリウス・パウルスの目をとおしてみてみよう。ピュドナの戦いに勝利したのち、パウルスはギリシアの観光旅行に出かける。彼の訪問地は、デルフォイのアポロン神殿、アガメムノンがトロイア遠征へと出発したアウリスの浜、アテナイの黄金期の遺跡、ローマに破壊される前のコリントス、エピダウロスのアスクレピオス神殿、オリュンピアのゼウス像……（リウィウス『ローマ建国以来の歴史』四五・二七～二八）。パウルスがみようとしたギリシアとは、ローマと競うことのできる権力と武力をもつギリシアではなく、彼がホメロスの物語を聞いて空想し、憧れていたギリシアだった。彼がみたものは、現代のギリシア好きの旅行者が目にしたいと望むものとほとんど変わることはない――ただ一点を除いては。パウルスは、ペルセウス敗北後のアイトリア連邦で、親ローマ派の政治家そしてローマ軍によって殺害された五〇〇余人の葬列を、旅の途中に目撃している。敗北し、観光地となるヘレニズム世界。それはもはや、前二二〇年の年明けにアンティオコス三世の目の前に広がっていたヘレニズム世界ではなかったのである。

COLUMN

中央アジアのヘレニズム世界

本章ではヘレニズム世界として、おもに東地中海・近東地域を扱ったが、アレクサンドロス大王の帝国領土を引き継いだヘレニズム世界の広がりは、もちろんこれらに限定されるものではなかった。ここでは、現アフガニスタンに建設された都市アイ・ハヌムの盛衰をたどりながら、本章とほぼ同時期の中央アジアにおけるヘレニズム世界を紹介したい。

アイ・ハヌムは現地のウズベク語で「月姫」という意味で（ギリシア語名はわかっていない）、前三〇〇年ころセレウコス朝のセレウコス一世によって建設されたと考えられている。アム川（古代名オクソス川）とコクチャ川の合流点に位置し、河川と急峻な丘に三方を囲まれている。一九六四年から一九七八年までフランス隊がこの地で発掘活動をおこなったが、アイ・ハヌムは、メソポタミア以東で唯一正規の発掘調査を経験したヘレニズム時代の都市である。政治的混乱により、その後は継続的な調査がおこなわれず、遺跡の保存状態も劣悪とのことだが、現地の人々の努力で貴重な出土品の多くが闇市場に流れることなく保管された。二〇一六年に九州と東京の両国立博物館で開催された特別展「黄金のアフガニスタン」では、その一部が展示された。読者のなかには、この特別展に足を運んだ方もおられるだろう。

このアイ・ハヌムは、セレウコス一世の治世に王国の支配下にあったバクトリアの中心都市の一つだったが、バクトリアは前三世紀半ば、バクトリア・ソグディアナ総督だったディオドトス一世のもとでセレウコス朝から独立し王国となった。本章第一節でふれたが、アンティオコス三世が東方遠征で対峙したのは、この王国の二代目の王ディオドトス二世から王位を簒奪したエウテュデモス一世である。アイ・ハヌムは、このグレコ・バクトリア王国の中心地として繁栄した。

アイ・ハヌムでは、町の真ん中をほぼ南北方向に大通りが走り、西側の「下の町」には公的な施設が建てられ、「下の町」の南側と、大通りの東側にある「上の町」は居住区とされた。また、半円形の劇場やギュムナシオン（体育場）など、他の多くのヘレニズム時代の都市に共通する施設がいくつか確認される。ギュムナシオンとは、市民の子弟のための教育施設で、ヘレニズム時代以降は、「第二のアゴラ（広場）」と呼ばれるほど、都市運営のなかで重要な役割をはたした。おそらくはこのギュムナシオンで崇拝されていた英雄ヘラクレスの像が出土している。これらの公的施設の一部は、コリントス様式の柱頭や演劇で使う仮面を模した樋口でかざられていた。また、アイ・ハヌムからは、哲学書の断片も発見されており、おそらくはアリストテレスか彼の哲学の流れをくむペリパトス学派の著作に属するものだろうとされている。また、宮殿の宝物庫からはギリシア語で銀貨やオリーブ油などの保管物を明記したアンフォラ（二つの把手がついた保管用容器）が出土しており、王国内でなんらかの物資の徴収と再分配がおこなわれていたことを示唆している。

出土品のなかでもっとも目を引くのは、最初の植民団を率いたテッサリア人キネアスを記念した廟に建立された銘文である。これは、地中海のキプロス島北岸の都市ソロイ出身の哲学者クレアルコス（前三五〇年頃の生まれ）が、ギリシア中部の有名なアポロンの聖地デルフォイの金言を写し取り、ここアイ・ハヌムに刻んで捧げたものだった。金言の内容は、孔子の『論語』の有名な章句と同じように、年齢ごとに目標とすべき人間像を定めたものである。ちなみに、私の年齢(壮年)では、人は「正義を知る者」でなくてはならないとされている。クレアルコスが、キプロスからアイ・ハヌムまで直線距離にしてゆうに三〇〇〇キロメートルを越える道のりを、アレクサンドロスとセレウコス朝の王によって建設された諸都市を経由して、おそらくはギリシア語のみで旅をすることができた事実は、ヘレニズム世界の近東・中央アジアへの広がりを実感させてくれる。

しかし、アイ・ハヌムを、例えば本章でふれた小アジアのテオスとまったく同じようなギリシア都市と考えるのは早計である。アイ・ハヌムからは、都市の決議を刻んだ銘文は出土していないし、ギリシア都市の中心地にあたるアゴラ(広場)に相当するような施設も確認されていない。出土した文字史料はその多くがギリシア語なので、言語としてはギリシア語が優勢だったと考えられるが、居住者の民族はさまざまで、ギリシア・マケドニア系、イラン系、バクトリア系の人々が混在し、互いに通婚していたと想定できる。また、巨大な宮殿施設は、通例のギリシア都市にはみられない建築物で、むしろアレクサンドロスの征服以前にこの地を支配していたアケメネス朝ペルシアの主要都市に多くみられるものである。アイ・ハヌムは、私たちに、ヘレニズム世界の多様性と地中海中心の古代史観の危うさを教えてくれている。

アイ・ハヌムの繁栄は、長くは続かなかった。前二世紀半ば、バルカン半島でコリントスが灰燼に帰していたのとおおよそ同じ頃、アイ・ハヌムは周辺の遊牧民の流入で滅びた、または少なくとも都市としての機能を停止した、と考えられている。

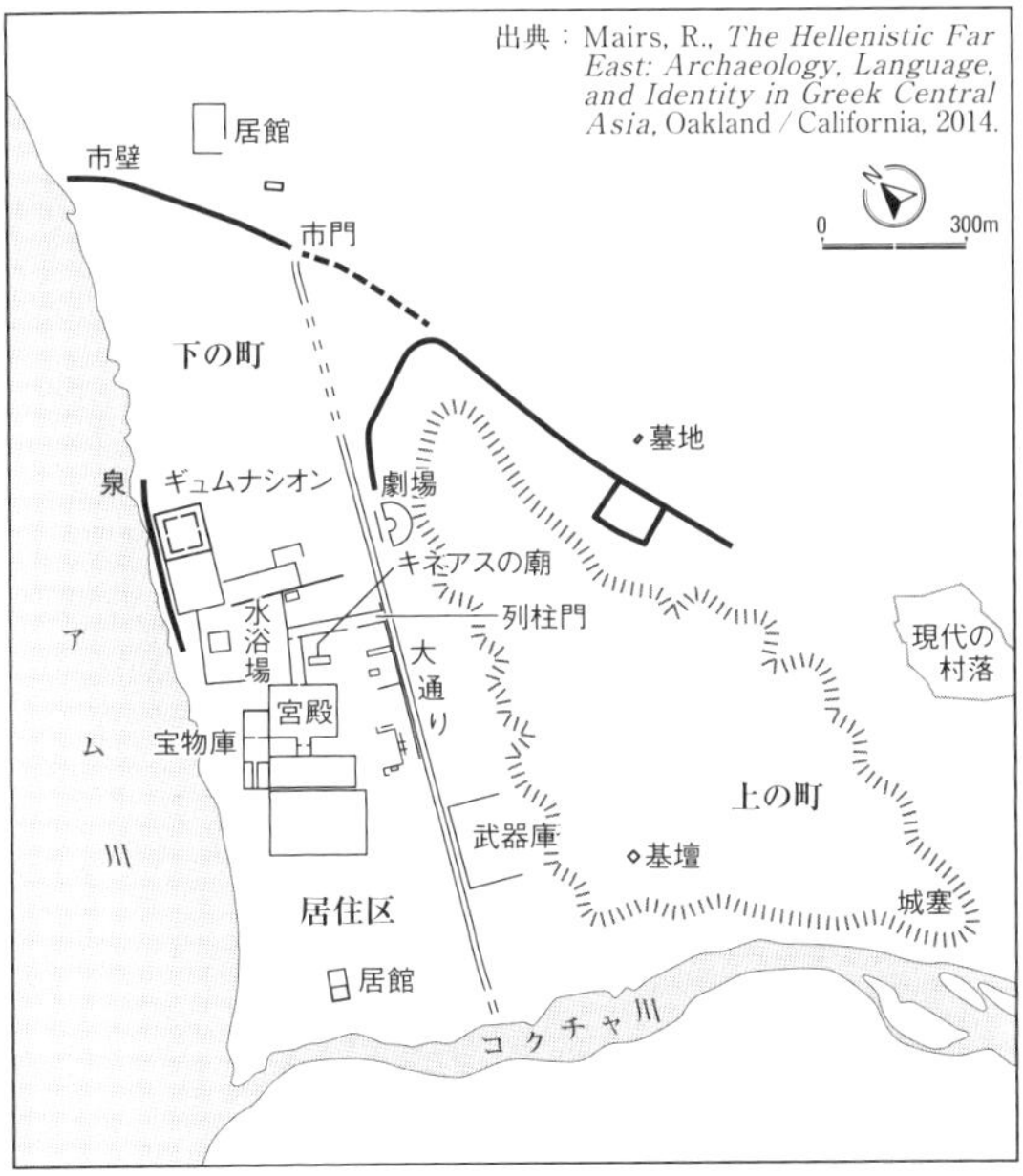

アイ・ハヌム

ギリシア語刻銘付石碑台座
キネアスの廟に設置されたモニュメントの台座部分。銘文が刻まれているのがわかる。アフガニスタン国立博物館所蔵

三章　帝国の民となる、帝国に生きる

南川高志

1　帝国が生み出したローマ皇帝

征服者ローマの変化

前一四六年、ローマは長年の敵であったカルタゴをついに滅ぼした。ローマはまた、反乱を起こしたために制圧していたマケドニアを、同じ年に直接支配下におき、属州とした。さらに、同年、戦いを挑んできたギリシアのアカイア連邦の軍隊を撃破して、連邦の一員である都市コリントスを見せしめのごとく破壊した。前一三三年にはイベリア半島でローマに抵抗していた要衝ヌマンティアを降伏させ、半島での大規模な騒擾《そうじょう》を押さえ込むことに成功した。これによって、地中海の西部においても、東部にあっても、ローマはもっとも広大な地域を支配する勢力となっただけでなく、支配されていない国々にとっても著しい脅威となった。ローマは帝国化したのである。

ローマとの戦いに敗北して直接統治下に組み入れられた地域では、住民の被征服者としての服従の日々が始まった。ただ、カルタゴやコリントスのような例外を別にして、ローマは都市を破壊したり住民に移住を強制したりすることはほとんどなく、征服される前の生活を維持させたうえで、ローマによる支配を受け入れることを要求した。征服された人々にとって苦難の日々であることに変わりはなかったが、後述するように、時とともに支配のあり方や統治の担い手に変化が生じて、被征服者のおかれた状況も変わっていった。征服戦争時の征服者と被征服者、双方の内実や関係に変化が生じて、前二世紀の帝国化進行期のローマ国家のありようは、後二世紀の帝国完成時にはすっかり異なるものとなったのである。本章では、この変化の過程と達成された「帝国」について解説したい。「転換」の結果とその意義を見極めるためである。

ところで、帝国の成立は、征服された人々のみを新たな事態へと突き動かしただけではなかった。征服者であるローマ人の状況も変えることになった。ローマ人が国家の創始以来歩んできた枠組み、つまり都市国家、共同体国家としてのローマをも変化させてしまったのである。同時に、共和政国家運営の主軸であった元老院の集団指導体制をも崩していった。征服された人々のその後を語る前に、まずこの点をみておこう。

共和政ローマでは、都市国家の原理どおり、軍隊は都市の正式構成員、すなわちローマ市民男性によって編成された。自分の国は市民自らが守るということである。戦争を始める場合、国は招集をかけて兵士を徴募し、戦争が終わると軍隊は解散となり、兵士は市民としての日常の生活に戻った。しかし、戦争が長引き、戦闘もローマ市やイタリアから遠い地域でなされるようになると、農民である兵士にとって出征は苦痛となり、経済的にもひどい不利益をもたらした。このため、第三次ポエニ戦争開始前の前一五一年、さらに第三次ポエニ戦争後の前一三八年には、市民の徴兵忌避が生じ、徴兵を無理やり進めようとした執政官を護民官が拘束するという由々しい事態となった。

この事態の背景には、それまでローマ軍の主軸となってきたローマ市民、とくに中小の自作農民の苦境がある。長らく続いた戦争によって、元老院貴族を中心とする富裕な人々は、征服戦争によって敵から没収し国有化した土地を占有し、奴隷を用いて商品作物の栽培などを大規模に展開して大きな利益をあげていた。一方、従軍したローマ市民軍の兵士、とりわけ中小の農民たちは疲弊するばかりであった。この農民たちを公有地の再分配を通じて苦境から救い出し、軍事力を再建しようと試みたのが、ティベリウスとガイウスのグラックス兄弟である。

兄のティベリウス・グラックスは、前一三三年に護民官に就任すると農地法を提案し、私的に使われている公有地に対して占有の上限を設け、制限以上に使用していた者から土地を返還させて、貧しい農民に分配しようとした。ティベリウスは、土地を占有する元老院貴族たちの反対を押し切ってこの改革事業を進めるために、三つの禁じ手を用いた。一つは、民会で、土地法案に反対した同僚の護民官を罷免して土地法案をとおしたこと。二つめは、伝統的に政策の指針を定めてきた元老院を無視して、土地の再分配の費用に、ローマに寄贈されたペルガモン王国国王の遺産をあてようとしたこと。そして、三つめに、護民官に再度就任しようとしたこと、である。これらの行為は、元老院主導の共和政ローマの「国制」に対する違反とみなされ、ティベリウスとその支持者は激高した元老院貴族のスキピオ・ナシカらに殺されてしまった。

ティベリウス・グラックスの死後も、民会を通過した土地法に基づき、土地配分三人委員という公職者による土地再配分措置は進められたが、前一二三年には弟のガイウス・グラックスが護民官に就任して、兄よりも多くの改革事業を展開しようとした。ガイウスは、土地の再分配以上に、法廷改革や税徴収制度の改変で、騎士身分の者を登用し元老院議員を抑えようとするなど、元老院主導のローマ共和政政治体制に対して挑戦しようと試みたのである。ローマ市の民衆のために、穀物価格の上限を決める穀物法も定めた。さらに、イタリアの都市に対する市民権付与やアフリカへの植民政策なども進めた。

ガイウス・グラックスの支持者は大勢いたが、前一二一年になるとガイウスは施策の失敗から民衆の支持を失い、護民官三選に失敗した。これを受けて、元老院の改革反対派は、「執政官は国家を守り国家がいかなる害もこうむらぬように措置せよ」という「元老院最終決議」に基づいてガイウス支持者におそいかかった。両派のあいだに生じた戦いでは、三千人もの死者が出たと二世紀の作家プルタルコスは書いているが、この内戦のなかでガイウスは自殺した。まもなく公有地再配分活動は止まり、前一一一年に定められた土地法によって、富裕者が占有している土地はその大部分が私有地と認められるにいたった。土地の再配分による貧しい農民たちの救済の道は閉ざされてしまったのである。

都市国家的市民軍原理の崩壊

グラックス兄弟の改革事業の失敗で土地再分配による中小自作農民の再建はできなくなり、そのために彼らの衰退がローマの軍事力の弱体化に繋がることになった。実際に、前二世紀の末頃から生じたいくどもの戦いで、ローマ軍はしばしば敗北を喫した。こうした状況のなかで登場してきたのが、ガイウス・マリウスである。マリウスは元老院議員の家柄の出ではなく、騎士身分家系の出身であったが、軍指揮で才能を発揮して評価を得た。そして、前一〇四年からなんと五度も連続して執政官に選出されたのである。

この間、マリウスは徴兵に関する異例の措置を執った。ローマ共和政の軍制度では武具を自弁できず従軍できなかった無産市民を、将軍が武装させ訓練し、ローマ軍兵士として戦線に投入したのである。「マリウスの兵制改革」と一般に呼ばれるこの措置は、市民軍体制の崩壊に対応するための方策で、ローマ軍制の一大転換点と歴史家は強調してきた。たしかに、都市国家原理に基づき市民が国家を守るために自ら武装して従軍する体制が崩れつつあるなかで、将軍が自らの負担で軍隊を整えるようになった先駆けということができる。マリウスの活動後でも一般市民からの徴募はなされており、一挙にすべてが変わったわけではないが、都市国家の市民軍の原理ではない、有力個人の負担で軍を編成するシステムの始まりは、やはり注目に値する。徴募された兵士は、国家ではなく将軍のために戦うことになるからである。しかも、有力政治家でもある将軍は、自軍の兵士の退役後、法案を通過させて彼らを植民に送り出すなどし、除隊後、農民、土地所有者として暮らしていく道を用意した。無産者の兵士は、将軍のおかげで有産者となって生きていくことができるようになったわけである。その子孫も将軍に恩義を感じたことはいうまでもない。

このように、ローマ国家は帝国化後に、その都市国家的原理を急速に変化させていった。制度変化は兵士だけではない。共和政ローマの軍指揮権は、任期一年の執政官・法務官など高級公職者が保持したが、戦いが遠隔地でなされ、しかも長引くようになると、一年の公職者任期中に決着がつかないことが生じた。そのため、戦地で軍を率いる執政官には、任期が切れても執政官相当官としてそのまま軍指揮をさせるようになった。帝国の成立によって、広大な地域の統治の必要から、伝統的な政治制度は維持できなくなったのである。

元老院の集団指導から個人の突出へ

グラックス兄弟の改革の後に生じた一連の騒擾は、帝国化したローマ国家をどのように運営するかという点で、旧来の元老院多数派を中心とする国政の集団指導体制を維持しようとするグループと、グラックス兄弟の改革事業を引き継ぐかたちで、民会を中心に活動し、民会立法で政策を実現していこうとするグループの争いと解することができる。前者は「オプティマテス」と呼ばれ、後者は「ポプラレス」と呼ばれる。しかし、いずれのグループに属していても、彼らは元老院に所属する政治支配層の人々であって、グループの違いは、政治手法の違いにすぎない。オプティマテスを「閥族派《ばつぞく》」、ポプラレスを「民衆派」と訳すわが国の慣例が甚だしく誤解を生みやすいことは、すでに学界でいくども指摘されてきたところである。

しかも、この両グループの争いを越えて、帝国化の影響はもっと過激なところまでおよんだ。前一世紀にはいって、黒海南岸の東部から内陸部にかけて支配していたポントス王国の王、ミトリダテス六世(在位前一二〇〜前六三)が西進してローマ軍の駐留軍を撃破し、小アジアの全域を支配下において、エーゲ海の島々やギリシア本土にも勢力を伸ばした。そして、多数のローマ人を殺害したため、共和政ローマは反撃することになった。前八八年頃から始まるこのミトリダテス戦争のなかで、先述のマリウスとこの年の執政官になった武将スラが争うようになり、首都ローマでも双方による血なまぐさい粛清事件が生じた。この争いに最終的に勝利したスラは、前八一年、独裁官になり、伝統的な元老院中心の体制を維持しようとさまざまな措置をした。しかし、前七九年にスラが自ら引退し、翌年死亡すると、スラの築いた体制を守ろうとする側とそれに反対するグループの争いが生じた。この時期、スラの部下として出発したポンペイウスが、両グループを越えるような行動をとることになる。

ポンペイウスは元老院貴族家系の出で、父親の勢力基盤を引き継いで二十三歳の若さで軍を整え、スラのためにめざましい働きをした。そして、前八〇年、わずか二十六歳で大将軍(インペラトル)の称号を得、凱旋式を挙行し、「偉大な人」の意である「マグヌス」の添え名を得た。ついで、スペインでの戦いで勝利をおさめて前七一年には史上まれな二度目の凱旋式を祝う栄誉を得た。さらに、三十六歳の前七〇年、最初の公職就任でいきなり執政官に選ばれた。個人の突出した栄誉達成は、前二世紀のイベリア半島での戦争の頃から始まってはいたが、例外的措置と解釈される程度でなくなったのである。

しかし、このような個人の突出した快挙と栄誉をオプティマテスの面々は喜ばなかった。そのため、彼らに認められることを希望していたポンペイウスは落胆して、民会に訴えざるをえなくなった。ポンペイウスは前六七年の民会で、護民官の提案による立法によって、地中海の海賊討伐のための非常の大権を手に入れた。海賊討伐に成功した後、翌前六六年にも、民会立法で上述のミトリダテス六世の打倒のための大権を手に入れ、長らく続いたミトリダテス戦争を終わらせた。さらに、前六四年にはセレウコス朝シリア王国を滅ぼして、シリア・パレスティナ地方をローマの統治下に入れ、前六一年に三度目の凱旋式をあげた。こうして、ポンペイウスはローマ政界で抜きん出た人物になったが、またしてもオプティマテスは彼を支持しなかった。このため、ついにポンペイウスは、ポプラレスの野心的政治家カエサル、そして前七〇年にともに執政官となったクラッススと秘密の盟約を結んで、元老院を無視してローマの国政を動かそうとした。これがいわゆる第一回三頭政治である。

ところで、ポンペイウスのこうした経歴や事績で注目できることは、まず元老院の集団指導体制から、突出した個人の活躍へという変化である。しかし、それ以上に興味深いのは、ポンペイウスが海賊討伐の時に受けた非常の「大権」に含まれていた権限である。前六七年の護民官ガビニウスの提案になる法では、ポンペイウスに対して、個々の属州の総督より上位で、執政官相当官と同じ軍隊を動かす権限たる命令権を与えるとされた。彼の軍指揮権は地中海全域、ならびに沿岸部の内陸に向かって七五キロほどの地点までの地域におよんだ。しかも、これらの権限は、最初から二年間にわたって与えられたのである。国庫の自由裁量権や一二万名までの兵員と二〇〇隻までの船を集める権限も与えられた。これだけでも異様なほどの大きな権限であるが、さらに法務官相当官の副官一五名を、ポンペイウス自らの裁量で選んでよいということも加えられた。ローマ共和政の国制の伝統では、人々の選挙で選ばれた者だけが執政官や法務官などの公職に就きえたから、ポンペイウスという一個人が法務官相当官を勝手に選んでよいという措置は、ゆゆしい伝統違反だったのである。これがのちの新体制——アウグストゥスによる帝国統治——の重要な先例となる。

帝国が生み出したローマ皇帝

ポンペイウスがあらかじめ二年間にわたる大権を得た同じ措置は、第一回三頭政治の成立後、カエサルのためにもなされた。カエサルにガリアを委託し、ガリアでの征服活動を認めたとき、ローマ国家はあらかじめ五年間という長期にわたる軍指揮権を与えたのである。前五五年にはさらに五年間の軍指揮権延長も認めた。

さらに、同じ年にポンペイウスはスペインでの軍指揮権をやはり五年間認められたが、彼はローマ市にとどまったままで、副官に属州統治を委ねるようにした。これものちの皇帝の帝国統治の先例となる。前五二年にはこの権限がさらに延長された。ポンペイウスはこの第一回三頭政治時代に都市ローマの穀物の安定供給を任されたが、これも五年間の委託だった。こうして、共和政ローマの政治制度が変質するだけでなく、その政治的基軸になっていた元老院の集団指導体制も、突出する個人が権限を拡大していく状況のなかで、後退を余儀なくされていった。

ポンペイウスは、前五四年に妻であったカエサルの娘ユリアが死に、前五三年にクラッススがパルティア遠征で敗死すると、元老院保守派に合流してカエサルと対立するようになった。そして両雄は前四八年に激突し、ポンペイウスは敗れて、エジプトに逃れたものの暗殺されてしまった。勝ったカエサルは、ポンペイウス以上に個人の権限の拡大をおこなった。前四八年から毎年執政官に選ばれ、前四五年からは向こう一〇年間の執政官就任を認められた。本来勝利した軍隊から歓呼される大将軍の呼称を添え名としてつねに肩書きに名乗ること、単独の国庫使用権、元老院で両執政官のあいだに席を占めて、いつも最初に発言する権限を永続的にもつこと、護民官の帯びた神聖不可侵性、これらも認められている。凱旋式で将軍が着用する凱旋式服と月桂冠を常時着用することや、国家宗教の最高神官の地位も認められた。誕生日は国家の祭日になり、その地位は通常のローマ市民政治家の先例からひどく離れたものになったのである。

このカエサルが、前四四年に共和政を護持しようとする人々に暗殺されてしまう。だが、カエサルの私的相続人であるオクタウィアヌスと二人の部下、アントニウスとレピドゥス、彼ら三人による「国家再建三人委員」の政治が始まり(いわゆる第二回三頭政治)、カエサル暗殺者を打倒し、カエサルに対抗した元老院保守派を押さえ込んでしまったので、実質的な共和政の維持は困難になった。前三六年に国家再建三人委員の一人レピドゥスが失脚すると、残る二人、アントニウスとオクタウィアヌスの対立が激しくなって内戦が生じ、最終的にオクタウィアヌスが勝ち残った。彼は、内戦終了後、保持していた非常の大権を、かつてのポンペイウスと同様に国家に返した。これに対し、前二七年の一月、元老院は彼にアウグストゥスの尊称を与える(以下、オクタウィアヌスをアウグストゥスと記す)とともに、一〇もの属州を委ねた。これらの属州の総督はアウグストゥスであるが、彼自身はローマ市にいて、実際に属州に統治に赴く者を自らの裁量で任ずることができた。また、この属州統治のために、彼は先に返上した軍隊指揮権を再び手に入れ、軍団の司令官に自らの代理人を任命した。この共和政の国制には元来あり得ない措置の先例は、あのポンペイウスの海賊討伐の際に与えられた大権の授与であり、また第一回三頭政治時代のスペイン統治権であった。共和政末期にあらわれた突出した個人の権限は、既定の措置としてアウグストゥスに集約され、新しい政治体制へと移行したのである。

アウグストゥスは共和政の伝統を復活させるようなポーズをとり、元首(プリンケプス)という立場で政治に臨んだために、その政治体制は「元首政」と呼ばれる。しかし、ポンペイウスから法的権限の先例を、カエサルから突出した個人の権威や栄誉を受け継いだ彼は、国家最高の公職である執政官や神聖不可侵の護民官など要職の権限を、その職に就かずとも保持するようになり、国家宗教の最高神官職にも就いた。その結果、彼の政治は疑いなく、強大な権限と抜きん出た権威をもつ者の独裁体制となった。

こうして、前二世紀の帝国化は、支配者たるローマ人に多くの変化を強いた。そして、その後の激動をへてローマの政治体制が行き着いた先は、貴族による集団指導体制の崩壊と個人支配の成立だった。

「ローマ皇帝」という法的な制度が新たに誕生したことはなかったが、広大な領域をもつ帝国の統治の現状に合わせた改変が、実質的にローマ皇帝権力とその支配体制を誕生させたのであった。帝国が皇帝を生み出したのである。

2 帝国の民となる

「ローマ市民」の変化

つぎに、帝国化によってローマの支配下にはいった地域がどのように変わっていったのか、本章の中心課題に迫っていくことにしたい。

帝国化の過程をほぼ終えつつあった前二世紀後半、ローマ国家はその法的な扱いの点で三つの地域に分けられた。一つはローマ市であり、その市民権の保持者が帝国の支配者側の正式構成員である。つぎに区別されるのはイタリア半島で、その住民や居住する都市がおかれた法的地位は、それまでのローマとの関係によってさまざまであった。第三番目はイタリアの外の支配地域で、ローマの公職者に統治される「属州」である。帝国化する過程で、この三者のうち、第二番目のイタリア半島の都市と住民が大きな問題となった。

ローマが勢力を増していくと、その正式構成員の法的権限であるローマ市民権は特権となった。ローマ市民権には、民会での投票権や公職者に選ばれる被選挙権、さらに適法な婚姻をなす権利、財産権、訴訟権などが含まれていたが、ローマはこの市民権を、イタリア半島征服の過程で、その時々の状況のなかでほかの都市の住民に付与し、統治の役に立ててきた。前四世紀の後半にローマによってラテン都市同盟が解体されると、イタリアの諸都市はローマと個別に条約を結んだり取り決めをしたりしたが、その結果、イタリアの都市には、ローマ国家に編入され「自治市(ムニキピウム)」となったもの、ローマの「同盟市(ソキイ)」となり独立を保ったもの、ローマ市民が入植して「植民市(コロニア)」となったもの、などがあった。また、自治市の住民には、完全なローマ市民権をもつ者と投票権のない劣位のローマ市民権の保持者とがあった。イタリアの都市の住民は、ローマの政策に従い、またローマの軍勢に参加したが、ローマが帝国化していくなかで、完全なローマ市民権を強く希望するようになった。この扱いをめぐって、中央政界はグラックス兄弟の改革の頃よりしばしば動揺をきたした。

前九一年、同盟市へのローマ市民権付与に尽力していた護民官が暗殺されると、同盟市諸市は蜂起し、一時独自の民会と元老院を設けるまでになった。同盟市戦争と呼ばれる事件である。ローマは譲歩せざるをえず、前八九年には蜂起を鎮圧するも、ポー川以南の同盟市にローマ市民権を与えた。このため、大量に増えた新しいローマ市民をどの区(トリブス)に登録させるかが新しい問題として浮上し、前八〇年代のローマ中央政界の対立の原因となっていくが、それはともかくとして、この同盟市戦争の結果、「ローマ市民」ははっきりと母市ローマから切り離されたものとなった。ローマ市民権をもつ者としての「ローマ人」は、故地から遊離し、普遍的な意味をもつようになったのである。前一六八年の勝利によって、多額の賠償金や貢納を手にすることができるようになったローマ国家は、イタリア在住ローマ市民からは直接税を徴収することをやめた。この租税を払わなくともよい権利は、イタリア在住のローマ市民の特権であったが、後になると「イタリア権」という名で属州在住者にも与えられるようになる。「ローマ市民」はローマ市だけでなく、イタリアからも遊離していったのである。

地中海帝国からの脱却

前二世紀後半、ローマが支配するイタリア半島の外の領土は、西は南フランスやイベリア半島南部、かつてカルタゴ支配下にあった北アフリカ、そして東は旧マケドニア王国領とギリシア本土、そして小アジア西部におよんだ。前一世紀には、とくにポンペイウスの軍事行動で、シリア・パレスティナ地方もローマ帝国の領土に加えられた。ポンペイウスに勝利したカエサルは、ポンペイウス派の残党と戦う過程を通じて北アフリカを制圧した。さらに、オクタウィアヌスがアントニウスとの内戦時、アントニウスと同盟したクレオパトラ七世とも戦い(正確にはオクタウィアヌスが宣戦布告したのはクレオパトラ七世であった)、勝利後、プトレマイオス朝を滅ぼしてエジプトも支配下に入れた。オクタウィアヌスはアウグストゥスとなってのち、イベリア半島の全体を支配下におくことに着手し、最終的には盟友のアグリッパに指揮を委ねて、前一九年までに平定させた。こうして、皇帝政治開始の初期までに、地中海を取り囲む地域はほぼローマ帝国の直接支配するところとなった。

しかし、ローマ帝国の特記すべき意義は、故地イタリアと気候風土の大きくは変わらない環地中海地域だけでなく、生活条件の著しく異なるヨーロッパ内陸部、さらには海を隔てて北にあるブリテン島、つまり現在のイギリス本国にあたる地域まで、その領土に加えたことであった。

アルプスの北の大地をローマ帝国領とする大きな一歩を成したのは、第一回三頭政治時代のカエサルである。カエサルは、苦しい戦いをかさねながらも、フランス中部から北部にかけての地域を広くローマ帝国の支配下におくことに成功した。この「ガリア遠征」の期間中、敵を追ってローマ軍はライン川に到達した。また、カエサルは前五五年と前五四年の二度にわたってブリテン島にも渡った。征服活動をおこなうにはいたらなかったが、イタリアを遠く離れた極北の地の状況を見聞する成果をあげた。

養父カエサルの偉業を凌ぐ宿命を負ったアウグストゥスは、親族のティベリウスやドルススに命じてライン川からさらに北東に軍を進めさせた。ローマ軍はゲルマニアへ深く侵攻し、ドルススはエルベ川まで到達したという。しかし、ドルススが辺境で世を去り、その後継司令官となったウァルスが率いる三正規軍団が、後九年にいわゆる「トイトブルクの森の戦い」でゲルマニア人の軍隊によって殲滅《せんめつ》されると、全ゲルマニア征服の方針は事実上消えた。ティベリウスは現在のボヘミアあたりまで侵攻していたが、これも撤退し、ドナウ沿岸の占領地で生じたローマ軍の反乱に対応するので精一杯となった。

こうして、ライン川、ドナウ川を越えた北東地域までは帝国の直接支配地とはならなかったが、ライン川の西側、ドナウ川の南側は属州となった。後四三年には、皇帝クラウディウスの派遣した軍隊がブリテン島に侵攻し、島の南西部を占拠、属州の成立を宣言した。軍はそのままブリテン島の西と北へ進軍し、後一世紀の後半には、現在のイングランドとウェールズの大方の地域を支配下においた。スコットランド北部までローマ軍が進むことはなかったが、後七〇年代の終わりにはローマの艦隊がブリテン島の北を周回して、地理情報の面ではこの島を「征服」したのである。ローマ人の征服活動はやむことなく、後二世紀の初めにトラヤヌスがドナウの北、ダキア人の居住地を占領してこれを属州とし、ローマ帝国の威望はドナウ川の河口や黒海北岸にまでおよんだ。

最盛期のローマ帝国（２世紀初頭）

アルプスの北側の広大な地域は、地中海周辺の人々からは長らく野蛮な民の住む地とみなされており、また征服された地域では、住民の数も当初は少なかった。しかし、ローマは軍による征服と占領に続いて、征服地に自分たちの言語・法律・宗教を伝え、イタリア半島とは気候・風土が異なる内陸の地にもローマ風の生活様式を持ち込んだため、被征服者の世界は大きく変化していった。やがて、ガリアやゲルマニア、そしてドナウ沿岸の外部世界と接するフロンティア属州にも多くの都市が誕生し、人口も増えた。商人の活動はライン・ドナウの大河すら超えて広がった。ローマは地中海を基盤にした帝国を脱して、新しい「世界帝国」へと進んだのである。

征服された地域の変化

本書第一章では、侵攻を受けた地域で人々がいかに帝国化するローマに向き合ったのかが、イベリア半島の地域を例として活写された。先住者たちの壮絶な抵抗が紹介されたが、ローマが勝利したのち、これらの地域はどのようになったのだろうか。征服された地域のその後を、まずイベリア半島からみていこう。

イベリア半島では、前一三三年のヌマンティア降伏によっておもだった騒擾は押さえ込まれたが、戦闘がなくなったわけではない。先住の人々とローマ軍との戦いだけでなく、マリウスのグループとスラのグループとの争いが、この地に持ち込まれてしまったし、前四九年以降はカエサルとポンペイウスとの内戦の場にもなった。前四五年にムンダの戦いでカエサルが勝利をおさめるまで、戦場であり続けたのだった。

先述したように、アウグストゥスはイベリア半島の全域を統治下におくことを試み、盟友アグリッパの遠征成功により、ようやく前一九年に半島全体を統治下においた。そして、三つの属州を設置したのである。キテリオル、バエティカ、そしてルシタニアである。キテリオルはイベリア半島の東半と北部より成る広い属州で、属州首都はタラコ(現タラゴナ)にあった。のちに、ヒスパニア・タラコネンシスと呼ばれるようになるこの属州は、新しい征服地を含んでいたために、当初はローマの軍団が多数駐屯したが、属州支配が安定すると軍団は他地域へ回された。属州バエティカはイベリア半島南部、現アンダルシア地方にあたる地域に設置された。属州首都はコルドゥバにおかれ、他のイベリア半島地域に比べてというだけでなく、ローマ帝国の他の地域に比べても、非常に早くからローマ風の生活様式が伝播し定着していった場所と考えられている。さらに、現在のポルトガルに相当するイベリア半島西岸部、とくにその中部から南部にかけての地域に設置された属州ルシタニアは、エメリタ・アウグスタ、すなわちアグリッパによって建てられたローマ劇場やトラヤヌス帝の凱旋門が現在も残るメリダが、属州の首都であった。

イベリア半島では、先住者、とくにケルト人は都市を発展させることはなかったが、ギリシア人やカルタゴの人々が早くから植民して都市を建てており、前二世紀からはローマの退役兵も植民市を建てていた。アウグストゥスは、カエサル時代に始まっていた植民事業を進めて退役兵を入植させ、数多く植民市を建てた。加えて、先住の人々にローマ市民権を付与した。これによって、ローマ市民が居住する自治市(ムニキピウム)が数多く誕生した。ローマ市民権に比べて投票権などを欠いた劣位の権利であるラテン権をもつ都市も数多かった。

こうした都市の事情を具体的に伝えているのが、後一世紀中葉に活躍した大プリニウスである。その著書『博物誌』の第三巻七によると、ローマ風の生活様式の伝播が著しく早い半島南部の属州バエティカには、ローマ市民の植民市(コロニア)が九、「ローマ市民の自治市」が一〇、「ラテン権をもつ自治市」が二七、「自由都市」と呼ばれる集住地が六、同盟都市が三、そして「貢納を求められている都市」が一二〇あると記している。合わせて一七五の都市的定住地があったことになる。

大プリニウスは、自分の記述がイベリア半島征服の完遂者アグリッパの情報に従っていると書く。後二世紀のプトレマイオス『地理書』になると、イベリア半島のローマ帝国領に四〇〇近い集住地があったと記しているが、バエティカの集住地は八四とするのみである。これらの情報は、その情報源の検討

出典:『世界歴史大系スペイン史1』所収地図を基にし、一部改変

帝政前期のイベリア半島

はもちろん、大プリニウスによって分類されているカテゴリにどの都市的集住地がはいるのか、地道な分析が必要であり、国内外の研究者が試みてきた。ただ、植民市すら大部分が発掘されていないという状況も勘案すると、正確なデータをはじき出すのは現段階では難しいようである。

数の正確さはともかく、大プリニウスの記述が教える大まかな状況を認める学界の通説に従うならば、彼の生きた後一世紀中葉頃には、南部を中心にイベリア半島には都市が数多く存在していたと考えられる。そして、この都市の発展を加速させたのが、大プリニウスが仕えた皇帝ウェスパシアヌス（在位六九〜七九）であった。ネロ帝死後の内乱に勝利して後六九年に即位した彼は、イベリア半島の小さな規模のものにいたるまで、先住の人々が居住する都市にラテン権を与えたのである。ラテン権の自治市においては、都市の公職者を経験するとローマ市民権を得ることができたので、ローマ市民権を獲得した人々の数は増え、その居住都市はローマ風の都市制度を整えた自治市へと発展していった。ローマ支配下の属州都市の状況やローマ風都市への発展が他地域に比べてイベリア半島で良くわかるのは、半島内の都市ウルソ、サルペンサ、マラガ、そしてイルニから青銅版に刻まれた都市条例が発見され、情報を提供してくれるからである。

ローマは征服後、中央政府から総督や軍団司令官などを派遣するものの、属州の現場では、こうした都市を行政の単位とし、都市の自治に統治を委ねた。帝国西半の諸属州では、植民市や自治市はローマ市の政治制度に倣った制度を備え、元老院に倣った都市参事会（クリア）、執政官（コンスル）に倣った二人役（ドゥオ・ウィリ）などの都市公職者、そして公職者を選ぶ民会を設けた。都市参事会のメンバーである都市参事会員（デクリオネス）たちは、都市の行政や司法、そして税の徴収という、ローマ支配の単位としての重要な役割をはたしたが、それだけでなく、公共建築物や娯楽施設を寄付し、見世物を提供したり文化活動を支援したりして、都市の整備と発展に寄与した。イベリア半島では、都市参事会に加わる人々は都市の周囲にある土地の所有者であることが多く、経営する農場では、穀物だけでなく、ブドウ酒、オリーヴ油、そして魚醬(ガルム)などを生産し、富を蓄えていた。オリーヴ油や魚醬は、商品としてイタリアへも運ばれた。

一世紀初めのタラコを端緒として、イベリア半島の諸属州にはローマ風神殿が建設され、皇帝を礼拝する儀礼がなされるようになったが、そこに都市の代表が集まって会議も開かれるようになった。会議のおもな構成員は、ローマ帝国統治の単位とされた都市で行政を委ねられた有力者たちである。彼らはローマ皇帝のための礼拝をしただけでなく、皇帝政府への陳情もおこなった。イギリスの学者ケリーは、ローマ帝国の統治の成功を、屈服させた属州の有力者を素早く帝国の支配層に編成し直したことに見出している。ローマは支配地の有力者を支配の共犯としたわけである。

被征服地から帝国政治へ

イベリア半島では、南部のバエティカを中心に、ローマ市やイタリアからの移民や退役兵が創設したり発展させたりした都市だけでなく、先住の人々がローマ市民となりローマ風の発展を推進した都市も多かった。カエサルやアウグストゥスは退役兵の入植を推進したが、やがて実際に植民するのではなく、先住の人々の住む都市的定住地に法的資格を与えて、ローマ帝国の統治制度に組み込むことに重点がおかれるようになった。先住者の集住地から発展した都市も増えて、その住民がローマ市民として活躍するようになった。それればかりでなく、都市の名望家である都市参事会員から帝国中央の政治の世界へ参画する者もあらわれた。

じつは、イベリア半島の出身者がローマの中央政界にあらわれたのはずいぶん早く、前一世紀初めのことである。クイントゥス・ウァリウス・セウェルスなる者が護民官に就任している。これは、イタリア外の出身者で初めて元老院議員となった例でもある。前四〇年にはイタリア外の出身者で初めて執政官となる者が出たが、この人物ルキウス・コルネリウス・バルブスはバエティカ南部の都市ガデスの出であった。

アウグストゥス治世には、彼によってなされたローマ社会特権身分の再編において帝国二番目の支配階層に位置づけられた騎士身分に属する者が、イベリア半島では相当の数にのぼったことが知られている。なかでも有名な人物は、コルドゥバ出身の弁論家ルキウス(ないしマルクス)・アンナエウス・セネカである。通常「大セネカ」と呼ばれるこの人物は、多くの著述を残したが、弁論家教育のための演説集(『スアソリアエ』『コントロウェルシアエ』)が今日まで伝わっており、当時の弁論教育の実態を教えてくれる。一世紀の後半に修辞学者として名をなし、ウェスパシアヌス帝からいわば欽定講座教授職といって良い地位に任ぜられたクインティリアヌスもまた、イベリア半島の出であった。共和政の時代から皇帝政治の時代へと移っても、ローマ人には「弁論」「修辞学」の能力が、政界でも上層社会での活動においても必要であった。修辞学的教養、すなわち古典の知識をもち、雄弁に語り美しく書くことのできる能力は、ローマ帝政期の政治支配層の一員であるための規範ともなった。イベリア半島出身者はそれを修得するだけでなく、教える側にも立ったのである。

大セネカの息子でストア派の哲学者、悲劇作家としても有名なルキウス・アンナエウス・セネカは、後六元老院議員となり、ネロ帝の治世前半、皇帝の師、そして側近として活躍した。この小セネカは、後六五年の貴族ピソのネロに対する陰謀事件に巻き込まれて自殺を強いられた。その甥で同じくコルドゥバ出身の詩人ルカヌスも、同じ陰謀事件で死に追いやられた。しかし、イベリア半島出身者の政界進出はとどまることなく、ウェスパシアヌス帝治世には、のちの皇帝トラヤヌスの同名の父親やマルクス・アウレリウス帝の父方祖父マルクス・アンニウス・ウェルスが貴顕貴族(パトリキ)の一員に列せられた。ともに属州バエティカの都市(イタリカとウクビ)の出である。ウェスパシアヌス帝の次男ドミティアヌス帝の治世(八一〜九六)には、出身地が知られている元老院議員のなかでは、ガリア諸属州の出身者とともに、イベリア半島の家系の出である元老院議員が多くを占めている。こうした中央政界への進出の結果として、二世紀になるとイベリア半島の都市の出身家系からローマ皇帝となる者がつぎつぎあらわれてきた。五賢帝に数えられるトラヤヌス、ハドリアヌス、マルクス・アウレリウスである。かつて共和政ローマの敵だった地域の人々が、いまやローマ帝国の統治の担い手になろうとしていた。

「ローマ化」の実際

以上で述べたところに拠るならば、ローマ帝国のイベリア半島征服は、その後も苛烈な隷従を人々に強い続けたのではなく、むしろ帝国の支配下で人々に都市的生活の繁栄をもたらし、国家の担い手ともなる人物をも生み出したと解釈できることになる。しかし、そのような単純な理解ではたして正しいのだろうか。

ローマ帝国の成立後、とくに皇帝政治開始後の二世紀間、征服されたイタリア外の地域にはローマ人の言語や法、宗教などが伝播し、都市が形成され、ローマ風の生活様式が普及していった。この現象を十九世紀のローマ史研究の大家テオドール・モムゼンは「ローマ化」と呼び、帝国が均質化していく過程を論述した。その後、二十世紀初頭にイギリスの学者フランシス・ハヴァフィールドが、ブリテン島をおもな対象としてこの「ローマ化」を論じ、この概念を「文明化」の意味を込めて用いた。ローマ人は征服地を支配、搾取したというよりも、「文明化」したという面の意義を強調したのである。この意味での「ローマ化」概念が、その後の歴史学研究や考古学研究、遺跡発掘作業の意義づけにもとくに問題視されることなく、一般的に使用されてきた。

しかし、一九九〇年代にはいって、ポスト植民地主義の観点を取り入れたイギリスの考古学者たちが、「ローマ化」概念は帝国主義の時代という背景から生まれたもので、多くの問題点をかかえていると批判するようになった。ローマ化概念は、「ローマ帝国主義」といういま一つの歴史概念と結びついており、ローマの征服と世界支配は何を目的になされ、どんな結果をもたらしたかという大きな問題の論争に組み込まれることとなった。

こうした学界の状況に照らすと、先に述べたイベリア半島のローマ属州の歩みには、注目すべき点がある。それは、属州バエティカの発展である。バエティカが、イベリア半島の内だけでなく、諸属州のなかでも「ローマ化」が非常に進展した地域とされてきたことである。しかし、バエティカでのローマ化進展という理解は、じつは緻密な史料や考古データの分析でできた解釈というよりも、ローマ時代の文学作品の与える印象によって形成されたといって過言ではない。そのもっとも代表的な記述は、帝政初期の学者ストラボンのつぎの一節である。

実際、トゥルデタノイ族、とりわけバイティス川周辺の住民は完全にローマ風の生活様式に変わってしまって、自分たちの言葉ももはや記憶していないような状態である。人々は、そのほとんどがラテン権を持つ身分となって、ローマ人入植者を受け入れてきたので、すべての人々がローマ人であると言っても間違いないくらいになってしまった。
（『地誌』三・二・一五）

先に紹介した、大プリニウスのバエティカに一七五もの都市的集住地（大プリニウス『博物誌』は「オッピダ」という表記をしている）があるとの記録も、そうした印象を与える記述の一つである。現在スペイン・アンダルシア地方にみられるローマ遺跡も、そうしたローマ化の著しい進展を理解させるものとなっている（第一章の写真を参照）。しかし、大プリニウスの記述にもかかわらず、実際に存在したと考えられている都市の同定を試みた研究によれば、九の植民市はともかく、それ以外の都市でローマ法上の地位を得たと確認できるものは少なく、七割以上の都市がローマ法上の地位を欠いていた。さらに、属州バエティカの「ローマ化」を再考するイギリスの学者フィアは、イタリアからバエティカへの移住やローマ市民の定着が、これまで想定されてきたよりも小規模で、バエティカからの農産物やオリーヴ油の輸出なども少なかったとみている。彼によれば、この地でつくられる貨幣は、銘はラテン語であっても図柄は先住者のものをアレンジしていて、折衷状態であるという。

実際、ローマ帝国統治下のイベリア半島では、先住者の文化、とくにケルト人の信仰を残す出土物がかなり見つかっている。破壊されたヌマンティアは前一世紀に復興され、陶器の生産がなされたが、器に描かれた図柄は非ローマ的な装飾だった。宗教や文化は先住者のそれが維持されたところが少なからずみられるのである。ローマがイベリア半島を支配下においた初期には、地域防衛と支配の安定化のための方策としてローマ風の生活様式を導入した可能性は高かろう。しかし、支配が定着していけば、ローマに信任された在地の有力者に統治の現場は任されたから、ローマの支配に反抗しない限り、在地の有力者たちは主体的に地域での「生き方」を選択しえた。その結果、在地の文化や信仰などが継続する余地は十分にあったのである。

属州バエティカのローマ化の進展については、今後評価の見直しが進む可能性がある。現段階でも、帝国ローマがこの地をローマ化しようという積極的な政策を実施したと解釈することは容易でない。例えば、カエサルとアウグストゥスの植民市建設は、ローマ化推進の観点から説明するよりも、政治・軍事面から考えるほうがわかりやすい。カエサルの政敵であったポンペイウス派の最後の拠点だったこの地をしっかりと把握するために、カエサル、そしてその後継者アウグストゥスが、自身の退役兵を植民させて監視させたと解釈できるからである。ウェスパシアヌス帝が全ヒスパニアにラテン権を付与したことについても、ローマ化を推し進めるためとみるよりも、後六九年の皇帝位をめぐる内乱で帝国「東方」から勝ちあがってきた彼が、自身の勢力を帝国「西方」に植えつけるための措置としておこなったと理解することが可能である。

ローマに信任され支配の現場を委ねられた属州の在地有力者は、ローマの後ろ盾を得てその地域支配を強めただけでなく、ローマ人として振る舞うことにステイタスを見出し、帝国内でのさらなる社会的上昇の機会をも得たと思われる。ローマ風の生活様式の導入は、ローマの政策というよりも、こうした属州エリートたちの立場と志向の結果として選び取られたものだったと考えられる。この点をいま少し立ち入って考えるために、対象を移し、カエサルに征服されたガリア地方の状況をみてみよう。

ガリアの変化

ラテン語でガリーと呼ばれる人々が暮らす土地、ガリアは、ローマの側からみて、「アルプスのこちら側のガリア」（ガリア・キサルピナ）と「アルプスの向こう側のガリア」（ガリア・トランスアルピナ）とに分けられる。ガリア人は前三九〇年頃にローマ市を攻めて陥落寸前にまで追い込んだローマ人の恐ろしい敵であったが、ローマの勢力拡大によってポー川流域に住むガリア人は前二世紀にはローマに制圧され、「アルプスのこちら側のガリア」は前四八年にイタリアに統合された。そのため、以下で取り上げるのはもっぱら「アルプスの向こう側のガリア」で、現在のフランス・ベルギー・スイス・ドイツの一部に相当する地域である。

「アルプスの向こう側」といっても、南フランスはイタリアに比較的近い。しかし、ローマの支配下にはいったのは、先述したイベリア半島の方が先であり、イベリア半島での戦争のためにローマが中継基地としてギリシア人が建てていた都市マッサリア、すなわち南フランスのマルセイユを利用したことから、ローマと「アルプスの向こう側のガリア」との直接的な関係が始まった。そして、ローマがカルタゴを破壊してポエニ戦争を終えた頃、ガリアの部族に攻められた友好都市マッサリアからの求めに応じて軍を派遣した時から、ローマ軍とガリアの諸部族との戦いが始まった。ローマは敵に打撃を与えると本格的にローヌ川より西の地域へと進出し、前一一八年には植民市を建てた。現在のナルボンヌの起源であるナルボ・マルティウスである。ナルボ周辺の南フランスの地域はローマの属州になった。プロヴァンスという今日のこの地方の名は、属州（プロウィンキア）に起源している。属州となった地域にはローマの商人や金融業者が進出し、先住諸部族を相手に営業活動をおこなって利益を手にし、住民を苦しめることがあった。

前一世紀にはいると、属州となっている南フランスよりも北の諸地域への関心が高まった。そして、第一回三頭政治のもとで、カエサルの遠征が実現したのである。カエサルは、前五八年から九年間かけて征服戦争をおこない、「長髪のガリア」（ガリア・コマタ）と呼ばれる広大な地域をローマ支配下に入れた。カエサルが侵攻した当時のガリアは、渦巻き文様などの独自の様式をもつラ・テーヌ文化を実現した社会であった。ガリア人は多くの部族集団に分かれて暮らしていた。「国家」に相当する観念を彼らが有していたかはどうかははっきりしないが、ローマ人の観察者からすれば、「キウィタス」という「国」をも意味するラテン語で表現できる集団のかたちが存在していたことになる。実際、カエサルの『ガリア戦記』にあらわれるキウィタスは、おおむね小さな部族集団の結合体であるが、政治的にまとまりつつあるものもあって、ここでは部族国家として扱うことにする。こうした部族国家には、防衛のために自然の要害をなす丘上や川の側に建てられた砦があり、ローマ人から「オッピドゥム」というラテン語で呼ばれていた。オッピドゥムには、政治や宗教活動のためだけでなく、商業活動の中心となるものもあった。南フランスがローマの属州になると、ローマ人商人がガリアにも深くはいって活動するようになり、その影響でガリアの部族国家内でも有力者の致富と大土地所有者化の過程が進んでいったと考えられる。

カエサルはガリアの中央部と北部を征服したのち、多額の貢納を毎年おさめるように要求した。しか

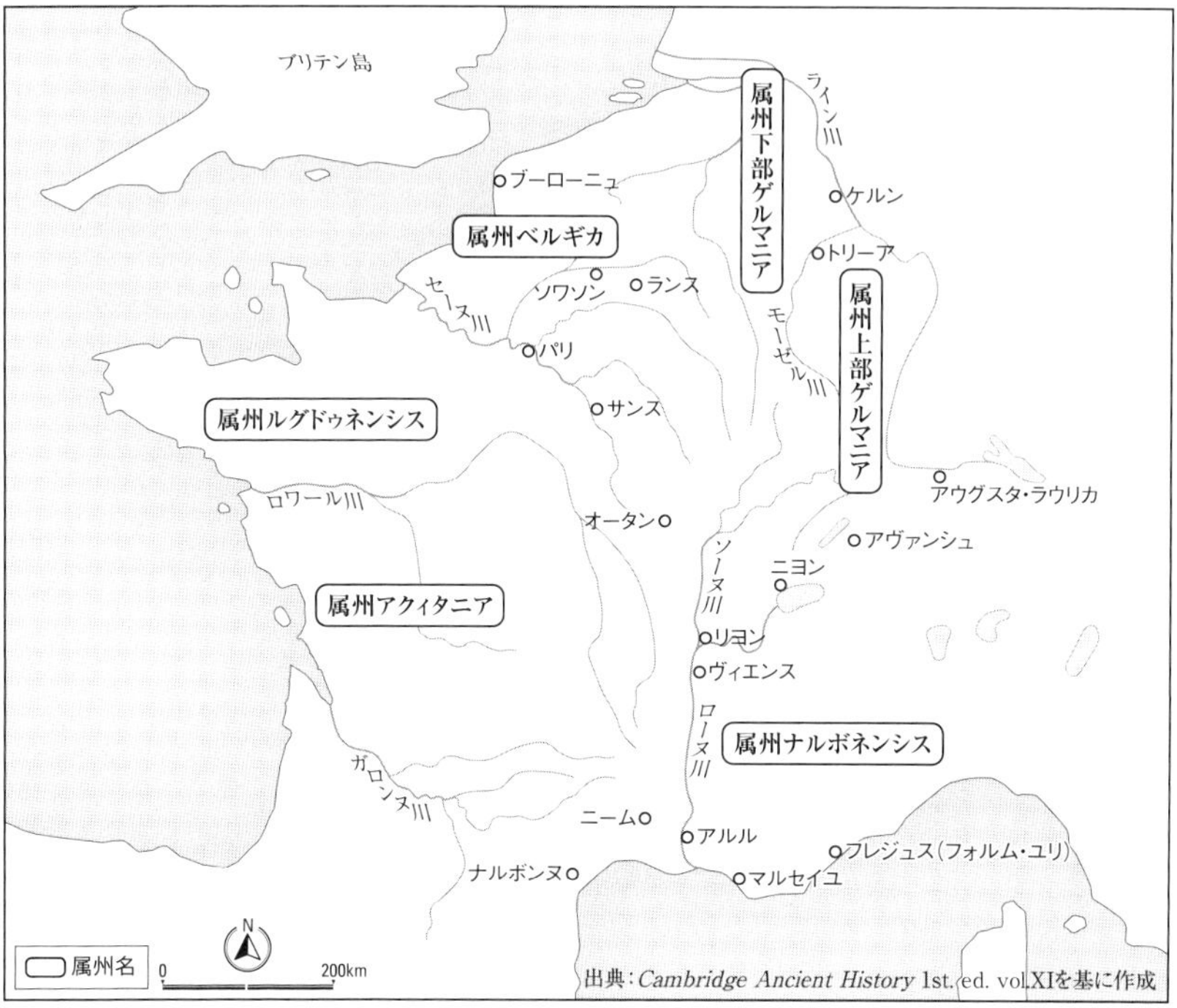
ブリテン島
属州下部ゲルマニア
ライン川
ブーローニュ
ケルン
属州ベルギカ
トリーア
セーヌ川
ソワソン
ランス
属州上部ゲルマニア
モーゼル川
パリ
サンス
属州ルグドゥネンシス
アウグスタ・ラウリカ
ロワール川
オータン
アヴァンシュ
ソーヌ川
ニヨン
属州アクィタニア
リヨン
ヴィエンヌ
ローヌ川
属州ナルボネンシス
ガロンヌ川
ニーム
アルル
フレジュス（フォルム・ユリ）
ナルボンヌ
マルセイユ
属州名
N
0
200km
出典：*Cambridge Ancient History* 1st. ed. vol.XIを基に作成

帝政前期のガリア

し、遠征中に協力した部族には貢納を免除し、ガリアの諸部族といっても扱い方を変えている。カエサルに味方した部族やその有力者たちはしだいに力をつけて、カエサルの後継者であるオクタウィアヌスがアントニウスとの戦いに臨んだ前三二年には、ガリアが全体としてオクタウィアヌスに忠誠を誓うようにまとめあげた。

内戦終了後、アウグストゥスは、カエサル時代の「長髪のガリア」にあった六〇もの部族国家を帝国領らしく編成しようとした。ガリアには、以前からの属州ナルボネンシス以外に、三属州、すなわちアクィタニア、ルグドゥネンシス、ベルギカが設置された。そして、自らガリアに向かい、属州に課税をするために「ケンスス」を実施した。ケンススは、よく知られるように、現代の国勢調査(センサス)の語源であるが、この時ローマは、住民の人口動態と資産を調査して、土地税と人頭税を課すための台帳をつくろうとしたと考えられる。しかし、こうした行動は、ローマ人にとって当たり前の行為であったとしても、土地所有権の観念をもたないガリアの人々には、当初理解できなかったと推察される。また、部族国家は境界を人為的に決められ、自治をおこない徴税を請け負う行政単位に改変された。有力者はオッピドゥムなど、旧来の中心地に居住することを求められ、部族集団の自治的生活を指導する政治支配層として位置づけられた。もはやキウィタスは独立し相争うことのできるような部族国家ではなくなり、部族の集住地区、ないし部族の中心地を意味するようになる。ガリアのキウィタスは、実情は地中海周辺地域とは相当異なるけれども、制度的には「都市」と同じ意味になったのである。

支配の協力者

カエサルやのちのローマ皇帝政府はガリアに退役兵を入植させ、植民市を建てさせた。ローマ風の公共建築物を備えた集住地も増えていった。しかし、帝政初期についてこのようにいえるのは、早くから属州になったナルボネンシスのみである。「長髪のガリア」では、カエサルの建てさせた植民市は、現在のスイスのレマン湖畔のニヨン、暗殺直前に入植を指示したバーゼル近郊のアウグスタ・ラウリカ、そしてフランスの現リヨンくらいである。アウグストゥスは植民市を建てていない。この地方での植民市建設は、第四代皇帝クラウディウスによる現ドイツ、ライン河畔のケルンの植民までなされていない。

新しくガリアに成立した諸都市は、実際の退役兵の入植ではなく、別の方法をとってローマ都市となった。既存の旧部族国家の中心地であるオッピドゥムをローマ都市に変えるという方法である。オッピドゥムのなかには、丘の頂上のような場所にあるものもあった。その場合は、その近くに新しい町を建設し、移住させることもあった。さらに、旧部族国家の中心地にローマ法上の都市の資格を与えることもおこなった。第四代皇帝クラウディウス(在位四一〜五四)は、トレウェリ族の首邑だった現ドイツ、モーゼル河畔のトリーアを植民市に昇格させたし、ウェスパシアヌス帝も、ヘルウェティ族の首邑であったヌーシャテル湖に近い現在スイスのアヴァンシュを植民市に昇格させている。

さらに、皇帝政府の力を借りずとも、部族の集住地、中心地は、ローマと友好関係を保って自らの権威を高めていた有力者によって整備され、しだいにローマ風の装いを整えていった。都市の規模は、ガリアでは異例に大きかったリヨンでも人口四万人程度で、大方は数千人程度であったが、有力者が自治

アヴァンシュの円形闘技場　復元され、催し物に利用されている。

の中心となって発展した。彼らは、領域内の政治・行政を担い、徴税もおこなった。ローマの総督といえば、都市の有力者の手に負えない問題、旧キウィタスの領域を越える問題に対応するだけで済んだ。もちろん治安の確保は属州総督の務めであったが、あらゆる業務をローマの公職者が担う必要はなかったのである。現地の有力者を味方につけて、ケリーのいう「支配の共犯」とすることにより、ローマ帝国はごくわずかな数の中央政府派遣公職者だけで広大な帝国を統治することができたわけである。

ガリア属州では、イベリア半島属州にもみられた「属州会議」がより詳しく知られている。前一二年、アウグストゥスの命を受けてゲルマニア遠征に臨もうとしていたドルススは、リヨン郊外にガリアの有力者を集めた。そして、つくらせていた「ローマとアウグストゥスの祭壇」で礼拝をおこなわせた。これは、女神ローマとまだ存命中のアウグストゥスを合わせて礼拝しようとするものであるが、これをおこなうことによって、前三二年のガリアのオクタウィアヌスへの忠誠の誓いと同じ効果が得られることは明白であった。以後、この礼拝は毎年八月一日におこなわれるようになった。同じ祭壇はケルンにも設けられた。ここで大事な点は、リヨンに集まりローマ皇帝に忠誠を誓った者たちが、キウィタスの有力者だけであったという事実である。ガリアでは、カエサルの遠征以前から、宗教指導者であるドルイドたちが聖なる場所に毎年集まる行事がなされており、ローマはそれをうまく引き継いだことになる。この礼拝の集まりは、やがてガリアにかかわる問題を話し合う属州会議の場ともなった。礼拝の祭司を選ぶだけでなく、皇帝への陳情もおこなうようになり、さらに良き属州総督を顕彰することも大事な事項だった。それゆえ、属州総督にとっては、この属州会議の開催は無視できず、属州民の側からいえば、総督に横暴な振る舞いをさせないための大事な武器となった。

ローマ帝国の為政者へ

皇帝政治の時代にはいって、ガリアでは都市が増え、商工業が盛んになり、また都市と都市を繋ぐ道路網も整えられた。また、見逃せないのが河川交通である。ローヌ川から北上してライン川、モーゼル川、セーヌ川などを使うルートは、ゲルマニアやブリテン島との物資、とくにライン沿岸に駐屯している軍隊への物資供給に重要な役割をはたし、河川を用いた商人の活動も活発になった。二世紀にはモーゼル川地方までブドウ栽培が広まり、ワイン醸造が盛んになって、イタリアに輸出するまでにいたった。陶器製造でも生産地がガリアを北上していき、二世紀の終わり頃にはモーゼル川沿いの地域で、ガラス器製造もライン沿岸の地域で盛んになされるようになった。

こうして都市の形成とイタリアを凌ぐほどの経済的発展をみせたガリアであるが、もちろんおもな産業は農業だった。この点について、ガリアで注目されてきた事象にウィッラの発展がある。ウィッラは、田舎の貴族の別荘という意味だけでなく、都市郊外につくられた農業屋敷という意味もあるが、ガリアでは後一世紀の後半から発展した。二世紀にはいると、石造りのしっかりした邸宅があちこちにつくられるようになった。現在のベルギーに相当する属州ガリアの北辺に近い地域でも発掘されているほど、ウィッラは広範囲な展開をみせている。

こうしたウィッラの所有者は、通常は近隣の都市に住む有力者だった。彼らはローマ風の生活を志向し、屋敷では古代ギリシアの神話芸術をモチーフにした床モザイクや彫刻に囲まれて暮らした。ラテン語のガリアにおける普及は早く、現フランスの中部の都市オータンが、古典教養を学ぶことのできる町として有名であった。ローマ時代にアウグストドゥヌムと呼ばれたオータンは、前一五年に「アウグストゥスの砦」というその名のとおり、アウグストゥスによって築かれた町であった。ガリア中央部に居住したハエドゥイ(またはアエドゥイ)族の中心集住地ビブラクテが丘上のオッピドゥムであったため、アウグストゥスはその近くに新たに町をつくらせたのである。オータンは道路網の発展のおかげで栄えるようになり、現在も、劇場や門等の遺跡が残る。このオータンの町には、ローマ時代、修辞学の学校が開かれていて、ガリア人貴族の子弟が勉強にきていたことが、タキトゥスの主著『年代記』の第三巻に伝えられている。後期ローマ帝国時代には、この町で修辞学はますます発展し、注目を集めることとなる。

オータンに残る
ローマ時代の門

このオータンのような町が数多くガリアにあったと考えることは難しいかもしれないが、南のナルボネンシスだけでなく、中央部、北部のガリアでも都市にはローマ風の生活様式が伝播し、修辞学的教養をもつ「ローマ市民」が活躍していたのである。こうしたガリアの都市から有力者がローマ中央政界へ進出したのは当然だった。タキトゥス『年代記』第一一巻が四八年のできごととして伝える記事の内容は、まさにこの点での画期を示している。タキトゥスによれば、この年、「長髪のガリア」の「高貴な人々」が帝国の公職に就任することを求めたので、元老院で議論がなされた。帝国の公職に就くということは、エリート集団の集いである元老院にはいることを意味する。これについて、元老院内の反対派はつぎのように主張した。イタリアは元老院を補えないほどに人的資源に窮しているわけではないのに、今でも多くの属州人が元老院に乱入している。彼らの祖先はわが国家の敵だったのであり、これ以上多くの異国の人々を元老院に入れて、ローマを占領された都のようにしてはならない、と。

これに対して、時の皇帝であったクラウディウスは、全面的に反論する演説をおこなった。そして、元老院で決議がなされ、ハエドゥイ族の要求が認められた。この時のクラウディウスの演説を刻んだ銅板が、一五二八年にリヨンで見つかっている。これは、非常に美しい文字でラテン語の銘文が刻まれたもので、現在リヨンの劇場遺跡のすぐ側にある「ガロ・ローマン美術館」で展示されている。銘文は、タキトゥスの記述の信憑性を考えるための史料であるのはもちろんのこと、それ以上に、当時の皇帝政府の政治観、帝国観を知ることができる点で重要である。さらに、これを刻んだガリアの人々の心性をも間接的に理解することができる点でも興味深い。

この銘文(『ラテン碑文集成』第一三巻の一六六八番に所収)によれば、クラウディウス帝は即位前から親しんでいた歴史の知識を動員しつつ、ローマ国家が王政の時代からいかに多くの人材や体制を外部から移入してきたかを丁寧に述べた。そして、神君アウグストゥスも伯父ティベリウス帝も植民市や自治市の華を元老院におきたいと希望しており、「属州の人であっても、もし元老院をかざることさえできるのなら、私は彼らを決して拒否することはないと考えている」と語る。さらに皇帝は、たしかに彼らガリアの人々は神君ユリウス・カエサルと一〇年間戦ったけれども、その後の一〇〇年のあいだローマに信義を示し服従してきたではないかと、反対意見を論駁しようとしているのである。

こうして、属州ナルボネンシスだけではなく、「長髪のガリア」からも元老院にはいる人々があらわれた。早くからローマ帝国の統治下にあったナルボネンシスの都市の有力者が元老院にはいり、帝国の統治の要職に就くようになったことはいうまでもない。そもそも、上記の記事を伝えるタキトゥス自身が、氏族名や筆風は共和政期の伝統をうかがわせるものの、今日の学説ではガリア南部の家系の出と推測されている。彼の妻の父でブリテン島の北部まで属州総督として軍を率いたグナエウス・ユリウス・アグリコラも、同じくガリア南部のフォルム・ユリ(現フレジュス)の出である。その名のとおり、フォルム・ユリはカエサルの創建にかかるものであった。タキトゥスにしてもその岳父アグリコラにしても、それぞれ最高公職たる執政官に達したが、その家の祖先に執政官になった人物がいたわけではなく、まったく新興の家柄だった。

イベリア半島の都市有力者と並んで、ガリアの出身者が元老院へ一世紀後半にはたくさん加わるようになり、ローマ帝国の政治支配層を形成することになった。ドヴレカーの調査によれば、アグリコラとタキトゥスが活躍したドミティアヌス帝の治世(八一〜九六)において、出身地の知られる元老院議員の約六割がイタリア出身家系、四割が属州出身家系の出であり、一七三名の属州出身であることがわかる議員のうち、もっとも多いのがイベリア半島出身六〇名、ついでガリア出身の三七名であった。こうした中央政界参入の延長上で、二世紀前半の一三八年、ネマウスス(現フランス南部の都市ニーム)出身家系のティトゥス・アウレリウス・アリウス・アントニヌスが皇帝位に就く。のちにアントニヌス・ピウス帝と呼ばれる人物である。彼の家は、父方祖父も母方祖父もそれぞれ二度執政官職に就いた、まさに名門といってよい元老院貴族家系である。そして、このアントニヌスが妻とした女性は、イベリア半島家系の出で、ウェスパシアヌス帝によって貴顕貴族に列せられ、生涯三度も執政官職に就いたマルクス・アンニウス・ウェルスの娘であった。このウェルスこそは、アントニヌス帝の跡をおそったマルクス・アウレリウス帝の父方祖父である。

こうしてみてくると、帝国最盛期の五賢帝時代は、イベリア半島とガリアの出身家系の人材が帝国統

オータンのヤヌスの神殿　ローマ時代ガリア特有のかたちをした神殿の中央部分だけが残ったもの。

治体制の頂点に立った時代であったことになる。「ローマ人」は故地ローマ市だけでなく、イタリアからも遊離して、普遍的な存在になっていた。そんな時代のローマ人の帝国を指導したのは、かつてローマ帝国に征服された地域の有力者家系出身の「新しいローマ人」たちだったのである。

在地有力者の選択

以上でみたように、ガリア諸属州では、ローマ征服後に順調に都市化が進展し、都市やウィッラを中心にローマ風の生活様式が普及、定着したと理解できる。「長髪のガリア」から中央政界にはいった者は、南のナルボネンシスの諸都市に比べれば圧倒的に少なかったことをつけ加えねばならないが、それでもガリア出身者の存在意義は大きい。ガリアは、イタリアを凌ぐほどの産業の振興に加えて、修辞学というローマ人の高等な学問を教授する立場の人物の登場をもみたのであった。

しかし、一方で征服以前の先住者の宗教や文化も残り続けたことも知られている。ガリアの人々は、かつてのゆったりとしたズボンを着用することをやめてローマ人の服装を取り入れ、ローマ風の公共浴場や娯楽を楽しむようになったが、信仰や文化の面では固有のものを維持し続けた。人々はローマの神々を受容しながら、ガリアの神々と同一視して崇拝した。例えば、ローマの神アポロは、ガリアの水の神と同一視されて、アポロ・ボルウォとして信仰されたのである。ローマ征服以前に勢力をもっていたドルイド神官たちは、ローマ皇帝によって「野蛮」を理由に殲滅されたが、ローマ帝国はドルイド神官たちが先住者の反抗の指導者となることを恐れてこれを除いたのであって、先住者の信仰を禁圧したわけではなかった。

ローマの世界帝国としての意義を語るとき、ローマ化は重要な論点をなしてきた。しかし、イベリア半島でもガリアでも、都市化やローマ風の生活様式の受容は十分認められるものの、それらを実践したのは、帝国統治下で力をもち、支配の共犯となっていた在地の有力者に限られていた。また、属州でローマ風の生活様式や宗教、文化を取り入れるか否かは、在地の指導者である有力者の選択に任された。属州エリート自身にとっては、ローマ風の生活様式を導入し「ローマ人」として振る舞うことは、彼らのステイタスを周囲の民に認知させ、さらなる社会的上昇を遂げるために必要な条件であった。彼らは、支配されつつ、支配していたのである。

3 フロンティアの実態

ブリテン島の征服と支配

では、ローマ帝国はどの程度の推進力をもって征服地を変えた、あるいは変えようとしたとみることができるのだろうか、さらにこの点を検討してみよう。

すでにふれたように、二十世紀初めに活躍したローマ史研究者で考古学者でもあったハヴァフィールドは、ローマ帝国支配期のブリテン島について、モムゼンが初めて用いた「ローマ化」という概念を積極的な意味に用いて説明した。その著書『ローマ時代ブリテン島のローマ化』において、地域による違いはあるにしても、「ローマ帝国は迅速かつ効果的に属州の人々を、秩序正しく合理的な文明へと同化させた」と述べた。ハヴァフィールドにおいては、「ローマ化」は「文明化」と同義とされ、ブリテン島ではローマ化、文明化が実現したと論じたのであった。その後の考古学研究、発掘作業はこのハヴァフィールドの認識を基礎において進められ、ローマ軍が駐屯した陣営や要塞、ローマ人が移住したり先住者がローマ市民権を得てローマ風の生活様式を取り入れたりした都市、都市郊外のウィッラなどで、積極的な発掘活動が展開されてきた。したがって、ローマ帝国がどこまで征服地を変えたのか考える際には、このイタリアから遠く離れたフロンティアの属州であるブリテン島こそ、極めて適切な検討対象といえる。以下では、ローマ支配下のこの島の歩みを具体的にみてみよう。

ブリテン島には、ローマの商人が前二世紀以降、錫を買いつけるために訪れていた。しかし、本格的

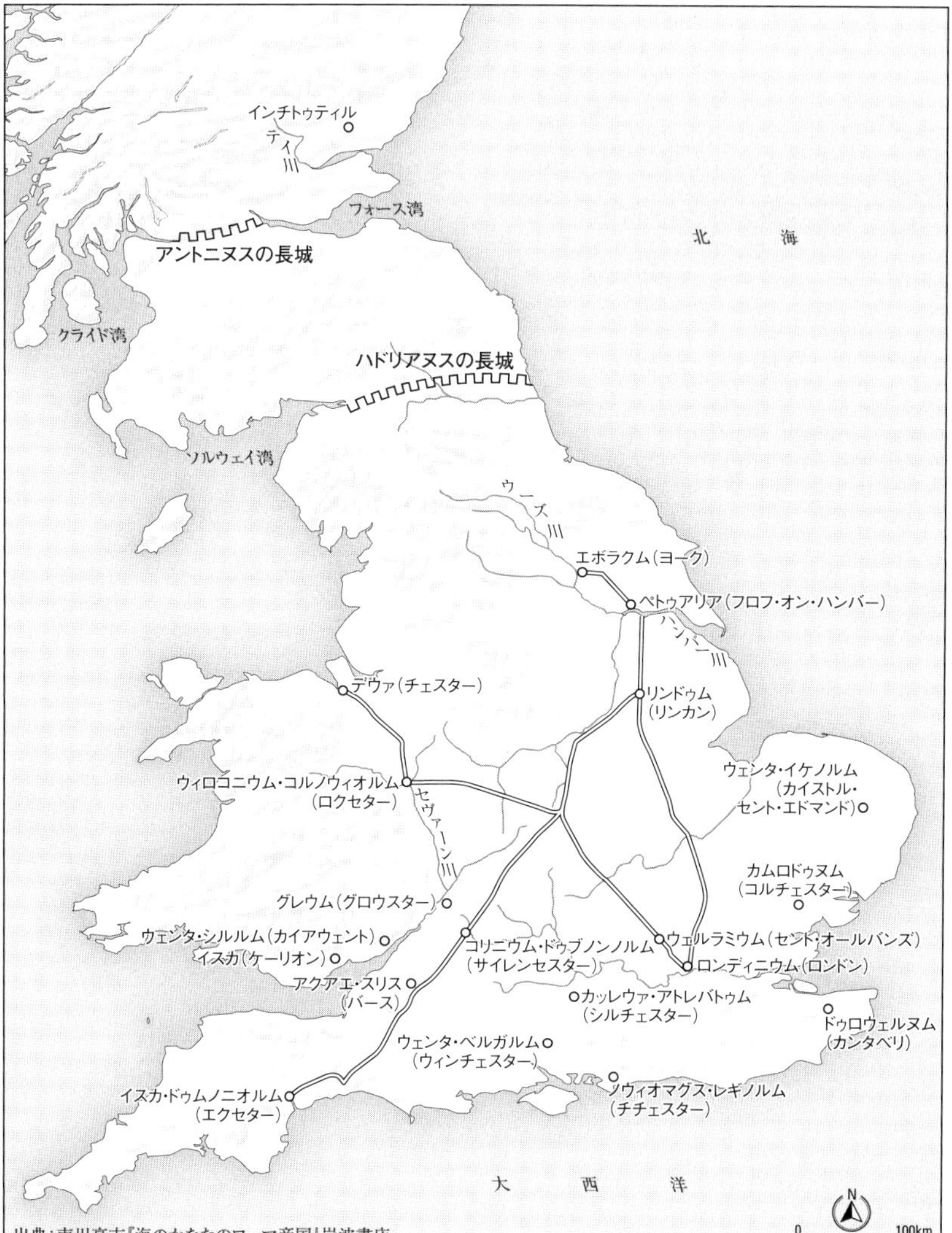

出典：南川高志『海のかなたのローマ帝国』岩波書店

ローマ帝国統治下のブリテン島

な交流はカエサルによって始まる。カエサルは、ガリア征服戦争のあいだ、前五五年と前五四年の二度にわたり、軍団兵を船に乗せて英仏海峡を渡り、作戦は上首尾ではなかったものの、島に関する多くの情報を持ち帰ることができた。

カエサル暗殺後の内乱の日々が、ブリテン島をローマの政治家たちの関心からしばらく遠ざけていたが、第三代皇帝カリグラ(在位三七〜四一)の時代に島への遠征計画が浮上、ブリテン島の王族の亡命を受けて、皇帝は軍を集めた。しかし、急に遠征は中止となり、皇帝も暗殺されてしまって、計画は一時消えた。つぎの皇帝クラウディウスは、即位前の政治経験がない弱点を克服せんとするかのように、前皇帝の準備を受けて、ついに即位二年後の四三年に遠征を実施した。総勢四万のローマ軍が海峡を渡ってブリテン島に上陸し、さえぎる先住民の軍を退けて、有力部族カトゥウェッラウニ族の首邑であるカムロドゥヌムを占領、皇帝自身も親征して、属州ブリタンニアの設立を宣言した。その後、ローマ軍は西と北へ進軍し、征服地を広げた。

ネロ帝治世の六〇年、カムロドゥヌムで起こった先住民の反乱「ボウディッカの乱」では、カムロドゥヌムのみならず、ローマ人やその友好的な先住民が暮らすロンディニウム(現ロンドン)とウェルラミウム(現セント・オールバンズ近郊)の二都市も焼き討ちされた。この規模の大きな反乱が鎮圧されたのち、ローマ軍は再び北上を続けて、タキトゥスの岳父アグリコラが属州総督の時に、イングランドとウェールズの支配を確認した後、スコットランドへと侵攻した。ローマ軍の最先端はハイランド地方にまで進んだ。

だが、ドミティアヌス帝によるアグリコラのローマ市召還後、島の北部の支配は行き届かず、ローマ帝国は二世紀にはいるとスコットランドから軍をイングランド北部に戻した。そして、一二二年、島を訪れた皇帝ハドリアヌスは、東のタイン川河口から西のソルウェイ湾岸まで、島を東西に走る防壁の建設を命じた。いわゆる「ハドリアヌスの長城」である。ハドリアヌス帝の跡をおそったアントニヌス・ピウス帝は、一時スコットランドに軍を侵攻させ、スコットランド南部に「アントニヌスの長城」を築かせた。これは、石づくりのハドリアヌスの長城と異なり、溝と土塁から成るものであった。二世紀の後半になるとアントニヌスの長城は放棄され、再びハドリアヌスの長城がローマ軍の軍隊駐屯線となった。以後、ローマのブリテン島支配は四世紀末まで続く。

属州ブリタンニアの「ローマ化」

ローマがブリテン島征服作戦をスコットランドまで進めていた一世紀の後半、時の属州総督アグリコラがどのように統治したかを、その女婿タキトゥスが著書『アグリコラ』に記述している。

このあとに続いた冬は、公共福祉の面での構想を実現するために費やされた。この地方の人は、てんでに散らばって住み、粗野な生活を営んでいるためすぐ手軽に戦争を起こす気持ちになる。こうした民族を快適な生活を通じて、平和と憩いになじませようと、あるいは個人的に説得しあるいは公的に援助したりして、神殿や市場や家を建てさせた。張り切っている者らを励まし怠けている者らを叱正《しっせい》した。こうして彼らは褒賞を目指して張り合ったので、こちらが強制する必要もなくなった。さらにアグリコラは酋長の子弟に教養学科を学ばせ、資性に磨きをかけ、「ブリタンニアの人たちの才能は、ガリアの人たちの熱意より高く評価される」とおだてたものである。その結果、いままでローマ人の言葉・ラテン語を拒否していた人まで、ローマ人の雄弁術を熱心に学び始めた。こんな風にしてローマの服装すらも尊重されるようになり市民服が流行した。

（第二一章　國原吉之助訳）

この文章は、ローマ人が征服地における施策をどのように考えていたかを示す箇所として、歴史学界では非常に高く評価されてきた。ここには、先住者の散居状態のもつ欠点の指摘、神殿や市場、そして何より家を建てさせること、ラテン語を覚えさせ、修辞学をはじめとする教養を身につけるようにさせること、ローマ風の服装、正装である市民服（トガ）を着用することなどが記され、「ローマ化のカタログ」とまで呼ばれてきた。この簡単な文章は、ブリテン島、さらには征服地全般におけるローマ支配のありようの探求に大切な史料となった。

しかし、一九八〇年代になってイギリスでは、考古学者は『アグリコラ』の一節のようなローマ人エリートの書き残した文章や歴史研究者の議論に隷従し、発掘でその補完をしているだけではないか、都市や軍の要塞、ウィッラなど、ローマ人の活動跡の発掘ばかりでよいのか、などの疑問や批判が出された。そして、田園地帯の発掘も進み、ブリテン島全体にわたる「ローマ風」の実態について、ハヴァフィールドの主張とは趣の異なる解釈が示されるようになった。一九九〇年代にはいると、ポスト植民地主義の立場の考古学者から、ハヴァフィールドが「文明化」と同値した「ローマ化」概念は、当時の帝国主義と結びついていると批判されるようにもなった。ハヴァフィールド自身が研究の意義を同時代のイギリス帝国の政治と結びつけて語っていたことがやり玉にあげられ、一部の考古学者からは、「ローマ化」は帝国主義的言説、植民地主義的言説と指弾された。

ここでは、こうした論争を念頭におきながらも、ローマ帝国の支配下にあったブリテン島はどのような状況にあったと考えると良いのか、検討を試みたい。

属州の実態

ローマの支配が定着した二世紀、ブリテン島には数多くの都市が存在した。先住者の部族国家時代の首邑が、ローマ帝国の行政の単位としての「都市」になっていることは、イベリア半島やガリアでみたのと原理的に違ってはいない。しかし、都市的定住地の規模や性格は異なる。

ブリテン島のローマ属州に所在した都市のうちで規模がもっとも大きなものは、ロンディニウム、つまり現在のロンドンの起源となった定住地である。しかし、この町はローマ皇帝政府やローマ軍が築いたものではなく、またローマ到来以前から部族の大きな定住地として存在したものでもない。属州成立後にローマの商人などが集まってできあがったものである。ボウディッカの反乱で消失したが、その後再建され、アルプス以北では最大規模を誇るバシリカ(公会堂などとして使われる公共建築物)が建てられ、フォルム(広場)も公共浴場も剣闘士競技場も設けられた。ただ、この島最大の都市ロンディニウムすらも、市壁に囲まれた面積が一三三・五ヘクタールで、ガリア北部の中心地トリーアの二八〇ヘクタール、南フランスのニームの二二〇ヘクタールに到底およばなかった。ブリテン島内では、ロンディニウム以外に一〇〇ヘクタールに達する市壁面積をもつ都市はなかった。そもそも一〇ヘクタール以上の市壁面積をもつ都市も、ロンディニウムと「ムニキピウム」などの法的資格をもつ五都市、そして部族国家の首邑から発展した都市のうちの一四に限られた。五〇〇〇名程度の兵士で構成されるローマ軍の

イギリス中部、ロクセターに残るバシリカ(公会堂)の遺跡

正規軍団の要塞の面積がおおむね一六〜二〇ヘクタールであるため、属州ブリタンニアの大方の都市は正規軍要塞の大きさをほとんど越えない規模だったと見積もることもできる。

都市の大きさだけでなく、住民の性格や活動も、属州ブリタンニアと大陸属州とは開きがあったようである。五賢帝時代が終わってまもなくの二〇〇年頃に執筆されたガイウス・ユリウス・ソリヌスの地誌概略には、「この島(ブリテン島)の住民は古来の習慣を維持し、貨幣を使うことを拒み、ものの授受ですませている。貨幣で購入するよりも交換で必需品を手に入れているのだ。彼らは神々の崇拝に熱心で、男も女もともに将来のことを予見する知識をもっている」と記されている。この記事をもって、かつてはブリテン島住民の未開ぶりが強調されてきたが、そのような解釈は今日適切ではないとされている。しかし、この記事がまったく誤りであるという証拠がないので、島全体にわたってローマ風の経済活動が定着したとみることにも無理がある。

ガリアと同様にブリテン島でも、田園地帯にウィッラが発達した。現在のコッツウォールズ地方などに、チェドワースなど多数の遺跡がみられる。それらのウィッラ遺跡や出土物からは、古典古代特有の神話を素材にしたモザイク画を使った装飾床などを好んだ当時の有力者たちの豊かな生活と好みが観察される。しかし、それを享受したのはごく限られた人々にとどまった。しかも大陸に比して発展の時期が遅れていて、ブリテン島では四世紀にウィッラの最盛期を迎えている。その頃、すでにこの島の都市の方は衰退が始まっていた。都市を育て繁栄させるはずの有力者が、都市に投資せず、郊外の自邸に投資していたのである。このずれは、北辺のローマ帝国領で、都市的な生活が十分根づかなかったことを示しているのである。

また、都市は数多くできたが、大陸属州にみられるような都市の有力者が帝国政治に参加していく過程を、この属州では確認するのが難しい。ローマ時代ブリテン島に関係する人物を精査したアントニー・バーリーがかろうじて推定している二氏以外に、元老院議員になった者は見出せないのである。帝国エリートがあらわれるまでにローマ風の生活様式が浸透することはなかったのであった。

この属州では、軍隊と軍事の占める要素が極めて多い。兵士が道路や町、防壁をつくった。ブリテン島には三正規軍団が駐屯していたが、彼らは在勤中に行政にも駆りだされた。この属州の総督は四五〇名ほどの部下をもっていたと考えられるが、そのほとんどは退役兵であった。兵士たちは、島の北部のローマに従わぬ人々との戦闘だけでなく、内乱になれば動員されて大陸へと渡り戦った。ローマ皇帝政府やその競争者(反乱者)は、この島が未征服地をかかえて軍を多数配置していることを熟知し、内乱とあればその軍を頼ったのである。そのため、この島を発掘すれば軍の駐屯地や防壁に豊かなローマの遺物を見出すことができるが、それでハヴァフィールドのいうような「文明化」が実現していたことを証明したことにはならないのである。

しかも、フロンティアのローマ軍陣営で実現したとされる「ローマ風」もまた、それを支える人々の心のありようは、イタリアなどとは異なるものがあった。それをよくあらわすのが宗教である。イングランド北部のハドリアヌスの長城付近で見つかった神々への奉献碑文や祭壇などからは、この地に駐屯した軍隊の隊長クラスを含めたローマ軍兵士が、ブリテン島の地元の神とローマの神とを折衷したり習合させたりして礼拝していたことがわかるものが多数見つかっている。この北辺では、「ローマ」はいわば純粋なカテゴリではなかったのである。そして、そうした状況をともないつつ、平和を実現させていたのが、完成期のローマ帝国なのであった。

フロンティアでの生活

近年のある研究によれば、属州ブリタンニアでは、八三パーセントの住民が田園地帯に居住し、大きな町に住む者が五パーセント、これに小さな都市的定住地に暮らす者も加えると一三パーセント、兵士や兵士の家族、関係者が四パーセント、という。田園居住者が九割と見積もる研究者もある。大半の住民は、田地や牧地で暮らし、日常生活の基本はローマ人到来以前の鉄器時代の延長上にあったと考えられる。ローマ風の生活が実現していたのは、ローマ軍兵士が駐屯する要塞・陣営とローマ風の農業屋敷、すなわちウィッラ、そして大きな町と推定できる。ここで取り上げるにふさわしいのは、都市化という論点からみて「大きな町」であるが、ブリテン島では、最大都市ロンディニウムと植民市(コロニア)の地位をもつ四都市、自治市(ムニキピウム)のウェルラミウム(セント・オールバンズ付近)、そして自治の単位となったキウィタスの首邑の町々がそれに該当する。

まず、ローマ風の生活に欠かせない公共施設の有無を調べてみよう。ロンディニウムをはじめ、ブリテン島属州の規模の大きい都市的定住地の二一箇所のほとんどに、フォルムないしバシリカ、公共浴場、そして神殿が確認されている。しかし、イングランド北部とウェールズ地方の都市にはフォルムないしバシリカが確認できない。また、驚くべきことに、最初の植民市であるカムロドゥヌムには公共浴場が存在しなかった。

公共浴場とともにローマ人の娯楽施設の代表といって良い、剣闘士競技会をおこなう円形闘技場は、規模の大きいものはみられないものの、各地に築かれていた。盛土で基礎をつくり、木造の座席を設けたものであり、石づくりの恒久的施設として築かれたものは一つもない。植民市となったリンドゥム(現リンカン)には円形闘技場がなく、エボラクム(現ヨーク)での存在も疑われている。一方で、軍隊要塞の郊外や要塞の周辺に円形闘技場がつくられており、この属州の軍事的性格の強さをあらわしている。劇場は、八カ所に確認されるが、劇場専用の施設はカムロドゥヌム付近にあったもの一つだけで、ほかは闘技場を兼ねる施設だったことがわかっている。

以上に述べたような施設が、イタリアを遠く離れたフロンティア属州でも存在し、ローマ風の生活や娯楽が実践されていた。先に引用した二世紀のソリヌスの記述とは異なり、多くのローマ貨幣がブリテン島各地から出土していることは、都市の有力者をはじめとする一定の属州住民にローマ風の生活が浸透していたことの証左となろう。ローマ風の生活を実践することは、このフロンティア属州で生きる人々にとっても、必要なことであった。もっとも、島の住民がローマ風の生活をごく自然な環境と認識するまで受容していたかは、また別の問題である。イタリアの精巧な陶器が島にもたらされ使用されたことは出土物でわかるが、古代の終焉期に轆轤《ろくろ》使用の陶器が帝国中でもっとも早くこの島から消え去り、手びねりの土器に回帰してしまったことが知られているが、ローマ風の生活の基盤となるものが十分には定着していなかったことを容易に推察させる。

ブリテン島は、イタリアとは気候風土が異なる最北の属州であった。その属州でも、ローマ人は都市をつくり、公共建築物を建ててローマ風の生活を実践できるようにした。都市生活者を中心にして「ローマ人の世界」が一定程度できあがったことは確認できるのである。しかし属州総督アグリコラがローマの教養学科を学ばせようとしたのが「酋長の子弟」であったように、ローマ風の生活の受容者、担い手は在地の有力者であった。田園地帯の住民にまで「ローマ」が広く浸透したとはいえないのである。

以上、イベリア半島、ガリア、ブリテン島の状態を説明してきた。これらの地域は、共和政の後半期から元首政の初期に帝国の支配下にはいった。被征服地の人々は隷従の日々を送ることになったが、時とともに支配下の人々の状況も変わった。とくにローマを支援した先住者の部族の長は、その力を強めたとさえいえる。ローマ人がくる前、これらの地域では部族間抗争が激しく、争いが継続することで、部族の長の地位は非常に不安定だったが、ローマの征服によって帝国制度に組み込まれ、事実上私的な争いを禁じられた結果、部族の長の地位や状況は、部族の外に対して安定するようになり、同時に部族の長はローマの支援と保障を得て、部族集団の内部に対してもその権威と権力を増大させることができたのである。先住者は、帝国が完成していくにつれ、服従する者から協力者そして支配の共犯となる有力者と、帝国からも地域有力者からも支配される者へと分岐していった。

ローマ帝国は、属州の在地の有力者、とくに都市の有力者を通じて支配を安定化させた。属州の人々もローマ風の生活様式を取り入れることでローマ人として生きることの価値を見出し、社会的上昇を願った。被支配者、抑圧された者たちが支配者であるローマの側に立ち、その恩恵を受けつつ支配に「同意」するようになった。さらには支配者となることもあった。ただし、ローマ帝国側に征服地をローマ化するという積極的な意志や一貫した政策を見出すこと、またローマ化の広範囲な浸透を認めることは非常に難しいともいえる。

4　帝国に生きる

ローマ皇帝の統治と帝国東半地域

前節までみてきたイベリア半島、ガリア地方、ブリテン島には、もともと都市が未発達の地域が多かった。おもに部族国家に人々が暮らしてきた地域に急にローマの制度が持ち込まれ、都市が創出されていったのである。征服地の大方の住民は、なかば強制的に新しい制度の世界に放り込まれたのだった。

ところが、同じようにローマに征服された帝国領の東半地域には、ヘレニズム時代以来数多くの都市が存在していた。とくにギリシア本土から小アジア西部にかけての地域には、古典期以来の都市制度と都市的生活の伝統を有するギリシア人の町々が多数存在していた。この地の人々はローマ支配にどう対処し、ローマ帝国をどう生きたのだろうか。すでに第二章の最後の部分で若干ふれられているが、さらに立ち入って解説してみたい。

アウグストゥスによる帝国統治の開始とともに、属州総督や軍団司令官などの公職者が皇帝の指示で各地に派遣された。中央集権的なシステムで統治がなされてはいたが、皇帝政府から送られる総督などの官僚的な公職者は、じつはわずか三〇〇名ほどだった。ローマの属州統治はその大半を、その地の都市に頼っていたのである。

元首政の時代、赴任した属州総督は、共和政時代の悪名高い属州シチリア総督ウェレスのごとき現地住民を搾取するボス的存在ではなくなり、皇帝の臣下として行政を執りおこなう役人といってよい存在となった。二世紀初頭、トラヤヌス帝治世に属州総督を務めた小プリニウスは、その書簡をみる限り、じつにこまごまとした問題までも扱い、またその解決のために頻繁に皇帝の判断と指示を仰いでいる。しかし、小プリニウスが属州総督として用いた部下の役人はせいぜい一〇〇名程度と推測されている。また、彼のような細やかな対応を他の属州総督はしなかったとも学界では考えられている。中央から派遣される総督は、現地で住民から請願がなされて初めて、行政上の問題への関与を開始したにすぎないのだった。属州の防衛や領内の秩序維持など、軍事力にかかわる問題を別にして、都市の問題は都市に委ねるのがローマ帝国の原則となっていた。では、その都市はどのように行動し、ローマ帝国下で存続をはかったのだろうか。

帝政前期のギリシアと小アジア

元首政期、ギリシア本土も小アジア西部もローマ帝国の属州とされていたが、都市には自治が認められていた。ギリシア人の都市には伝統的なアルコンなどの公職や民会（エクレシアないしデーモス）、そして評議会（ブーレー）があり、裁判権も立法活動もおおむね従来と同じように備わっていた。しかし、これらの都市の状況が古典期の頃と同じであるわけではなかった。例えば、アテネなどごくわずかの都市がローマと条約を結んだ同盟市となっており、属州総督の管理から自由・独立である自由都市も四〇あまり存在したが、それらとて、ローマ帝国はいつでもその自由・独立を取り上げることができた。もはや武力をもたない都市は、ローマに従うしかなかったのである。自由都市といっても、ローマ法上では「庇護民」と同じであった。

そうした弱い立場の都市をローマ国家が重視したのは、帝国西半地域の場合と同様に、都市を帝国統治の単位とし、その自治を利用して行政をおこなわせようと考えたからである。都市は、租税の徴収や労働力の提供、そして徴兵を帝国政府から求められており、その責任は都市の有力者が負っていたが、有力者たちはこの重い責任をはたすかわりに都市の運営の権限を帝国から認知された。そして、ローマに与えられた権威と権限でもって都市を支配したのである。都市の有力者たちはローマ皇帝や元老院などに使節を送り、さまざまな陳情をおこなった。帝国西半地域でみた帝国支配をめぐる共犯の関係は、帝国東半でもシステムとして存在していたといえよう。

都市と帝国、都市と都市

ギリシア人都市では、伝統に従い、都市の運営や諸活動をできるだけ自分たちで担いたいという希望が強く、ローマの属州総督による介入は避けたかった。先述したように、属州総督の態度は消極的で、都市に任せるところが大きかったが、それは都市側には歓迎すべきことだった。しかし、緊張を解くことはできなかった。二世紀前半に活躍したギリシア人作家プルタルコスは、第二章でも言及された『政治家になるための教訓集』という作品のなかで、これから都市政治にかかわる若者に対し、ギリシア人に与えられている自由は虚しいものであり、都市の政治家となる者は自分たちの頭上にローマ人の軍靴があることを忘れず、ローマ人の与えるリズムや韻律をはずしてはいけない、と述べている。そして、いまや戦争もなくなり、支配者が認める限りの自由も与えられているから、政治家に残されている唯一の使命は、都市内での協調と友好に努め、外部からの介入を招くような闘争や不和を除くことだといい切るのである。この作品では弁論術の大切さが語られているが、実際のところ、それは政治家が雄弁でなければならぬ、使節となり雄弁を用いて都市に貢献しなければならぬという気高い目標を語っているだけではなく、都市の内輪もめを防ぐ手段として雄弁が必要だったからでもある。

ローマ帝国支配下のほかの都市と同様に、ギリシア人都市も重要な公職は都市有力者のメンバーによって占有されており、古典期の民主政ポリスとは異なっていた。民会は重要な役割を担ったが、都市の運営自体は、帝国西半の諸都市の都市参事会員に相当する都市有力者たちが指導した。しかし、ローマ帝国支配の共犯となって都市を支配する有力者たちは、一方で自己資金を拠出して都市の整備と美化、文化活動にも取り組んだ。自治の伝統がある帝国東半の都市では、西半の都市よりもより一層、有力市民の恵与行為が都市の繁栄を支えていたと考えられている。二世紀中葉のアテネの富豪で元老院議員にもなったヘロデス・アッティコスが建て、現在も使用されているアクロポリス麓の劇場など、富裕な有力市民の寄贈による施設の跡を、今日でも各地にみることができる。公共建築物の遺構ばかりでなく、寄贈の記録やそれに対する顕彰文を刻した碑銘も数多く残されている。こうした有力者の大盤振る舞いに、都市に暮らす一般民衆も裨益《ひえき》するところが大きかった。

ただ、こうした都市有力者のおこなった恵与行為の意義については、学界で評価が分かれている。都市は財政状況が厳しいため有力者の資金提供に寄りかかっていた、と長らく考えられてきたが、小アジア西部を対象とした近年の研究は、都市が独自の税収もしっかり確保していて、有力者の恵与行為に頼る必要はあまりなかったと主張する。都市によって財政事情が異なると思われ、一般化は難しいが、都市財政状況の如何にかかわらず、都市有力者は都市に貢献しなければならなかったことは確かである。

アテネ、アクロポリスの下に残るヘロデス・アッティコス劇場
現在も使用されている。

都市の一般民衆は、自分たちを支配する彼らがさまざまな恵与を施すことを当然とみていたからである。

ところで、本章ではローマ帝国の支配を「帝国」対「被征服地(ないし都市)」という図式で説明することが多かった。上述のように、帝国東半についても同じように論じてきた。だが、帝国東半、とくにギリシア本土や小アジアの都市については、別の構図を念頭におかなければならない。それは都市同士の対立である。古代ギリシアのポリス世界では都市国家間に戦争が絶えなかったことが有名だが、ローマ帝国統治下では武器をとっての争いは禁じられた。しかし、都市のあいだには激しい対抗意識があり、さまざまな競争がなされた。公共建築物を建てたり競技祭を催したりすることで激烈な競争を展開したのである。

タキトゥスは『年代記』において、ティベリウス帝治世の二六年、小アジアの一一もの都市が、ローマの元老院に神殿を建てることを争って訴え出た事件を記している(四、五五〜五六)。諸都市は自分の町の由緒ある起源や恵まれた土地柄、ローマへの奉仕の歴史などを並べ立てて競争したという。小アジアのローマ属州の都市では、皇帝を礼拝する儀礼が大変盛んになったが、皇帝の神殿をもつ都市には「ネオコロス」という称号が与えられるようになり、これをめぐっても競争になった。この称号をもつ都市は、属州アシア全体の競技祭の開催地となり、そこでなされる行列の先頭に立つ名誉をもち得たようである。こうした記録をみると、ギリシア人都市は、ローマの支配を恐れ萎縮しているというよりも、ローマ帝国への忠誠心を争っているかに思える。

小アジアの属州でも、帝国西半地域において円形闘技場で開かれていた剣闘士競技会がおこなわれるようになった。劇場を、剣闘士競技や猛獣の戦いをみせられるように、舞台となるスペースにめぐらした壁を高く改造した跡がみえる遺跡も残っている。この剣闘士競技会の開催は皇帝礼拝儀礼と密な関係にあったと指摘されている。ローマ風の競技会を開催することでも、ローマ皇帝に対する忠誠心の表明を争っていたと考えられるのである。

小アジア南西部のカリア地方にあるアフロディシアスは、遺跡と出土した多くの碑銘によって、ローマ帝国統治下の状況がよくわかる貴重な都市であるが、この都市には、「アーカイヴ・ウォール」と研究者たちが呼んでいるように、たくさんの石碑が劇場に並べて立てられている。これらの碑銘には、ローマ皇帝からの手紙が数多く含まれている。明らかにローマとの結びつきの強さを誇示せんとする意図があったわけである。

アテネ市内に立つ
ハドリアヌス帝の門

このようにみてくると、帝国東半のギリシア人の都市は、西半以上にローマ帝国と密な関係にあったと理解される。しかし、アフロディシアスにおいておこなわれた伝統的なギリシア風の競技会とローマ風の剣闘士競技会を分析して都市の実態を考察した増永理考の最近の研究は、都市がローマに巧みに服従の意を示しながらも、その権威を利用して、自らの都市の栄誉に結びつけようとしていたと指摘している。

先に紹介したプルタルコスに拠るならば、ローマ皇帝統治下のギリシア人都市は属州総督の介入をすこぶる恐れていた。こうした作品を踏まえて、ドイツの学者ネルは、ギリシア人都市が総督の介入を恐れて内訌《ないこう》を防ぐために政治行動を消極化させてしまい、また政治をおこなう前に総督の意向を尋ね、裁判も都市の裁判より総督の裁判を選ぶなど、自ら主体性を失って「没政治化」していったと論じた。さらに、ローマが都市を支配の「共犯」として組織したと論じたクリストファー・ケリーは、ローマが都市を政治的に征服しただけでなく、その都市の歴史にもはいり込み、都市祭典の行列にローマ皇帝を組み込ませるなど、自らの支配に都合の良いように都市の過去すらも書き換えさせたと、ローマ支配の恐ろしさを述べている。

だが、先にもふれたように、近年のギリシア都市研究の進展により、ギリシア人の都市は、ローマに服従の意を示しながらその権威を利用して都市間競争に勝ち抜こうとし、またローマ皇帝の「寛大さ」を用いてうまく立ち回りながら自主性を失わずに都市の力と伝統とを維持していた、とも考えることが可能になった。被征服地の人々は、たんにローマの支配を諾々と受け入れたのではなく、主体的に生き方を選択し、その実践のために巧智を働かせていたといって良いかもしれない。

ローマ帝国の民と帝国の運命

以上、本章では、征服された地域とその地に住む人々の状況をたどりながら、ローマ帝国の成立・完成がどのような転換をもたらしたか解説してきた。ローマ帝国は強大な軍事力をもって広大な地域を支配下においたが、征服した地域の在地有力者を支配者の側に組み込み、とくに領土の西半地域にあっては都市制度を創出してその有力者たちに統治の役割を担わせ、支配を安定化させた。統治下にはいった人々も、ローマ風の生活様式を取り入れることでローマ人として生きることに価値を見出し、社会的な上昇を願った。ローマ帝国は、帝国化した段階の支配・被支配の二項対立構造から抜けだし、やがて支配下にはいった者たちが帝国の側に立ち、その恩恵を受けつつ支配に「同意」するように変化し、さらに帝国の完成期になると帝国支配者となることもあったのである。ローマ到来以前から都市制度が発展していた帝国東半地域でも、帝国が都市の有力者を味方につけて支配の共犯としたのは同じだったが、人々はたんに帝国の支配に従ったのではなく、巧智を働かせて主体的な生き方を維持せんと試みていたとも考えられる。

イタリア半島中部の一都市から出発したローマ人の国家は、史上まれな大国家として安定期を迎えた頃、普遍的な意味での「ローマ人」によって担われていた。ローマによって征服された地域の出身者が、ローマ帝国の統治の担い手に加わっていたのであるが、じつはこれと同じ現象が、この後の四章で扱われる古代の中国においてもあらわれる。漢帝国では武帝時代になると官吏登用制度の整備が進んで、被征服地からも定期的に人材が推薦されるようになり、帝国支配の一環を担うようになるのである(二五八頁)。こうした局面は、「古代帝国」が成熟した段階にいたったことを示すものといって良いのではなかろうか。

さて、この章で論じたことは、帝国化と帝国の完成による世界の変化であった。そのため、征服地の変化を追ってきたので、論じた対象は帝国領内に限られた。けれども、ローマ人が理解するところでは、ローマ帝国には境界、「国境」というものは存在せず、人の住む世界はどこまでもローマ人が支配してよい土地であり、イタリアと属州の民のみが帝国住民であったわけではない。イタリアの外の帝国領、すなわち属州は、ローマ人が属州として統治するのが好都合なところであるにすぎなかった。ローマ人は古来外部から多くのものを導入してきたのであり、市民団にも新しいメンバーを受け入れ、決して閉鎖しなかった。ローマ人は自らを「文明の民」として認識し、対照的な「野蛮な人々」の存在を認識して、自分たちの住む世界の外側にいる人々を野蛮とみなし「他者」として位置づけることがあったが、ライン・ドナウの彼岸に住む人々については、戦時はともかく、平時は決して「他者」として排除してはいなかった。このようなローマ人の閉鎖的ではない他者認識のありようが、外部世界から人をローマ帝国へと惹きつけ、その生活様式や文化、富とともに、ローマの求心力の基をなした。この他者認識が失われると、外部からローマ帝国をみる眼差しはたちまち厳しいものとなる。そうした事態が四世紀に起こってくる。そして、長らくユーラシア大陸西方の古代世界を支えてきたローマ帝国の構築した世界秩序を破綻に追い込むことになるのである。そのため、ローマ帝国は外部世界との関係からも説明されねばならないが、それを語るのは本シリーズ第二巻の役割となろう。

COLUMN

公共浴場と円形闘技場――「ローマ人らしい」生活

「ローマ人らしい」生活といえば、ラテン語、ローマ法、そしてローマ風宗教がまずあげられるだろうが、それらはローマ市民権と同様、ローマ人であることの前提条件といってよいものである。日常生活からみれば、衣食住のスタイル、都市で公共建築を利用し公のサーヴィスを受ける利便性、そして教育をあげることができよう。なかでも、公共浴場と円形闘技場は、「ローマ人らしい」生活を実現する公共施設といってよい。両者は帝国の拡大、ローマ風の生活様式の広がりとともに征服地に伝播し、学界ではローマ化の明確な指標として扱われている。ローマ市には数多くの公共浴場が建てられ、皇帝すら利用していたし、帝国内のローマ風都市にはフォルムとともに必ず公共浴場があり、イタリア半島の都市からブリテン島やライン沿岸のローマ軍要塞にいたるまで、大小の規模の浴場が備えられていた。

円形闘技場は、おおむね奴隷身分で武術の訓練を受けた剣闘士(グラディアトル)が、真剣を用いて戦う様子を観客に提供する施設である。剣闘士競技は非常に人気を博し、闘技場も各地につくられた。ローマ市や北イタリアのヴェローナ、南フランスのアルルやニームの円形闘技場は、石造りの壮大な建築物である。フロンティアの属州にも、規模は小さいが各所につくられ、属州民や兵士が見世物を楽しんだのである。

ところで、公共浴場と円形闘技場は両方とも、純粋にローマ起源のものではない。ローマ人は共和政時代、男性同士のあいだでも自身の裸体をみせることはなかったようで、一緒に入浴はしなかった。ところが、前一世紀後半にはじめて首都に公共浴場が建てられ、しだいに普及して、テルマエと呼ばれる大規模なものもできていった。剣闘士同士の殺し合いの見世物も、エトルリア地方ないしカンパニア地方の行事で、ラティウム地方を起源とするローマ人がこれを実施したのは、前三世紀の貴族の葬式の際がはじめてだった。亡き人の供養に血を捧げるという宗教的な動機からおこなわれたが、その後は見世物となり、やがて政治家が提供する施しの代表的なものになった。ローマ人はこのように外部の慣習や行事を取り込んで、自身の日課や伝統行事のごとくに仕立てあげていったのである。

その後、ローマが帝国化し、さらに帝国が完成に近づくにつれて、市民が娯楽を楽しむあり方も変わった。観劇や見世物を楽しむ会場が整えられるとともに、娯楽が管理され、人々の集う空間が閉鎖的になったのである。例えば、フォルムや大競走場で提供されていた剣闘士競技会のために、一世紀後半に巨大な円形闘技場、コロッセウムがつくられた。こうした会場では、人々はその法的社会的地位の違いで、みる場所、座る席が定められていた。施設のいたる所に皇帝や有力者の像が立てられており、恩恵を施した者を顕彰した碑も設置されていた。娯楽の会場に足を運んで観劇や競技会を楽しむ人々は、それを提供してくれる皇帝や政治家、そしてローマ帝国の力を認めるとともに、着席する位置を通じて、自分がこの国のどこに位置づけられているのかも認識したのである。娯楽の会場は、秩序がみえる閉じられた空間だった。ローマ帝国の統治者が娯楽を管理するというだけでなく、娯楽を楽しむ人々が、強大な帝国の構成員であることを自覚するとともに、その国家のなかでの自分の境位をも理解する状態になった。これが、完成の域に到達した帝国の力の発露であるといってよいだろう。

四章　「中華帝国」の誕生

宮宅　潔

1　「中華」の形成

中国の特殊性

「中国」は人類史上において、他に例をみない存在である。

いま現在、中華人民共和国の面積はおよそ九六〇万平方キロで世界第三位、そこに一三億を超える人々が暮らしており、そのうち九二％が「漢族」と呼ばれる民族集団に属す。同じ漢族の人間であっても地域によって言語や文化に違いがあり、きつい方言で話すよそ者の「中国語」は、漢族同士でも理解不能であると聞く。とはいえ、現在の標準語である北京語を話す人口だけで、すでに八億人を超えるとされる。これだけ大規模な人間集団が一つの言語を自らの母語とし、同じ民族であるとの自己認識を共有しているという状況は、世界のほかの地域にはみられない。

じつのところ、中国にもかつては多種多様な民族や言語が存在していた。しかし広大な領域が非常に早い段階で統一され、領域内での同化が進んだ結果、現在ではそこに暮らす多くの人々が、政治的に強制されなくても同じ言語を話し、同じ帰属意識をもつにいたったのである。ここでいう「統一」とは、紀元前二二一年における中国の政治的な統一、つまり始皇帝率いる「秦帝国」の出現にほかならない。

秦は元来、中国西方に拠点をもつ諸侯の一つであったが、しだいに勢力を伸ばし、ついには秦以外の有力諸侯国をすべて征服するにいたった。その最終的な版図はモンゴル高原の南辺からベトナム北部にまで到達し、欧米人が「中国本土 China proper」と呼びならわす領域が、この時一つの帝国の支配下におさめられた。以後、中国本土が複数の勢力により分割される事態も生じたが、それもやがては再統一へと向かい、現在にいたっている。新疆・ウイグルやチベット自治区といった、比較的新しく「中国」の境域にはいった地域では、いまなお民族紛争の火種がくすぶり続けている一方で、中国本土はそれと無縁である。

それではなぜ、中国は非常に早い段階で政治的に統一され、かつその状態が持続したのか。この疑問に答えるのは簡単ではない。地理・自然環境面での諸条件はもちろん、長く続いた先例を尊重しようとする文化的な保守主義も見逃せまい。秦による統一事業に焦点を絞るなら、始皇帝という人間の個性が歴史の趨勢を決めたところもある。ここではとにかく、統一にいたるまでの経緯とその後一〇〇年間ほどの歴史をたどりながら、中華帝国の基本型が誕生した時代にいったい何が起き、それが何を生んだのか、確かめてみることにしよう。

殷から周へ

文字史料によってその存在が確かめられる中国最古の王朝は「殷」(前十七~前十一世紀)である。『史記』をはじめとした中国の伝統的な歴史書によると、殷よりも前には「夏」王朝が中国を支配していたとされるが、それを裏づける決定的な証拠はまだ見つかっていない。ただし考古発掘により、殷に先行する王権が黄河中流域にすでに存在していたことは明らかで、その標準遺跡である二里頭《にりとう》遺跡の名をとって「二里頭文化」と呼ばれている。二里頭文化の遺跡からは、祭祀に用いられる、特徴的なかたちをした青銅器や玉器が出土し、これと類似する祭器が北は遼東半島、南は長江流域や四川省からも発見されている。強い影響力をもつ「文化」の発信源が、すでに黄河中流域、いわゆる「中原《ちゅうげん》」に誕生していたといって良い。

だが、こうした影響力は間接的・限定的なものであった。殷の時代になっても、その支配が直接およんだのは河南省北部から河北省南部あたりにとどまる。その外側に存在した勢力との関係は、せいぜい貢納を義務づける一方で殷の側からは青銅器を下賜するといった、よりゆるやかなものであったろう。

やがて殷王朝が周(西周:前十一~前八世紀、東周:前八~三世紀)によって打倒されると、新たにその支配下にはいった地域には周王の一族や功臣が諸侯として送り込まれ、統治にあたったことになっている。いわゆる周の封建制である。実際には、周王と諸侯との血縁関係は擬制《ぎせい》的なものを含み、彼らのあいだにほんものの「一族としての結束」が存在したかどうか、疑わしい。だが中原の支配者が交代した影響は、たしかに中国各地におよんだようである。例えば現在の北京市附近には「燕」という諸侯国がおかれたが、その初期の都城遺跡である琉璃《るり》河《が》遺跡からは周系・殷系・土着系という三系統の土器が出土しており、征服した殷の人間を引き連れて、周系の人々がこの地に乗り込んできたことをうかがわせる。

周王朝の成立後、周の人々がその文化とともに各地に広がったことは確かである。だが周文化の影響力、さらには政治力の浸透度を過剰に見積もるのも禁物である。例えば湖北省の漢水流域では、周の時代になると中原文化の影響がかえって弱くなり、のちの「楚」に繋がる独自の文化的伝統が形成されてくる。先にあげた琉璃河遺跡についていうと、遺跡から半径三〇キロを超えた地域では、周系の土器をともないながらも、やはり土着系を主体とした遺跡が多いという。周人による支配がおよんだ地域でも、その拠点はあたかも在来文化の海に浮かんだ小島のようなものであった。

なおかつ遠隔の諸侯はすみやかに周の支配から自立していったらしく、西周中期以降、王朝と関連する青銅器の出土はいわゆる「関中《かんちゅう》」(渭水《いすい》盆地一帯)周辺に限られる。周王の直接的な政治力がおよぶ範囲は関中から副都である洛陽にいたる王畿周辺に限られていたのであろう。要するに、中国各地は黄河中流域の政権から文化的な影響を受け、相互の関係をしだいに緊密化させつつも、それぞれがなお独自性を保っており、ましてや諸勢力が政治的に「統一」された経験など、ついぞなかったわけである。

覇者体制の構築と「中華」意識

前八世紀、周の幽王が他界すると、後継者をめぐって内紛が起こる。最終的には宜臼《ぎきゅう》が諸侯国の助力を得て、洛陽に王として迎えられた。この洛陽への遷都——「周の東遷」——以前を西周時代、以後を東周時代という。東周になっても、当初は周王のみが「王」号をとなえ、諸侯国はその権威を重んじていた。だがやがて周王の権威は低下し、ほとんど顧みられなくなる。「東周時代」よりむしろ「春秋・戦国時代」という時代呼称のほうがとおりがよいのも、ゆえなきことではない。

西周後期から春秋期にかけては、各国の内紛や相互の紛争があいつぎ、周の東遷もこうした混乱の一部であった。紛争により疲弊した諸侯国は、やがて最有力の諸侯を盟主にすえて同盟を結び、盟主の軍事力・政治力や同盟国同士の結束力によって紛争を回避・調停しようとする。こうした体制を「覇者体制」と呼ぶ。春秋時代の覇者としては斉の桓公《かんこう》をはじめとした「春秋の五覇」の名前が知られていようが、実際には中原の大国である晋の君主が一貫して覇権を握っており、晋を中心とする同盟諸国と南方から中原への侵攻をはかる楚との対立が、前六世紀頃までの政治史の基軸となる。

同盟に加わった諸侯たちは、戦端を開く前や和睦を結ぶ時など、必要があれば一カ所に集まり、合議し、決定したことを「盟辞（誓いの言葉）」として書きつけ、その遵守を誓う儀式をおこなった。そこでは周王の権威が尊重され、周の音楽・言語・文字が用いられたとされる。参加者はお互いを周の秩序、ひいては夏王朝の秩序に属す者と認め合い、自らを「諸夏」「中国」と呼んだ。「中国（中或＝中國）」という言葉自体はすでに西周期の史料にあらわれるが、それは周の王都周辺や王畿を意味するにすぎなかった。春秋期にいたって、「中国」は同盟を支える複数の諸侯国を指すものとなり、一方で同盟に属さない勢力は「夷狄《いてき》」「蛮夷」として「中国」と対置されるようになった。いわゆる「中華思想」の萌芽である。

「中華」の外に排除される「夷狄」とは、通常は「異民族」などと訳される。たしかに同盟参加国（多くが周王と同姓の諸侯国）の周辺、さらにはその領域内にすら、彼らと言語や習俗を異にする人間集団が暮らし、それが「夷」「狄」などと呼ばれていた。だが同盟への参加・不参加も「中国」と「夷狄」とを分かつ重要な要素で、たとえ文化・習俗を共有していても、同盟から離れれば「夷狄」とみなされた。同盟にとって最大の敵であった楚は、当然ながら夷狄とされたが、それは彼らの言語や習俗がいささか独特だったことよりも、むしろ楚が早くから「王」号を唱え、周王を頂点にいただく政治秩序に服

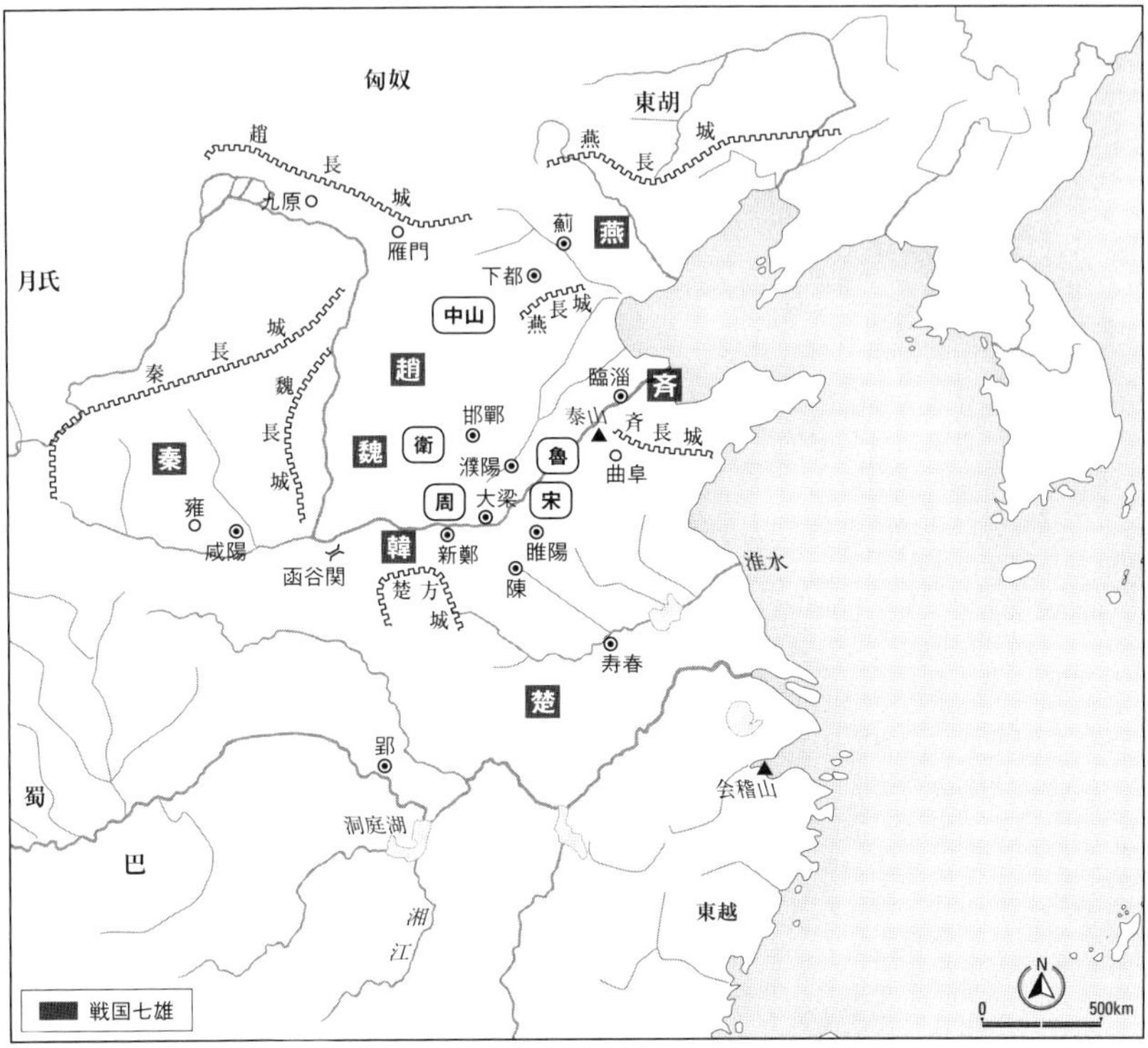
匈奴
東胡
趙
長
城
燕
長
城
九原
雁門
薊
燕
月氏
下都
中山
燕
長
城
秦
長
城
魏
長
城
趙
臨淄
斉
邯鄲
泰山
斉
長
城
秦
魏
衛
濮陽
魯
曲阜
雍
周
大梁
宋
咸陽
函谷関
韓
新鄭
睢陽
淮水
楚
方
城
陳
寿春
楚
郢
会稽山
蜀
洞庭湖
巴
湘
江
東越
戦国七雄
N
0
500km

戦国七雄地図

さなかったことによる。

ところが、前五四六年に晋と楚のあいだで和睦が成ると、覇者体制はその存在意義を失い、やがて消滅へと向かう。覇者の抑止力が失われた結果、諸侯国では内紛が頻発し、晋も前四五三年には韓・魏・趙の三カ国に分裂する。小国はしだいに淘汰され、「戦国の七雄」と呼ばれる七つの大国――燕・斉・魏・趙・韓・楚・秦――が互いにしのぎを削る、戦国時代が幕を開ける。こうした情勢のもと、「中華」意識にも変化が生まれた。「中国」の範囲がより拡大し、かつ概念的な人間集団の連合体としてではなく、はっきりした境界をもつ「領域」として、それが認識されるようになったのである。前四世紀の終わり頃、斉の宣王(在位：前三一九～前三〇一)と対面した孟子は、当時の情勢をこう述べた。

王がお望みのことはわかっております。領地を広げ、秦や楚も来朝させ、「中国」に君臨し、さらに四方の蛮族も懐柔されたいのでしょう。しかし……この天下(「海内」)には、千里四方の領土をもつ国が九つあります。斉はそのうちの一つにすぎません。

(『孟子』梁恵王上)

孟子の頭のなかにあるこの世界は、一辺千里の正方形が各辺に三個並んだ、一辺三千里の正方形をしている。これが中国において、天下の広さを明示した最初の史料である。さらに孟子は「中国」とその四方にある蛮族(「四夷」)とを対置し、「中国」内部は文化的に均質であると認識していた。楚・秦はなお別枠におかれるものの、彼らももはや蛮族ではない。ここにいたって、ほぼ現在の中国本土にあたる領域が、文化的共通性をもつ一個の空間とみなされるようになった。

「中国」が太古から一つであったわけではなく、それが一つになるべきだという認識すら存在してはいなかった。広大な領域をひとかたまりの「中国」とみなし、そこに存在する諸勢力が将来一つになる可能性が意識され始めたのは、孟子の時代までくだる。いわば「統一」される対象が、ようやくここに明確な姿をもって出現したのである。

孟子は戦乱の時代が終熄《しゅうそく》するのを夢見て統一の必要性を説き、その担い手にも言及している。

「この乱れた世界はどこに落ち着くのでしょうか」「統一されて落ち着くことになるだろう」「統一できるのはどんな人間でしょうか」「人殺しの嫌いな者が、統一を成し遂げることができよう」

(『孟子』梁恵王上)

性善説を唱えた孟子らしい、理想的な統一の姿である。しかし実際はどうだったか。そろそろ統一の主役である「秦」を登場させることにしよう。

2 秦の歴史

秦の勃興と商鞅変法

『史記』によると周の孝王のとき、非子《ひし》という人物が王のために馬を飼育しておおいに繁殖したので、その功績で「秦」(甘粛省天水市附近)に領地を与えられた。これが秦の興りである。東遷の際には、兵を率いて宜臼を洛陽まで護衛したとされるが、実際に秦と周との繋がりが確認できるのは前八世紀末までくだり、その後も両者の接触は限定的である。秦は関中平原に閉じこもり、他の諸侯国からは「夷狄」とみなされた。こうした評価や馬の飼育で功績をあげたことなどを結びつけ、秦は野蛮な国で、中原とは異質な文化に属し、そもそも農耕民ではなかったと主張する者もいる。だが「夷狄」とされたことが、必ずしもその文化的異質性・後進性を意味しないのは、前述した楚の場合と同じである。秦の景公(在位前五七六〜前五三七)の墓とされる「秦公大墓」の壮大さや、西周以来の伝統を残した青銅器銘文からは、高い文化水準と強力な王権の存在とがみてとれる。

やがて戦国時代に突入すると、秦はとりわけ魏の攻勢にさらされる。これに対抗すべく、君主の権力強化が進められ、官僚制度や戸籍制度の整備、そしてより多くの庶民を兵士に徴用する軍事制度が確立される。これらの試みは、実際には徐々におこなわれたものだったが、『史記』では一人の人物が、すべてを一気に断行したかのように記されている。いわゆる「商鞅《しょうおう》変法」である。

商鞅はもともと東方の小国、衛の出身で、天下に人材を募る孝公(在位前三六一〜前三三八)の呼びかけに応じ、秦にやってきた。そして孝公の信任を得ると、二度にわたる制度改革(「変法」)に踏み切った。『史記』商君列伝によると、第一次変法(前三五九年)では「什伍《じゅうご》連座の制」(民を十戸・五戸ごとのグループ〈什・伍〉に分け、連帯責任を負わせる制度)や「分異令」(一つの家に二人以上の男子がいながら分家しないと、賦税が倍にされる)などが実施されたという。これらは治安維持や軍費の調達をめざした改革で、戦乱を生き残るための即効薬がまず処方されたといえる。改革は当初は受け入れられなかったが、商鞅は違反に対して厳罰で臨み、みなを新たな法令に従わせた。

それから九年の後(前三五〇年)、今度は内政の充実に重きをおいた改革、第二次変法が断行された。県制の整備や耕地区画の改変がこのときおこなわれたことになっている。

「県」は商鞅変法以前からすでに存在し、前六八八年に西方の異民族を征討してそこに県をおいたのが、秦におけるもっとも早い事例となる。この事例にみられるとおり、「県」はもともと新占領地におかれるものだった。より正確にいえば、新たに獲得された「邑《ゆう》」(周囲に城郭をめぐらした都市とその周辺の土地。古代の中国では、人々は農民も含めてこうした城郭都市に集住するのが一般であった)が「県」とされ、そこを兵員と軍需物資の供給拠点として厳重に支配したのである。

ゆえに県の設置にさいしては、従来からの支配層が追放される場合があり、やがて官僚組織の整備が進むと、新たな支配者として役人が送り込まれ、「県」は中央集権的な地方支配の拠点となっていく。設置地域も辺境地帯に限らなくなり、献公(在位前三八四〜前三六二)の時には内地の櫟陽《やくよう》も「県」とされ、ここに秦の都がおかれた。孝公の時に県制が全土で整備されたのは、こうした流れを承《う》けてのことである。県を統括するものとして「郡」がその上におかれ、それまで多様なかたちで存在し、支配のあり方もさまざまだった領内の都市・聚落が、いわゆる「郡県制」のもとで均質的・合理的に統治されるようになった。

郡県制の整備により効率的な戦費・兵員の調達が可能となり、それが以後の、秦の軍事的な勝利を生んだのは疑いない。秦は東方の諸侯国(戦国の七雄から秦を除いた六カ国を「六国《りっこく》」という)に侵攻していく過程でも新占領地に郡・県をおき、拡張の足がかりにした。こうしてみると、秦が六国を滅ぼしたとき、全土に郡県制を布《し》いたのはしごく当然のことのように映る。ただ注意せねばならないのは、郡・県を設置したのは軍事行動を支えるためであり、いわば戦時非常体制のもとで採用された、臨時の制度であったという点である。それゆえに、統一により「平和」が実現したとき、郡県制を維持するか否かをめぐって、秦の執政者のあいだでも意見が分かれた。このことはまた後でふれよう。

「統一」への道

前三六四年、秦は魏に大勝し、斬首六万の戦果をあげた。諸改革が早くも実を結び始めていた証である。孝公の後を継いだ恵文君《けいぶんくん》(在位前三三七~前三一一)の時には、周王を奉じる体制に見切りをつけ、自らを王と称するようになった。他の諸侯国の君主もつぎつぎと称王に踏み切り、周王を頂点にいただく政治秩序は完全に消滅する。先に紹介した孟子の言葉、「人殺しのきらいな者が、統一を成し遂げることができよう」という予見が発せられたのは、ちょうどこの時期のことであった。無力な周王などすでに孟子の眼中になく、新たに理想の君主があらわれ、凡庸な覇王たちをまとめあげる日を、孟子は待ちわびていたのである。

秦の恵文王が他界すると、短命に終わった武王の治世をへて、昭襄王《しょうじょうおう》(在位前三〇六~前二五一)が即位した。五六年にもおよぶ、当時にあっては他に例をみない長期政権のもと、のちの統一に繋がる秦の礎が一つ一つ築かれていく。

戦国時代にはいっても、当初主導権を握っていたのは中原の諸侯国、とりわけ晋の後継者を自認する魏だった。だが中原では早くから開発が進み、それゆえに限界に達するのも早かったようで、戦国後期には土地に対する人口の過剰が深刻な問題となっている。また周囲を他の諸侯国に囲まれているため、新領土の獲得も難しい。こうして覇権争いの主役の座は中原外の諸侯国に譲られる。すなわち西方の秦、南方の楚、東方の斉、そして北方への進出に成功し、中原外諸侯国に変貌した趙、の四カ国である。

これらのうち、秦と直接に対峙していたのが楚・趙である。楚は同じ「蛮夷」の国同士、秦と基本的

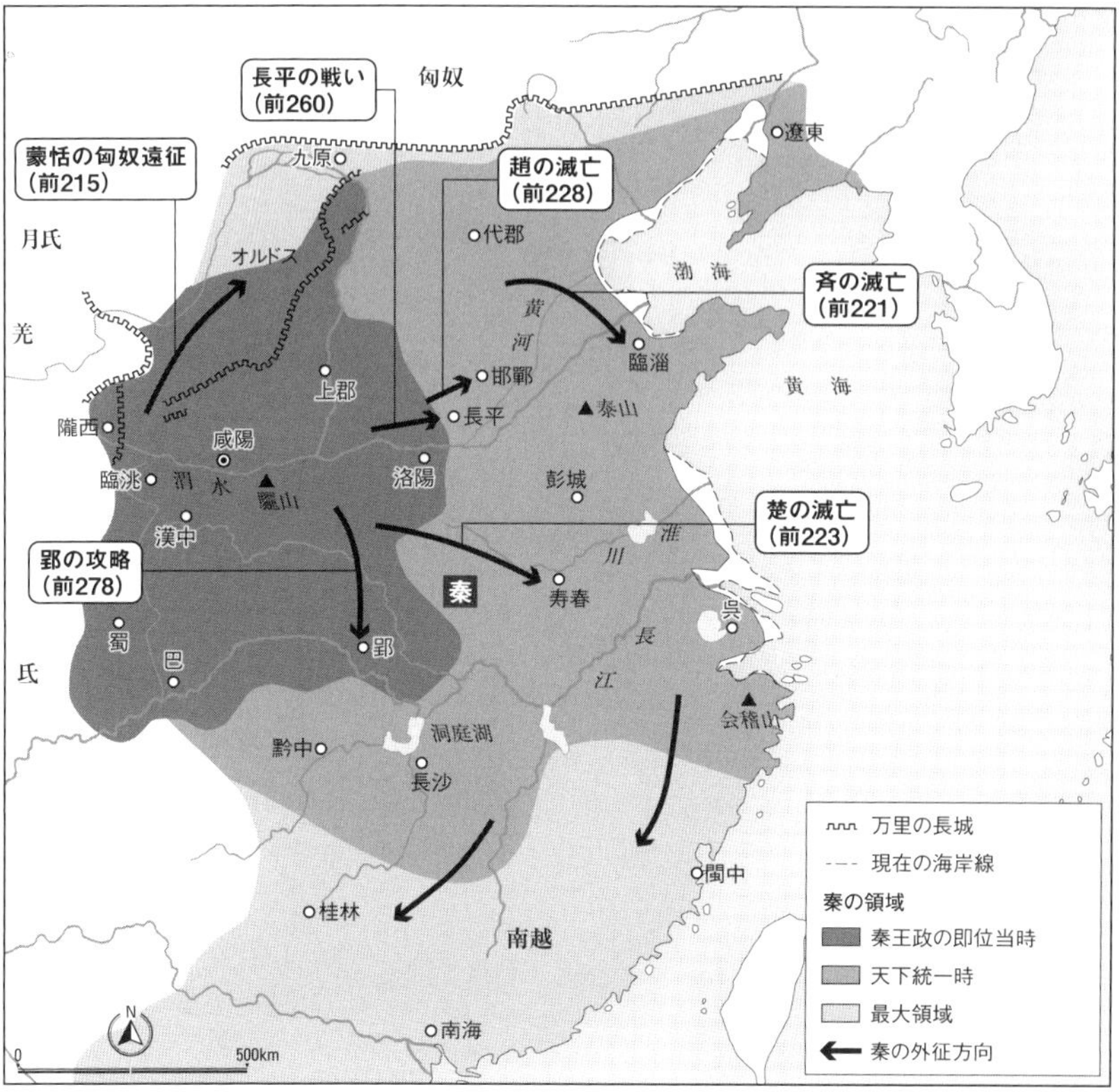
長平の戦い
(前260)
匈奴
蒙恬の匈奴遠征
(前215)
九原
遼東
趙の滅亡
(前228)
月氏
オルドス
代郡
渤海
斉の滅亡
(前221)
羌
黄河
臨淄
上郡
邯鄲
黄海
隴西
長平
泰山
咸陽
臨洮
渭水
驪山
洛陽
彭城
漢中
淮川
楚の滅亡
(前223)
郢の攻略
(前278)
秦
寿春
蜀
郢
呉
長江
氐
巴
会稽山
洞庭湖
黔中
長沙
閩中
桂林
南越
南海
0
500km
万里の長城
現在の海岸線
秦の領域
秦王政の即位当時
天下統一時
最大領域
秦の外征方向
秦の全国統一の過程

に友好関係を保っていたが、前四世紀末頃から両者は激しく対立するようになる。昭襄王は即位当初こそ親楚の姿勢をみせるが、ほどなく楚への侵攻を再開した。進軍路沿いの拠点を占領してゆくと、前二七八年には楚の都、郢《えい》を攻略し、楚王を東方へと追いやった。

つぎに矛先は趙へと向けられた。両国のあいだで争奪の地となったのは、当時「上党」と呼ばれていた地域(現在の山西省東南部)である。上党はもともと韓の領土であったが、秦の東進により韓との連絡が絶たれると、その領主は秦よりも趙に服属する道を選び、秦との対決姿勢を鮮明にした。かくして秦・趙は上党の領有をめぐって衝突し、ついに長平での会戦(前二六〇年)にいたる。秦は兵士を大量に集中動員し、趙軍を包囲して大勝をおさめ、その兵四〇余万を殺害したという。これにより秦の軍事的な優勢はもはや動かしがたいものとなった。

とはいえ、秦が六国をすべて滅ぼして統一を成し遂げるのは前二二一年で、さらに四〇年ほどの時間を要する。その理由としては、長平の戦いで秦も大きな損害を蒙ったこと、秦内部での勢力争いにより外交政策にブレが生じたこと、そして何よりも前二五一年に昭襄王が他界し、その後に在位期間の短い君主が続いたことがあげられる。だが、これらとともに忘れてはならないのは、そもそも秦がめざしていた最終的な目標は六国の征服ではなく、ましてや中国全土の直轄統治でもなかったという事実である。二人の思想家が説いた、秦を中心とする「統一国家」の予想図を紹介しよう。

秦の「統一国家」像

孟子の「性善説」に対し「性悪説」を唱えたことで知られる荀子《じゅんし》は、ちょうど戦国時代の最末期を生きた人物で、秦の優勢はすでに誰の目にも明らかであった。彼自身、昭襄王の治世の終わり頃に遊説して秦を訪れ、当時の秦の様子をその目でみている。そして秦の宰相であった范雎《はんしょ》と対面すると、秦の地勢・風俗・制度は六国にまさり、それが秦の軍事的勝利を支えているとの分析を述べる。しかしなお秦の地位は安泰ではない。秦が今後とるべき道を荀子はこう説いた。

武力による威圧を減らして文事に立ち返るべきです。誠実な君子を登用して天下をおさめ、ともに国政に参与させ、咸陽《かんよう》の都において正邪・善悪をはっきりさせ、命令に従えばそれで良し、従わない者がいるならそれを誅伐するのです。こうすれば軍勢を国外に派遣しなくても命令が聞かれるようになるでしょう。都に明堂《めいどう》をつくり諸侯を朝貢させても、問題はないでしょう。(『荀子』彊国)

秦は「武」に偏っているというのが荀子の見立てで、古えの聖人のように「文」を重んずるべきだというわけである。こうした荀子の理想主義、徳治主義はしばらくおいて、ここで注目したいのは、徳治の末に実現する秦の天下は、諸侯が秦に朝貢するかたちで実現すると、荀子が説いている点である。つまり軍事力の行使をともなう秦の発展が行き着く先は、「六国の滅亡」ではなく「六国の朝貢」であった。

秦が諸侯たちを従えるという「統一」のあり方をより具体的に説くのが、荀子の弟子で「法家」の学者として著名な韓非子である。彼は若き始皇帝の面前でそれまでの秦の戦略を批判し、こう見得を切ったという。

大王が私の説くところに従ってくださったのに、ひとたび行動を起こしても、六国が連合して秦に対抗するのを打ち破れず、趙を奪えず、韓を滅ぼせず、楚・魏を臣下にできず、斉・燕と友好関係を結べず、覇王としての名声が確立せず、周辺の諸侯が朝貢してこなかったならば、どうか私を打ち首にして、はかりごとを企てながら不忠だった者として国中にさらしてください。

（『韓非子』初見秦）

これは一種の売り込み文句なのだから、聞き手の欲望をくすぐり、思わず身を乗り出させなければいけない。ということは、当時の始皇帝が望んでいたのは、隣国である韓・趙は滅ぼすものの、少し離れた楚・魏は秦王の命に臣従すればそれでよく、遠方の斉・燕には和親を誓わせるにとどめる、というところであったことになる。六国をすべて征服し、その君主からあらゆる権限を奪い取ることなど、彼は考えてもいなかった。

じつのところ、前二三三年に二十七歳の秦王政《せい》（のちの始皇帝）が韓非子と対面したこと自体は確かなようだが、両者のあいだに右に引いたやり取りがあったかどうかは疑わしい。述べられている情勢は、始皇帝ではなく昭襄王頃のものとみた方が良く、かつ同じような逸話がさらに古い時代のものとして他の書物にもみえるからである。とはいえ、秦が武力による六国の征服を、必ずしもめざしていなかったことは、いくつかの手がかりからうかがい知れる。例えば昭襄王は長平での大勝利ののち、周王朝が断絶すると、前二五四年に天下の諸侯たちを自国に朝貢させ、翌年には旧都の雍《よう》で「上帝」を祀っている。新たに天命を受けた君主として周王に取ってかわり、周と同様に封建制の枠組みのもとで、諸侯を服属させようとしたものである。こうした方針は、秦王政が即位した後にもすぐには変化しなかった。

共存から征服へ

即位した時、政はまだ十三歳だった。宮中では母である太后とそのお気に入りが幅をきかせ、実際に政務にあたっていたのは宰相の呂不韋《りょふい》だった。呂不韋の執政時代には、秦は韓や魏に兵を進める一方で、魏と趙の関係が緊張すると、趙に人質を返してこれと協調する姿勢を示しており、諸侯との外交を維持する方針にまだ変化はみられない。前二三八年、二十二歳になった政が太后一派を粛清し、呂不韋を罷免し、親政を始めたあとも同様で、前二三七年には斉王と趙王が秦の都に来朝している。

だが、その翌年あたりから潮目が変わってくる。秦は六国への攻勢を強め、まずは趙に軍を進めた。ただし長平の戦いからすでに二〇年以上が経過し、趙もいくぶん国力を回復させていたのか、簡単には秦の軍門に降らない。前二三二年に兵士の大動員を実施して趙を攻め立てたものの、さほど戦果はあがらなかった。すると翌年、秦では「初令男子書年」、すなわちはじめて男子に年齢を申告させたという。兵役を負担しうる人間の数と所在をより正確に把握し、動員体制の充実をめざしたのであろう。前二三〇年に韓をついに滅ぼすと、前二二九年に二度目の大動員をおこない、これは翌年の趙征服へと結びつく。趙に進駐した軍勢はそのまま燕の攻略に振り向けられ、一方で楚・魏にも遠征軍が派遣された。前二二五年に魏遠征軍の方は首尾良く魏を滅ぼし、さらに進軍して東方の斉ににらみをきかせたが、南方の大国、楚に派遣された軍勢は、一度は退却を強いられる。そこで前二二四年に三度目の大動員がなされ、こうして組織された楚遠征軍は総計六〇万の軍勢であったという。この大軍を前にして、楚も翌年には打ち破られた。さらに前二二二年、最後の大動員をへて燕に引導が渡されると、その軍勢が翌年に南下して斉に攻め込み、六国の最後の一つを滅ぼした。紀元前二二一年のことである。

潮目の変わった前二三六年から数えるなら一六年間、「初令男子書年」の後の、本格的な征服戦の始まりを告げる二度目の大動員からなら、たった九年間で六国の征服は完了したことになる。なぜここまで短期間で勝負がついたのか、という疑問が当然頭に浮かんでくるが、その答えは簡単で、秦の総合的な軍事力がすでに六国のそれを完全に凌駕していたからであろう。かくもあっけなく決着がついたという事実を前にしてむしろ問われるべきは、秦はなぜ、征服戦に踏み切る決断をここまで遅らせたのか、という疑問であろう。

共存から征服へ、大きく舵を切った背景にはさまざまな要因が考えられ、容易に答えることはできない。あれこれ理由を詮索するのはやめにして、ここではとにかく秦王政自身のいい分を聞いておこう。

かつて韓王は領土を秦におさめ印璽を差し出し、臣下として秦の藩屏《はんぺい》になりたいと請うてきた。しかるにその約束を反故《ほご》にし、趙や魏と連合して秦に背いた(始皇六年)。そこで兵をあげて誅罰を加え、韓王を捕虜にしたのだ。……趙王は宰相の李牧《りぼく》を使わしてきて盟約を結ばせたので、その人質を返してやった(始皇四年)。しかるにその盟約を反故にして、太原《たいげん》で私に反旗を翻した。そこで兵をあげて誅罰を加え、趙王を捕まえたのだ。……魏は当初、秦に服属することを約束していた。しかるに韓・趙とはかって秦を攻撃した(始皇六年)。そこで秦の兵・吏は誅罰を加え、ついにこれを破ったのだ。楚王は青陽以西の地を献上してきた。しかるに約束を反故にし、南郡で私に攻撃をしかけてきた(始皇十九年?)。そこで兵を徴発して誅罰を加え、その王を捕まえて、ついに楚の地を平定したのだ。燕王はおろかで、その太子の丹《たん》がこっそり荊軻《けいか》に私を暗殺させようとした(始皇二十年)。そこでこれに誅罰を加え、その国を滅ぼしたのだ。斉王は后勝《こうしょう》の計略を用いて秦の使者を拒絶し、反乱を起こそうとした。そこでこれに誅罰を加え、その王をとらえ、斉の地を平定したのだ。

（『史記』始皇本紀）

交誼を結び、共存をはかったのに、裏切られたので滅ぼしたというのは、あくまで勝った側の理屈であって、敗者には敗者のいい分があったに違いない。だが引用文中に注記したとおり、諸国の「裏切り行為」が政の即位後、征服戦の前やその最中に起こったのもまた事実である。共存が放棄され、武力統一による新秩序の構築へと転じた背景には、冷徹な計算よりもむしろ、秦王政の生々しい怒りがあった。歴史の転換へと向かう引き金は時として、押さえがたい怒りや憤懣の積み重ねから、衝動的に引かれるものなのかもしれない。

さて、ここまでは、複数存在した文化圏が中原文化の影響を受けて均質化する過程や、「中華」という自己認識の萌芽、さらには諸侯国の共存から統一に向かい、帝国が誕生するまでのあらすじを、「統一」が当初から設定された目標ではなかったことに注意しつつ紹介してきた。ようやく紀元前二二一年にたどり着いた今、少し立脚点を変えてみよう。この年、たしかに中国に暮らし、その身をもって「帝国の出現」を体験した人々は、その時いったい何を見、何を感じたのだろうか。同時代人の、しかも歴史に名を残す人物ではなく、地方に暮らす名もない人々の、後世の偏見や脚色をまったく含んでいない正真正銘の生の声に、しばらく耳を傾けてみよう。

COLUMN

秦漢の戸籍制度

秦では献公十(前三七五)年に戸籍の作成が始まった。春秋末期から戦国時代にかけて、戦乱を勝ち抜くための兵員確保とそれを支える経済基盤の整理とが切実な問題となるなかにあって、戸籍の作成とは君主があらゆる戸口を正確に把握し、兵役・租税徴収の基礎を固めようとする企図であった。事情はいずこも同じであり、同様の動きは各諸侯国でもみられた。戦国期における制度の詳細ははっきりしないが、漢代初期になると、当時の戸籍制度に関する法律が近年新たに発見されており、その実態がうかがえる。

毎年八月、郷の役人をはじめとした地方官が戸口調査をおこなう。民はその際に年齢を申告し、新生児がいればあわせて申告がなされる。年齢のほか、耕作地や租税額、各自がもつ爵位についても帳簿がつくられたらしい。戸籍はその名のとおり「戸」を単位に作成された。「戸」とは通常、夫婦と未婚の子を中心とした血縁家族から構成されたが、奴婢などをそのなかに含む場合もあった。戸主のことを「戸人」といい、男性であるのが一般だったが、寡婦や未婚の女性が戸主となるケースもある。父親が死ぬと嫡男がその戸を継承する一方で、嫡男以外の男子が独立して別の戸を形成することも認められていた。戸を形成すると、耕地が官により支給された。支給量は爵位の高下によって細かく決められ、無爵なら一頃(約四・五ヘクタール)、爵一級を獲得して「公士」になると一頃半、という具合であった。したがって子の爵位が父親よりも低いと、子は耕地の一部しか継承しえなかった。

このように説明すると、あたかも厳密な土地国有制であったかのようだが、実際はそうではない。耕地の支給には「給付可能な耕地があれば」という条件がつき、必ずしも規定どおりにはおこなわれていなかった。また耕地の分割相続や他人への譲渡が認められていたので、相続の際に耕地を返納することも、ほとんどなかっただろう。いわば「すべての土地は君主のもの」というのは名目にすぎず、耕地の世襲的占有が事実上認められていたわけである。

しかし名目的にせよ耕地の支給を受けたからには、受け取った側に相応の負担が求められる。戸は兵役・租税負担の単位でもあった。男子は一定の年齢になると兵役・労役負担者として登録され、年老いて「免老」とされるまで、皇帝に奉仕する義務を負う。一方で「戸賦《こふ》」「戸芻《こすう》」など戸を単位に徴収される租税が設けられ、また各自に課せられた人頭税も、実際には戸ごとに取りまとめられたのであろう。

さて、戸籍には各戸の成員の名前・居所・年齢などとともに、必ずその爵位が記載された。爵位は本来軍功に対して与えられたものであり、その第一級が「公士」であったことが示すとおり、爵を受けた者は「士」身分、つまりは「卿・大夫・士」から構成される支配階級への仲間入りをはたすことになった。かつては、「士」と一般人である「庶民」とのあいだにはっきりと一線が画され、武装権や参政権は「士」以上の者にのみ許されていた。その意味で爵位はローマ帝国の「市民権」にもなぞらえられる。だが戦国時代に庶民も戦闘に参加するようになると、彼らも爵位を帯びるようになり、ついに爵位が無償で広く賜与されるにいたった。いわば「市民権」をあらゆる良民男子に与えることで、皇帝はその求心力を高めたといえる。戸籍制度とは、爵位とそれに応じて給付される耕地とで臣民の歓心を繋ぎつつ、その見返りに兵役・租税負担の義務を課すという仕組みを、根底において支えるものであった。

3　同時代人のみた前二二一年の中国

睡虎地秦簡から

一人目の証言者は、名前を「喜」という。前二六二年十二月の生まれだから、秦王政より三歳ほど年長にあたる。数えで三歳の時に長平の戦いが起こり、十二歳の時に昭襄王が死んだ。秦王政の元年には十七歳になり、徭役《ようえき》を負担できる成人男子として登録されている。彼は銀の匙をくわえて生まれてきたわけではないが、若いうちに文字の読み書きを習得する機会に恵まれたようで、十九歳で役所の書記に採用された。以後、順調にキャリアを重ね、二十二歳で南郡安陸《あんりく》県(現在の湖北省雲夢《うんぼう》県)の長官官房づきの書記になり、二十三歳でその北にある鄢《えん》県(同宜《ぎ》城《じょう》市)で同じポストに就くと、二十八歳の時には同県で裁判担当の役職に異動した。

翌年、二十九歳で初めて従軍する。ただ、どこの戦場に送り込まれたのかはわからない。二年後に再度従軍した際の戦地は平陽《へいよう》(河北省臨漳《りんしょう》県)で、ここは趙の都、邯鄲《かんたん》のすぐ南にあたる。時に前二三二年、つまり最初の大動員をへて趙に攻勢をしかけた年である。喜はこの大動員に巻き込まれ、故郷を遠く離れたらしい。先に述べたとおり、この時の戦果ははかばかしくなく、翌年に秦ではすべての男子に年齢の申告が命じられた。これを承けて、喜も自分の年齢を届け出ている。ただ幸いなことに、彼が再び従軍を命じられることはなかったらしい。

以上に紹介したのは、一九七五年に湖北省雲夢県の睡虎地《すいこち》という場所で見つかった、秦代の竹簡《ちくかん》(文

睡虎地秦簡「編年記」(部分)
下の数字は簡番号。「廿五年」(前二二二)と「廿六年」(前二二一)の欄には何も事件が書かれていない。

字を記すのに使われた竹の札)に記された内容である。より正確にいえば、睡虎地一一号秦墓に副葬された竹簡群(睡虎地秦簡)のうちの、「編年記」と呼ばれる史料に拠っている。これは全部で五三本の竹簡からなり、前三〇六から前二一七年まで、計九〇年にわたる年表の一種で、そこには秦で起こった大事件とともに、墓の主であろう「喜」という人物の、個人の歴史が書き込まれている。始皇十七年以降の内容は、その全文を紹介しよう。引用中の「……」や「□」は文字が不鮮明で釈字や解釈が難しい部分である。

前二三〇年、韓を攻撃した。
前二二九年、趙を攻撃した。正月に息子の恢が生まれた。
前二二八年、……南郡で警戒態勢がとられた。
前二二七年、七月に母上が亡くなった。韓王の身柄が□山におかれた。
前二二六年、韓王が死んだ。昌平君(楚の公子)の身柄が移された。……
前二二五年、魏の都、太梁を攻撃した。
前二二四年、兵を動員し、楚を攻撃した。……四月に昌文君が死んだ。
前二二三年、……王……

右にあげた年表の記事は、二二三頁に紹介した征服戦の経緯と一致し、この史料の信頼性は高い。それならば、つぎの前二二二年には燕の滅亡、前二二一年には斉の滅亡とそれによる統一の完成とが記されているに違いない。そう思って編年記の、つぎの欄に目をやると、そこにあるのは意外にも「空欄」である。前二二二・前二二一年の欄には、何も書かれていない。

この沈黙に特別な意味を認めようとする者もいる。すなわち、南郡はもともと楚の領土で、喜の一族も楚人の家柄であったに違いない。愛する祖国の滅亡を記したのち、喜は筆をおき、統一という「歴史的な大事業」をあえて記録しないことで、せめてもの抵抗の姿勢を示したのだ、と。

しかし、これはいささかうがちすぎであろう。編年記は秦の征服戦の展開を正確に記す一方で、六国側からの反攻にはまったく言及せず、そこに反秦の姿勢はうかがえない。そもそも喜が興味を寄せる事

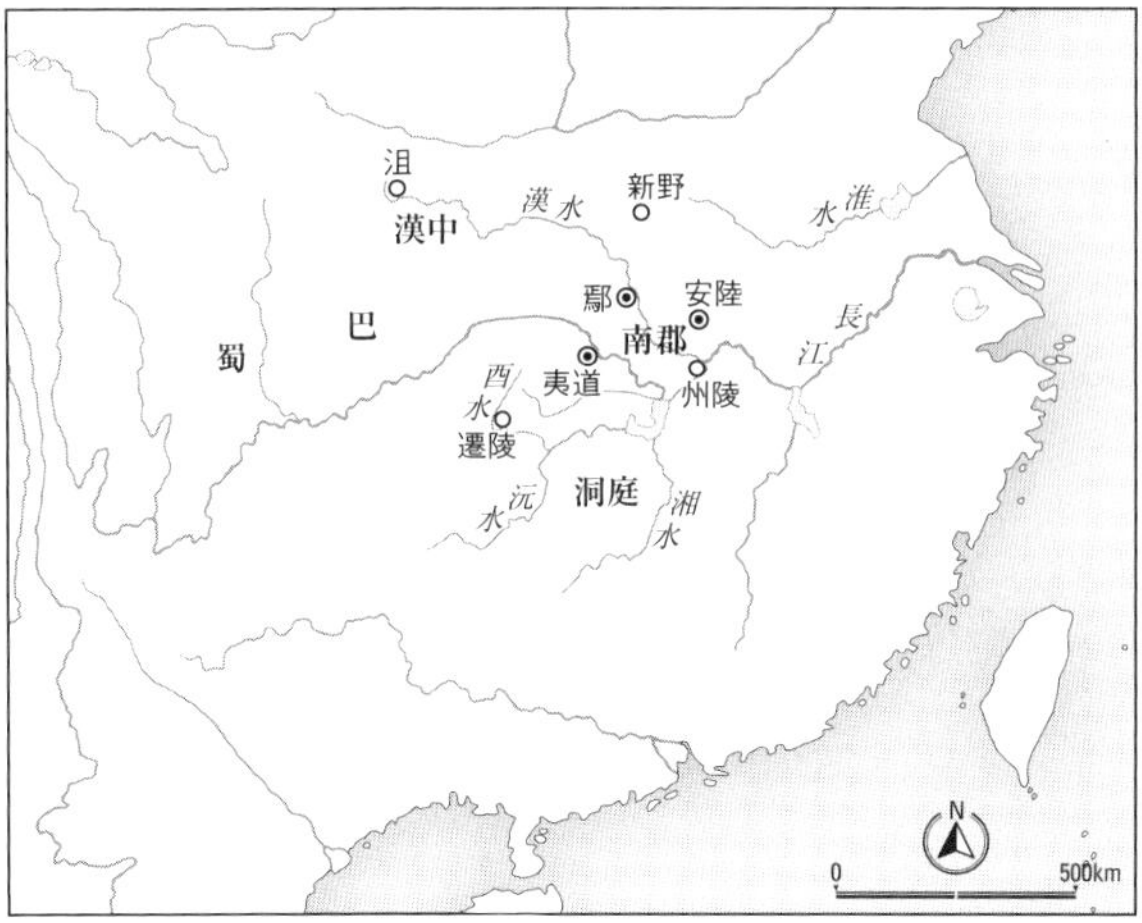

睡虎地秦簡関連地図

件の範囲は狭く、楚、さらには南郡の北に拠点をおく韓の情勢は取り上げられるものの、はるか遠方の燕・斉はもちろん、魏や趙に対してもあまり関心がはらわれない。それゆえに、ほかにも空欄になっている年はある。「無言の抵抗」という解釈は、「楚雖三戸、亡秦必楚——楚の人間がたとえ三世帯だけになっても、秦を滅ぼすのは必ずや楚人である——」(『漢書』項籍伝)などという、対秦反乱中のスローガンから生み出された、紋切り型の先入観に影響を受けているといわざるをえない。

結局のところ、前二二一年には喜にとって重要な事件が、何ひとつ起こらなかったのである。先にそれを「意外にも」と形容したが、考えてみればそれで当然なのかもしれない。南郡から遠く離れた燕や斉が滅びても、それは喜に何の感興も与えなかった。そしてもちろん、彼の日常生活にも何ら影響をおよぼさなかったに違いない。秦による統一は一つになるべきものが一つになった、記念すべき大事業の完成ではない。少なくとも地方に暮らす一介の小役人は、そうした意識を持ち合わせていなかった。

とはいえそんな喜も、身のまわりの微妙な変化を肌で感じていたかもしれない。最近よそ者が妙にたくさんうろついているけれど、そのくせ連中を取り締まるべき役人の方は、どうやら人手が足りていないようだ、と。

里耶秦簡から

つぎに証言台に立つのは洞庭《どうてい》郡遷陵《せんりょう》県の官吏たちである。洞庭郡は南郡のさらに南に位置し、現在の湖南省北西部一帯にあたる。その西の端のあたり、湖南省・湖北省・重慶市の境界が交わる附近の山間の町(現在の湖南省龍山県里耶鎮)に、秦代には遷陵県という県がおかれた。この県城の遺構が二〇〇二年に発掘され、古井戸のなかから三万八〇〇〇枚あまりの木簡が見つかった。「里耶《りや》秦簡」と呼ばれる一群の新出史料である。秦代に役所の業務遂行のなかで作成され、保管されていた公文書が、やがてこの古井戸に廃棄されたとおぼしい。

里耶秦簡によると、遷陵県が設置されたのは前二二二年のことである。前年に楚を滅ぼした遠征軍は、この年さらに南下し、長江以南に存在した土着勢力を平定しており、これを承けて洞庭郡やその配下の県がおかれたらしい。この山深い里耶の地にもさっそく秦の役人が送り込まれ、そこで前二二一年、すなわち始皇二十六年を迎えることになる。

当時、遷陵県の長官は「抜《ばつ》」といい、この年の早い時期には長官代理として「禄」という人物の名もみえる。彼らのもとで、すでに一定数の下級役人が働いており、貸し出した官有の船が返ってこないとか、移住者がきたけれどその年齢を記した帳簿が届いてないとか、三〇人ほどの盗賊集団が出没するので、どうか兵士を増派してほしいとか、さまざまな報告や依頼を寄せてきている。始皇二十六年づけの文書のなかには、つぎのような報告書もみえる。

始皇二十六年十二月八日、遷陵県長官代理の禄が申し上げます。沮《しょ》県(現在の陝西省勉県附近か)の長官代理である瘳がいうには、「始皇二十四年の、官有の家畜が産んだ子供を売却して銭に換える事業への成績評価で、わが県は最下位となりました。(前の)沮県長官代理である周が担当者でしたが、〈新地吏〉となってそちらに赴任しました。勤務している県において彼を裁き、その裁定を報告していただきたい」と。●本県で関連方面に問い合わせましたが、周は遷陵県にはおりません。以上、申し上げます。

(里耶秦簡⑧1516)

当時、役人は年度ごとに勤務評定を受け、成績不良の場合は譴責処分を受けた。ただ右の簡の場合は、責任を取るべき「周」という人物が、「新地吏(新占領地の役人)」として洞庭郡に異動していたので、その居所を尋ねる問い合わせがまわってきたのである。ここにあらわれる「新地吏」については、つぎに紹介する岳麓《がくろく》書院所蔵簡に関連する規定がみえ、悪事をはたらいたため、あるいは病弱であったため、いったんは罷免された役人が「新地吏」とされたことが知られる。周が陝西省から湖南省まで飛ばされた理由は分からないが、いずれにせよ、有能とはいいがたい官吏だったのだろう。

とはいえ、えり好みをしている場合ではない。征服戦により秦の領土は一気に拡大し、新占領地の統治を担いうる人材の需要は急激に高まった。なかには現地で採用された者もいただろうが、昨日までの敵国人をおいそれと重要な地位につけるわけにもいくまい。そもそも遷陵県のような山間の僻地では、「現地の人材」など最初から期待できない。里耶秦簡にみえる遷陵県の官吏のうち、その出身地が判明する者は長官から下級役人にいたるまで、すべて他郡出身者である。好きこのんで僻地に赴く者などいないだろうから、期限つきの単身赴任者も多く、さもなければ無能な官吏が、なかばペナルティとして異動させられたというわけである。

遷陵県にいた官吏たちのおもな供給源となったのは、秦による支配の歴史が長い漢中や巴蜀《はしょく》地域(現在の陝西省南端や四川省一帯)で、「喜」の暮らしていた南郡の出身者もみえる。彼の同僚のなかにも「新地吏」として郡外に赴任した者がいたかもしれない。遷陵県の官吏定員は一〇三名に達し、その充足率はやはり高くなかったが、それでも五三名の官吏が実際に勤務していた。

新占領地に流れ込んできたよそ者としては、ほかに兵士と刑徒がいる。いつの時点での数字なのかわからないが、遷陵県には六〇〇名を超える数の兵士が駐屯していた。その出身地が確認できる者は、これまたいずれも他郡の出身である。加えて、三〜四〇〇名の刑徒がここで労役に従事していた。彼ら労役刑徒の出身地はよくわからないが、多くがよそ者であったことは想像に難くない。岳麓書院簡中の裁判記録には、姦通罪を犯した者が夏陽県（現在の陝西省韓城県附近）から新占領地の魏県（河北省大名県附近）に送り込まれ、そこで服役していたとおぼしい例がみえる。

征服戦争とその後の統一事業は大規模な人の移動をともなった。遠征軍に動員された秦の人たち、戦乱による荒廃で故郷を離れざるをえなくなった被征服地の人たち、新占領地に送り込まれた官吏・兵士・刑徒など。さらに統一が成った後も軍事行動や土木事業は続き、それにも多くの人間が動員された。占領地の力を削ぐため、天下の有力者一二万戸が首都咸陽に移住させられたほか、始皇帝陵周辺に三万家、雲陽宮《うんよう》に五万家という具合におこなわれた強制移住のことも忘れてはなるまい。

右にあげた人々のうち、兵士や人夫として動員された者は任務が終われば帰郷を許された。その点で強制移住させられた人々とは境遇を異にする。だが仕事はつらく、またその務めを終えて帰郷を許されても、故郷で安穏とした生活が待っているわけでもない。彼らのなかには、任務から逃げ出し、むしろ新天地で生きる道を選んだ者もいたに違いない。統一前後に故郷を離れた人々の、それぞれの事情について、もう少し耳を傾けてみよう。

岳麓書院所蔵簡から

前二二二年四月、南郡州陵県の役人が一〇名の男女をとらえた。徒党を組んで強盗・殺人をはたらいた容疑である。訊問したところ、うち四名は秦の支配地域から逃亡した「秦人」であった。州陵県では同年二月にも一四名で強盗・殺人をはたらいた集団がとらえられ、そのうち四名は「秦人」、一〇名は「荊(楚)人」であった。四名の秦人は楚の支配地域に逃亡し、そこでほかの仲間と知り合い、その後みなで秦に降ろうと州陵県まで戻ってきたものの、罪をとがめられるのを恐れて官に出頭せず、山谷に隠れて盗賊稼業に手を染めたのだった。

これらの事件に関する記録は、すでに言及した岳麓書院所蔵簡にみえる。これは睡虎地・里耶秦簡とは違って、通常の発掘で見つかったものではない。香港にあらわれた盗掘品を岳麓書院が購入したものである。おそらく墓から盗掘されたのだろうが、それが秦墓なのか漢墓なのか、貴族の墓なのか庶民の墓なのか、出土状況にかかわることはまったくわからない。とはいえ、この簡が骨董市場にあらわれた時点で里耶秦簡はまだ未公開だったが、里耶秦簡ではじめて知られた新事実と合致する内容を岳麓簡は含んでおり、したがって贋物でないのは間違いない。右に紹介したのは、そのうち「為獄状等四種」と名づけられた一連の裁判記録にあらわれる事件である。

これらの事件では犯人が秦人であるか否かが問題にされているが、「秦人」とあるからといって、彼らが秦文化への帰属意識をもっていたり、秦王のお膝元である関中の出身であったとはかぎらない。秦に投降した人間はいずれも「秦人」とされ、一つの都市が秦に降伏した時には、住人がまるごと「秦人」とされる場合もあったからである。とはいえ右の事例に垣間みえる「秦人」と「楚人」が入り交じった社会状況は、当時生じていた大規模な人口流動の一端であるに違いない。岳麓簡のなかには、前二二五年に南陽郡新野県(現在の河南省新野県)の少年が、大胆にも将軍の手紙を偽造してその息子を名乗り、銭をだまし取って楚に逃亡しようとした事案がみえる。わずか十五歳の少年の頭に「楚への逃亡」という選択肢が浮かんだのも、こうした社会状況と無縁ではあるまい。

兵士の身の振り方についても、岳麓簡には興味深い事案がみえる。前二二六年の、墓泥棒をめぐる一件だが、登場人物のなかに「冗募《じょうぼ》」の「禄」という者があらわれ、他の逃亡者とともに魚をとって暮らし、仲間に自分は逃亡中で、以前は夷道《いどう》(現在の湖北省宜昌《ぎしょう》県)にいたと語っている。「冗募」というのはある程度長期にわたって従軍する志願兵で、短期間で交代する徴集兵、「更戍《こうじゅつ》」とは区別される。こうした連中はいわば、食べていくために兵士となった者で、その社会的・経済的境遇が恵まれたものであったとは、とうてい思えない。この事案にはほかにも「冗募」たちがあらわれ、逃亡兵であるかどうかは明記されないが、盗掘品を買い取ったり、盗掘そのものに関与したりと、あまりまっとうな人生を送っていない。たとえ彼らが逃亡することなく、無事に除隊の日を迎えたとしても、故郷をめざすことはなかったのではあるまいか。

これら「冗募」たちの出身地はわからないが、「上造」(下から第二級の爵位で、敵の首級を二つあげた者に与えられる)を帯びる者もおり、実戦に参加してそれなりの軍功をあげたベテランが含まれた。折しも前二二六年は対楚遠征が開始する年でもある。李信が二〇万の軍勢で楚を攻めたのはその翌年のことと推測され、それが頓挫した後、前二二四年には六〇万の大軍があらためて派遣された。その中核となる軍勢は明らかに関中で編成され、始皇帝の見送りを受けてはるか遠方の楚へと赴いている。軍事遠征が大規模な人口流動の重要な契機となり、さまざまなルーツをもつ人間たちを中国全土にまき散らしていたことを、当時の時代背景として頭の片隅にとどめておく必要があろう。

同時代人が発した肉声のおもしろさゆえに、すこし想像をふくらませすぎたかもしれない。また時代も前二二一年という年からやや離れてしまった。このあたりで始皇帝その人に視線を戻し、あらためてその統一後の軌跡をたどってみよう。

4 秦の占領政策とその限界

郡県制の徹底

睡虎地秦墓の主である「喜」には完全に無視されたものの、斉を滅ぼして「統一の偉業」を成し遂げた時、秦王政はちょっとした高揚感に包まれていた。前年に引き続き天下の民に大々的な酒宴を許したのも、翌前二二〇年、通常なら戦場であげた敵の首級の数に応じて与えられていた爵位を、気前よく一級ずつばらまいたのも、彼の興奮ぶりを伝えている。

だが課題は山積みである。急激に拡大した領土を、いったいどうやって支配すればいいのか。先例を参考にしようにも、中国全土が一人の支配者に服属するという事態は、この時はじめて現実のものとなったのだから、そもそも「先例」など存在しない。そのことは秦王政も十分に自覚しており、ゆえに「王」という称号にかわって「皇帝」号を採用し、自らが「王」とは別次元の存在になったことを示そうとした。「皇帝」が天下の支配者として君臨するという、中国における「帝国」の基本型が、ここに誕生したのである。

しかし称号を改めたからといって、天下の民が平伏して忠誠を誓うわけではない。帝国全体ににらみをきかせるためには、いったいどうすればいいのか。統一の年にさっそく、この点をめぐって臣下のあいだで論戦が繰り広げられた。まず口火を切ったのは宰相の王綰《おうわん》である。

諸侯たちはやっと平定されたばかりで、また燕・斉・楚の地は都から遠く離れており、王をおかねば鎮定できません。どうかお子さま方を王としていただきたく、お許しを請う次第です。

（『史記』秦始皇本紀）

秦はすでに、占領地に新しい郡・県を設置していた。前二二二年に江南の地を占領すると、ただちに洞庭郡が設けられ、配下には県がおかれたことは、先に紹介したとおりである。したがって統一が成し遂げられた時点で、帝国のほぼ全域が郡県制の下におかれていた。始皇帝に新しい称号を提案する上奏文のなかでも「いま天下はすべて郡・県となりました」と高らかに宣言されている。

こうした現状に潜む問題を、王綰は憂慮する。彼が問題視するのは遠隔地支配の難しさである。領土が関中平原周辺にとどまっていた頃ならともかく、はるか沿海地域まで領有した今、なおも郡県制は機能するのか。各郡・県の長官は秦の役人であり、巨大な官僚機構の一部として、重要事項の決定に際しては上官に報告し、その裁可を得ることが求められた。だが場合によっては、中央の指示を悠長に待ってはいられない事態もあり得よう。むしろ遠隔地には「王」をおき、各地の実情にあわせて独自の判断に任せたほうが、占領支配の安定が望めるのではないか。王綰の懸念はもっともであり、通信・交通手段の整備されていない段階では、彼の提案の方がより現実的であるともいえる。だがこれに真っ向から反対したのが廷尉《ていい》の李斯《りし》である。

周の文王・武王が封建した諸侯には、王の子弟や同姓の者がはなはだ多かったのですが、その後つながりも疎遠になると、互いを仇のように攻撃し、こうして諸侯が争いあうのを、周の天子もとめられなくなりました。今、天下は陛下の非凡なお力により統一され、いずれも郡・県となりました。お子さま方や功臣には公の税金からたっぷりと褒美を与えておけば十分で、その方が制御しやすいでしょう。天下が心を一つにするのが安寧の道であり、諸侯をおくのは得策ではありません。

（『史記』秦始皇本紀）

李斯が恐れるのは各地の王が自立する事態である。周の封建制の破綻がその先例とされるものの、そもそも周代の諸侯たちが「一族の結束」をもっていたのか、すでに述べたとおり疑わしい。だが「それでは戦国時代に逆戻りだ」という反論は始皇帝の心をつかみ、公子たちの封建は見送られた。こうして帝国を郡・県に編成し、それぞれに中央から長官を派遣し、直接統治する制度が全土で徹底された。この地方行政制度は、中身を若干変化させつつ、その後も存続する。皇帝号の採用以上に重要な決断が、この時くだされたといって良い。

ただしこの決断は、あるべき領土支配の姿を慎重に吟味したうえでくだされたものとはいいがたい。議論の焦点はむしろ公子・功臣の論功行賞問題にあり、そのことは李斯の、公子・功臣には「税金から褒美を与えておけば十分」だという台詞にあらわれている。そもそも王綰が公子らを王にしようとしたのも、じつは遠隔地支配への懸念によるものではなく、彼らの利害を代弁してのことだったのかもしれない。帝国の隅々まで郡県制で効率よく統治できるのか、というもっとも肝要な懸念は棚上げにされたまま、秦の占領統治は幕を開けた。

度量衡の統一

郡県制の徹底が決断されると、全国は計三六の郡に分けられ、それぞれに長官である「守《しゅ》」のほか、軍事担当の「尉《い》」、監察担当の「監《かん》」がおかれた。『史記』秦始皇本紀によると、これに続いて度量衡の統一、さらには車軌《しゃき》の幅の統一といった一連の統一政策が実施された。

戦国時代、度量衡の単位は国や地域によってさまざまだった。重量単位を例にとるなら、秦では両《りょう》

始皇帝の詔書を刻んだ銅製楕円形枡
短い把手は中空。
外の壁面に秦の始皇帝26年の詔書(本文参照)を刻む。
陝西歴史博物館蔵

銖《しゅ》制（一銖＝約三分の二グラム、二四銖＝一両、一六両＝一斤、三〇斤＝一鈞）、魏・趙・韓では鎰斤《いつきん》制（一斤＝約一二グラム、三二斤＝一鎰）、斉では鋝鍰《れつかん》制（一鍰＝八グラム、一二鍰＝一鋝？）、という具合である。度量衡が違うからには、馬車の両輪のあいだの長さもそれに応じて規格が異なったのだろう。ほかの国から馬車に乗ってやってきた者は、車のわだちにそって自分の馬車を走らせることができず、四苦八苦したに違いない。

しかし、いまや中国は秦によって統一されたのだから、あらゆる者が秦の度量衡に従い、かつての障《しょう》碍《がい》は取り除かれるべきである。そうした始皇帝の意気込みは、基準器として全土に頒布された升や分銅の表面にも刻まれた。

始皇二十六年、皇帝は天下の諸侯を併合し、これにより民は平和を享受するようになった。「皇帝」の称号を採用し、丞相の隗状《かいじょう》と王綰にこう命じた。「法令や度量衡で、統一されず問題のあるものは、すべてはっきりと統一せよ」と。

同じ刻文をもつ基準器は山東省や河北省からも出土しており、その徹底ぶりがうかがえる。

度量衡の統一は、現実的な必要に迫られて実施されたものでもあった。秦は耕地面積に応じて一定量の収穫物をおさめさせる税制を敷いており、地域によって度量衡の単位が異なったならば、徴税吏は面積や容積の換算に苦労していたことであろう。統一政策によりその業務が大幅に省力化されたことは、想像するに難くない。

しかし度量衡統一の理由は、財政業務や交易活動の利便性のみに帰せられるものでもない。たしかに度量衡の原則が複数存在していたら何かと混乱が生じそうだが、一つでなければ統一国家が成り立たないというわけでもない。さらにいえば、戦国時代からすでに、異なる度量衡のあいだでの換算の仕組みが工夫されていて、国や地域の枠を越えての交易に便宜がはかられていた。例えば秦の「一鈞」は約七六八〇グラムで、鎰釿制の「二〇鎰」に相当する。「一銖×二四＝一両」、「一両×一六＝一斤」と、八の倍数ごとに単位を繰り上げるのが両銖制の原則であったにもかかわらず、「鈞」のみが「一斤×三〇＝一鈞」となっているのは、それが「鎰」との換算を容易にするために設けられた、新たな単位であったことを示している。こうした工夫をこらせば、大量に基準器を製造・頒布して度量衡を統一せずとも、さほど不便はなかったかもしれない。

それでも度量衡の統一が実施され、その遂行に少なからぬ労力がつぎ込まれたのは、それが現実的な必要を満たすためだけではなく、それ以外の目的、とりわけ全土の統一を象徴する役割を担っていたからであろう。それまでどのような単位を使っていようと、今後は秦の両銖制に従わねばならない。たとえわずかな土地しかもたない農民でも、租税をおさめる時、その事実を思い知らされることになる。征服者の度量衡を帝国全土に導入させることは、社会の隅々にまで新しい支配者の到来を知らしめる効果をもっていた。

統一政策の虚実

始皇帝は文字と貨幣の統一もおこない、そこにもまた、新しい支配者の存在を象徴的に示そうとする企図が込められていた。だが度量衡の場合と違い、その効力は実用面においても象徴的機能においても、あまり大きくは見積もれない。

まず文字の統一について。『史記』秦始皇本紀には「書同文字(書は文字を同じうす)」と記されるだけで、詳細がよくわからないものの、後代の史料の補足説明に拠ると、この時李斯の上言に従って「小篆《しょうてん》」という書体が採用され、それに合わない文字は廃止されたらしい。たしかに、度量衡の基準器に刻まれた詔(二四一頁図)や、のちに言及する、始皇帝の巡幸の際に各地に建てられた石碑の文章は小篆で書かれており、これらに限っていえば文字の統一は徹底されていた。

ところが睡虎地秦簡や里耶秦簡に目を移すと、少し話が違ってくる。そこで用いられているのは「隷書」という書体に属する、さらに簡略化された書体である。里耶秦簡は前二二一年以降に官吏が作成した公文書をそのなかに含むが、それらも基本的に隷書で記されている。したがって、文字統一の命令を承けてあらゆる文章が小篆で書かれたのではなく、皇帝の詔勅のような最上級の公文書では書体が小篆に統一されたものの、地方行政の末端でやり取りされる文書にはより簡便な隷書が用いられていた。私的な文章も同様であったろう。「統一書体」の使用範囲は極めて限られていた。貨幣の統一にも同じことがいえる。

戦国時代、地方ごとに異なっていた金属貨幣は、秦で使用されていた青銅の方孔円銭《ほうこうえんせん》「半両銭」に統一された。だが統一が命じられたのは始皇帝没年のことで、始皇帝ではなく二世皇帝の命令であった可能性が高い。その翌年に農民反乱が勃発し、ほどなく秦は滅びたのだから、効力の疑わしさは推して知られよう。考古調査の結果もそれを裏付けていて、河北・山東・長江下流などでは秦半両銭の出土がほとんどなく、逆に地域によっては、漢の初め頃まで戦国時代以来の銅銭が使用され続けていた痕跡があるという。

そもそも一般人の日常においては、青銅貨幣を使用する場面自体がさほど多くなかった。銅銭は唯一の交換手段ではなく、規格化された布帛もまた実物貨幣として重要な役割をはたしていた。腐敗や劣化の心配がなく、保管が容易な銅銭は各地の官衙に蓄えられ、物資調達が必要な際に用いられ、銭での納税を認めることでそれが再び官の側に環流してくる、というサイクルを中心にして流通していたと考えられる。韓・魏・趙の銅銭（「布銭」）の鋳造地が秦と対峙する軍事拠点に集中することや、秦の半両銭が四川・黄河河曲《かきょく》地帯・黄河中流から漢水をへて南中国に向かう一帯、つまり秦の軍事的進出ルートから多く出土していることは、銅銭と軍事物資調達との関係を裏付ける。銅銭の役割が限られていたからこそ、統一後も十数年にわたって貨幣の統一は実施されなかったのだろう。まったく不便がないにもかかわらず、あえて統一に踏み切ったのなら、その理由は実用面での必要性よりむしろ、新皇帝の誕生をアピールしたいという二世皇帝の思惑に求められる。

結局、一連の統一政策は「帝国」の出現を広く知らしめようとするプロパガンダの一環で、実効力は

布銭

半両銭

刀銭

戦国期の青銅貨幣

必ずしも大きくなかった。しかし最後につけ加えておきたいのは、政策とは別の次元で、文字や貨幣の統一が確かに進行していたという事実である。

まず文字についていうなら、例えば里耶秦簡の書体と戦国楚の竹簡の書体は一見明らかに異なる。漢字の書体は戦国期に各地で独自に発展し、互いに相違するようになったというのももっともだと感じられる。だが仔細に比較すると、基本的な文字を中心に少なからぬ文字がほぼ同一の形態であったり、字形を多少異にしながら類似していることに気づく。外交文書の交換などといった機会を通じて、各諸侯国が使用する隷書の書体は相互に接近していたと考えられている。

また秦の半両銭は、漢代になっても公式貨幣として使用され続ける。王朝の交代をへても新たな貨幣が発行されなかったのは、秦半両銭がすでに相当量流通するようになっていて、新通貨の鋳造が社会に混乱をもたらすと危惧されたためであろう。こうして半両銭は定着し、漢が新たに貨幣を発行するにいたっても、「方孔円銭」という型式は継承される。「四角い穴の空いた丸い金属片」というフォーマットが中華帝国における銅銭の基本型となり、その影響は日本をはじめ周辺諸国にもおよんだ。秦代という時間的な枠組みをはずして、中国文化の形成とその共有という大局のなかに位置づけたとき、秦の統一政策はやはり無視しがたい意味をもっている。

始皇帝の巡幸

統一直後の始皇帝に話を戻そう。郡県制の徹底、諸々の統一政策、とつぎつぎに新政策を繰り出した始皇帝は、つぎなる一手としてその翌年(始皇二十七年)から各地への巡幸を開始する。その年次とおもな訪問先はつぎのとおり。

第一回：始皇二十七(前二二〇)年。咸陽→隴西《ろうせい》→北地→鶏頭山《けいとうざん》→回中《かいちゅう》→咸陽

第二回：始皇二十八(前二一九)年。咸陽→嶧山《えきざん》→泰山《たいざん》→成山→之罘《しふ》→琅邪山《ろうやさん》→彭城《ほうじょう》→衡山《こうざん》→湘山→南郡→咸陽

第三回：始皇二十九(前二一八)年。咸陽→陽武《ようぶ》→之罘→琅邪山→上党→咸陽

第四回：始皇三十二(前二一五)年。咸陽→碣石《けっせき》→(北辺巡幸)→上郡《じょうぐん》→咸陽

第五回：始皇三十七(前二一〇)年十月〜七月。咸陽→雲夢→銭唐《せんとう》→会稽山《かいけいざん》→呉→琅邪山→之罘→平原《へいげん》津《しん》→沙丘平台(死去)

統一後、一二年の治世のあいだに、始皇帝は計五回もの巡幸をおこなっている。車列を組み、大臣や側近を引き連れての旅であり、長期にわたる場合はほぼ一年の月日を費やすこともあったろう。巡幸のための皇帝専用道「馳道《ちどう》」も全土にめぐらされた。その道中で彼は命を狙われたこともあるし、最後は旅の途上で病に倒れ、帰らぬ人となった。文字通り、命がけの大旅行である。なぜここまでして巡幸を繰り返したのか。

巡幸にはさまざまな目的があった。まずわかりやすいのが軍事拠点の視察である。第一回巡幸では西部辺境一帯を訪れているし、第四回では渤海湾に臨む碣石から北方の辺境を経由して都に戻っている。秦が北の遊牧勢力、匈奴との戦争を始めるのは、この第四回巡幸の直後である。『史記』では、巡幸中に「秦を滅ぼすは胡(異民族)なり」と書かれた予言の書がたてまつられ、これをみた始皇帝が対匈奴遠征を決意したことになっているが、これは二世皇帝(胡亥)の即位をめぐるできすぎた逸話の一部であ

り、信用がおけない。戦端を開く前に、始皇帝自らが軍事拠点を視察したのだろう。

つぎに、始皇帝が多くの「山」を訪れたことに気づく。これらはいずれも山岳信仰の対象となる名山である。なかでも有名なのが泰山で、古来重要な祭祀の場であったこの山で、始皇帝は「封禅《ほうぜん》」(天と地を祀る儀式)をおこなった。巡幸中にこうした祭祀をおこなうと、その地には往々にして石碑が立てられ、秦の威徳が称えられた。二四七頁の一覧のうち四角で囲んであるのが、石碑の建てられた場所である。名山での祭祀はその地の支配者のみに許された聖なる儀式であったが、今や天下の支配者は始皇帝ただ一人なのだから、それら名山を祀る権利、祭祀権も始皇帝の掌中にある。各地での祭祀はそれを象徴的に示す行為であり、その事実は石に刻まれ、他の偉業とともに永遠に伝えられた。統一政策と同じく、巡幸もまたプロパガンダとしての役割を帯びていた。

宣伝ということであれば、生身の始皇帝が各地を訪れること自体、強烈なインパクトをもっていた。前二二一年には「編年記」に何事も記さなかった「喜」も、第二回巡幸の途上で始皇帝が南郡に立ち寄った時には、

前二一九年、今上皇帝が(南郡の)安陸県を通過した。

と書き込んでいる。のちに秦を滅ぼす項羽は始皇帝の車馬行列をみて「いまに取ってかわってやる」と誓い、一方の劉邦は「男に生まれたからは、こうなりたいものだ」と、わが身のふがいなさを嘆いたという。真偽はともかく、巡幸の様子を多くの一般人が目撃していたからこそ生まれたエピソードであろう。きらびやかな馬車を並べ、整備された道を行く「皇帝」の姿は、いま帝国が一人の男によって支配されていることを、みる者に強く印象づけたに違いない。

ただし、巡幸がそうした効果を生んだのは確かだとしても、実際のところなぜ始皇帝が巡幸にこだわったのか、真の理由はよくわからない。経書に記された遍歴する聖王たちの逸話を真に受けてそれに倣ったのかもしれないし、東の海の向こうにあるという仙人たちの島にあこがれ、海に臨む離宮への行幸を繰り返したのかもしれない。だが始皇帝がこう確信していたのは間違いない。六国を征服したことに満足し、ただ安穏としていたのでは、この統一は維持できない、新しい一歩を踏み出さなければ「皇帝」の求心力は高まらない、と。そうした新たな試みの一つが巡幸であり、もう一つはさらなる征服戦争だった。

対外遠征の背景とその余波

前二一五年、蒙恬《もうてん》将軍に命じて三〇万の軍勢で匈奴を攻撃させると、翌年にはそれを北に斥《しりぞ》け、有名な「万里の長城」を築造させた。この年には南にも兵が向けられ、五〇万ともいわれる軍勢が南嶺山脈を越えて南越(現在の広東省・広西チワン族自治区一帯)に攻め込んだ。南征軍に動員されたのは税金逃れの前科がある者や商人などで、やがて兵力を失うと、犯罪者が追加徴用されたという。三〇万、五〇万といった数字の信憑性は低いが、なりふり構わぬ兵員調達のさまは、これらの軍事行動が秦の正規兵によって支えうる規模をすでに大きく超過していたことを示している。にもかかわらず遠征を敢行したのは、巡幸の場合と同じく、皇帝の偉大さを顕示するという政治的な目的のためであった。

六国を征服し「平和」をもたらしたこと、文字や度量衡を統一し、従うべき法律をはっきりと定めたこと、これらも始皇帝の偉大な業績であり、臣下からの上奏文や巡幸中に立てられた石碑のなかで繰り返し称揚される。加えて、第二回巡幸の途上で琅邪山に建てられた石碑には、つぎのような賛辞が刻まれている。

この天下はすべて皇帝の土地である。西は流沙を越え、南は北戸を覆いつくし、東は東海を領有し、北は大夏《たいか》の向こうまで。人跡のいたるところ、臣下とならない者はいない。功績は古えの五帝にまさり、その恩沢は牛馬にまでおよんでいる。

（『史記』秦始皇本紀）

「流沙」とは中国西方の砂漠地帯、「北戸」とははるか南方にあるので、そこでは太陽が北の空を通ると信じられていた想像上の国である。ここでは秦の領土が、実際の領域を越えて、当時の人間が考える「全世界」にまで広げられている。これはもちろん、皇帝の権威を誇張する修辞にすぎない。だがこうした修辞の存在は、「皇帝」が「王」とは別次元の支配者であることを示す証拠として、領土の広大さが決定的に重要であったことをうかがわせる。これを単なる修辞表現にとどめず、現実のものとし、それにより皇帝の地位をさらに確乎たるものにしたい。傍からみれば無謀でしかない対外遠征も、始皇帝からすれば、まぎれもなく必要不可欠なつぎの一手であった。

対外遠征は社会に深刻な疲弊をもたらした。北方では匈奴の勢力があっさり退いたものの、遊牧を生業とする彼らにとって、これは完全な撤退を意味しない。機をうかがって戻ってくるのはたやすいことである。そこで秦は長城を築き、蒙恬の軍勢を北方に貼りつけ、さらには犯罪者を新占領地に入植させて、匈奴の再侵入を防がねばならなかった。南方では敵のゲリラ戦術により、指揮官をはじめ数十万人が戦死したという。前線を支えるための租税徴収や労役負担により、後方の者も苦しめられた。前二〇九年、長城防備のために徴発された一介の兵士がわずかな手勢で反乱を起こすと、それが全土に波及し、秦にはなす術がなかった。正規軍は遠く北辺にあり、かつ二世皇帝即位の際に将軍蒙恬が処刑されていたので、軍の統制も乱れていたのであろう。

さて、こうして秦の占領政策をおさらいしてみると、統一に実質を与えるための施策よりも、偉業をアピールし、人心を収攬《しゅうらん》しようとする企図の方が目につく。実質を伴わない「統一」は、何らかのきっかけで容易に瓦解する虞《おそれ》があり、秦にとってその契機となったのが無謀な対外遠征であった。

だが一口に「統一に実質を与える」といっても、それは容易なことではない。何よりも人手と時間が必要になる。官吏や兵士を配置し、土地を給付し、各地の実情を勘案しつつ税を徴収し、治安を保証し、一方で秩序を乱す者には制裁を加え、反乱者には兵が向けられたならば、つまり、秦帝国に帰属すれば利益が得られ、離脱すれば損害を受けることが明白であれば、統一はより実質を備えたことだろう。秦にはそうした体制を整えるための時間が、十分には与えられなかった。

とはいえ、たとえ短期間であっても、占領地には郡県制が施行され、それを維持するための人員が配備された。彼らには何ができ、何ができなかったのか。最後に郡県制の実態を、再び出土史料に基づいて紹介しておこう。

郡県制の実態――遷陵県の場合

前述のとおり、秦代の遷陵県には五三名の官吏が勤務しており、さらに六〇〇名を超える兵士が駐屯し、三～四〇〇名の刑徒もここで労役に従事していた。この官吏の数は漢代の一般的な県と比べても遜色なく、むしろ大県と肩を並べる。また六〇〇名という兵士の数も、これまで想定されていた県の常備軍の規模より多い。兵士たちは治安維持に動員される一方で、役所での雑用や官有農地での耕作にも使役された。刑徒については毎日の作業内容が管理者によって細かく記録されていて、農作業を中心としつつ、家畜の世話や手工業労働、鳥の捕獲や文書の配達まで、さまざまな役務に就けられていたことがわかる。

一方、遷陵県が把握していた一般住民の数は、驚くほど少ない。県の下には「郷」という行政単位がおかれていたが、遷陵県下の郷はわずか三カ所で、各郷が把握していた世帯数の合計は前二一九～二一四年のあいだでたったの一五五～一九一戸である。一世帯五名というのが漢代の標準であったから、それに従うなら、遷陵県の人口はせいぜい一〇〇〇人程度ということになる。官吏・兵士・刑徒の総計と大差ない。

いくら山深い田舎にあるとはいえ、遷陵県の領内で暮らす一般人の数が全部で一〇〇〇人であったとは考えにくく、これは住民のごく一部であったに違いない。三つの郷はいずれも酉水《ゆうすい》という川にそって配置され、その流れは沅水《げんすい》をへて洞庭湖、長江へとつながる。山が続くこの地方にあっては河川が主要な交通路であり、秦軍は酉水にそって侵攻し、主要な聚落に支配の拠点をおき、それが郡県制のもとで県や郷として編成されたのだろう。遷陵県が把握していた戸口は、こうした川沿いの拠点周辺の、わずかな平地に暮らす一部の住人――おそらく後来の入植者が中心――であったと思われる。彼らの耕作地は、その面積が官によって把握され、面積に応じて税をおさめることが義務づけられていた。

一方、山間部に暮らす人々はこうした支配の網の目に組み込まれてはいなかった。里耶秦簡は、当地の一般人が毎年耕地を換えながら焼畑をおこなっていたことを伝えている。

……一般人の習俗は、農業を好んで商工業を嫌う。その習俗によると、焼畑をおこなって毎年耕地を換えており、関中の県とは異なる。……
（里耶秦簡⑧355）

中国西南から東南部の山岳地帯では、移動しながら山の斜面を伐採し、火を入れた後に種をまき、余熱と灰の養分で生育を促す農法がおこなわれていた。遷陵県に暮らす一般民の大多数は、山間部を移動しながら焼畑をおこなって生計を立てていたのだろう。

こうした人々の居所や家族構成を把握し、戸籍に登録するのは難しい。よしんば登録できたとしても、その耕地面積が毎年異なったのならば、定住農民とは違うやり方で租税を徴収せねばならない。中国南方の山間部に暮らす人々は、聚落ごとに小集団を形成して生活していたらしく、それならば戸籍をとおして各世帯を管理するよりも、例えばこうした小集団の頭目を把握して、一定額の租税をおさめさせた方が合理的だろう。関中平原を中心とする秦本土では有効だった郡県制も、生業や社会構造を異にする地域では十分に機能しなかった。遷陵県の官吏たちは、兵士や刑徒の力により酉水ぞいのいくつかの拠点を維持していたものの、山間部にその支配を広げられてはいなかった。そして、それを達成する時間が与えられる前に、秦帝国そのものが終わりを迎えることになる。

もっとも、この実例は帝国の辺境におけるものであり、華北の乾地農法地帯や長江流域の稲作地帯での新占領地の状況は、これとはかなり違ったであろう。そこには下級官吏に任用できる旧六国人も少なからずおり、中央により送り込まれたのは一握りの高級官吏のみであったと考えられる。地元の名望家が官吏として行政の実務を支え、秦による支配への協力者となった地域では、統治もより円滑に進んだであろう。だがそれでも、郡県制の画一的な方針では対処できないケースが大なり小なり各地に存在し、中央からの指示に頼っていては、柔軟には対処できなかったことだろう。いかにして遠隔地を効率的に支配するのかという懸案は、続く漢帝国に持ち越された。

5 「統一」の行方

漢による統一と郡国制

秦末の戦乱を勝ち抜き、再び中国に統一をもたらしたのは漢の高祖劉邦であった(前漢：前二〇二～後八年)。ただし、彼が皇帝の座に就いた時の経緯は、始皇帝の場合とかなり違っていた。

諸侯たちが上書してこういった「楚王韓信・韓王信・淮南王《わいなん》英布《えいふ》・梁王彭越《ほうえつ》・もとの衡山王呉芮《ごぜい》・趙王張敖《ちょうごう》・燕王臧荼《ぞうと》が昧死再拝《まいしさいはい》して大王陛下に申し上げます。先に秦は道にはずれたおこないをし、天下はこれを成敗しました。大王は真っ先に秦王をとらえ、関中を平定し、天下においてその功績はもっとも多大です。……さらに功をあげた諸侯王に恩恵を与えられ、自らの国を建てさせてくださいました。領地はすでに定まりましたが、称号はなお等しいままで、上下の区別がなく、大王の功績・威徳の著しいことが、後世に伝わりません。昧死再拝して「皇帝」の尊号をたてまつります」と。

(『漢書』高帝紀)

六国を滅ぼし、自ら「皇帝」を名乗った始皇帝に対し、劉邦はすでに「王」の地位を得ていた功臣たちによって「皇帝」に推戴された。劉邦の勝利は諸将の協力によるところが大きく、劉邦は彼らの取りまとめ役として「皇帝」の座に就いたにすぎない。こうした力関係を反映して、漢の皇帝が当初直轄支配したのは帝国の西半、つまり戦国期の秦の領域に限られ、東半の旧六国の領域には功臣が「王」として封建された。この体制は、郡県制と封建制を折衷したものとして「郡国制」と呼ばれる。郡国制は時に、秦による強引な郡県制の押しつけが失敗したので、その反省から採用されたのだとされる。だが右に述べた力関係からして、劉邦に郡国制以外の選択肢がなかったのは自明のことである。

皇帝の座を得た劉邦は、以後他界するまでの七年間、一転してこれら諸侯王の粛清に邁進する。ある者は謀反を密告され、改易されたのちに殺されてしまい、ある者は身の危険を感じて実際に挙兵し、高祖に攻め滅ぼされた。こうして、先の上奏文に名を連ねていた諸侯王たちは、ほとんどすべて取りつぶされてしまう。

ところが、こうして王たちの領地を自らのものとした時、高祖はそれを直轄地とする道を選ばず、功臣たちのかわりに同姓の親族を王として封建し、その地の支配を委ねた。高祖にとって、問題は百戦錬磨の諸将が大きな権力を握り続けていることであり、帝国東半の支配を王たちに委ねたこと自体は、決して苦肉の策ではなかった。むしろ遠隔地支配のためには、現地の自由裁量を認めるべきだと考えていたからこそ、功臣粛清後も王の封建を継続したのだろう。

誤解のないようにつけ加えると、自由裁量といっても、王に全権が委任されたわけではない。諸侯王国でも「漢法」の遵守が義務づけられ、王に仕える官僚たちの頂点に立った宰相などは中央により任命された。さらに領地が広い王国はいくつかの郡からなり、その下にはもちろん県もおかれていた。したがって漢初においても郡県制は全土に施行されていたといえる。秦と違ったのは、遠隔地の郡が王によって束ねられ、各王国のなかである程度の自由裁量が認められた点にある。

この制度には、地域ごとの問題に柔軟に対応できたり、不測の事態に機敏に対処したりと、さまざまな利点があったと思われる。史書に明記されているメリットとしては、例えば徭役負担の軽減がある。直轄地とされた郡県の住民は事あるごとに都の長安まで行かねばならなかったが、王国ではその必要がなく、民はこれを喜んだという。

もちろん、李斯が懸念したとおり、王が離反して自立する危険はあった。だが漢の初めには遠隔地に王のいたことが、むしろ帝国を救っている。高祖が没すると、皇后の呂《りょ》后が実権を握り、意のままに皇帝を改廃したり親族を王にしたりと専横の限りをつくした。呂后の没後、呂氏を粛清して事態を収拾し、文帝(在位前一八〇~前一五七)を即位させた立役者は、皇室劉氏の成員である各地の王たちであった。漢帝国の支配を支えていたのは官僚群の力だけではなく、皇室成員の助力に拠るものでもあり、その意味でも王の封建は自然な選択であった。

直轄支配への道

だがやがて、李斯の懸念が現実のものとなる。皇帝と諸王とのあいだに確執が生まれ、それが武力衝突に発展するのである。それにいたる伏線は、文帝の時代にすでに始まっていた。文帝に仕えた賈誼《かぎ》は、帝国がかかえる課題を列挙するなかで、諸侯王が皇帝に並ぶ権力をふるっていることをもっとも問題視し、その領地を細分化することで力を削ぐように求めた。

さらにつぎの景帝の時代(在位前一五七~前一四一)にはいると、領土細分化の方針は領土の削減へと進む。これに強い不満をいだいた諸侯王たちは、ついに共謀して兵をあげた。時に前一五四年、呉楚七国の乱と呼ばれる内戦である。反乱に加わった七つの国は山東半島から長江下流域一帯に広がる諸侯国で、とりわけ呉と楚は複数の郡から成る大国だった。それゆえ当初、勝敗の行方は定まらなかったが、皇帝の側が迅速に兵を進め、反乱軍の機先を制したことにより、結局は皇帝軍の勝利に終わった。

この反乱を画期として、諸侯王領の直轄化が進められる。多くの王国が取りつぶされたり、侯国に格下げされたりし、かろうじて存続した王からはその実権が奪われた。例えば王国の官僚組織は大幅に縮小され、その人事権もほとんど中央が握ることとなる。王はもはや、領地から得られる租税で衣食をまかなう、単なる寄食者にすぎなくなった。

とはいえ、全土を郡県制のもとにおきさえすれば、中央集権が完成するわけではない。事情は始皇帝の時と同じである。統治に携わる官僚をどうやって調達し、各地に送り込むのか。彼らによる統治の「質」を、いかにして維持するのか。さらに、各地で徴収した租税を適切に再分配する方法、いわば安定的な統治を可能にする財政的な裏づけの確保もまた、頭の痛い課題であった。

だが漢帝国の場合、諸問題に対処するための準備期間が十分にあり、それゆえに諸々の対策を徐々に打ち出し、懸案を解決してゆくことができた。そもそも、各王国は勝手なやり方で領民を治めていたわけではなく、漢の法に従い、郡県制の枠組みのもとで統治組織を整えていた。王国を廃したのちも、しばらくはこの組織とそれを支えていた人員を流用すればよい。ただし人事権は中央に回収したのだから、以後は中央が人材の供給にあたらねばならない。前一四二年、官僚となるうえでの財産資格が一〇万銭から四万銭に引き下げられたのは、こうした人材確保の一端でもあったろう。

官吏登用制度は、景帝に続く武帝(在位前一四一～前八七)の時代に整備が進み、前一三四年には毎年地方からエリート候補を推薦させる制度が始められた。この制度で推薦の主体となったのは地方長官(郡守)で、被推薦者はその配下に仕える下級官吏や当地の知識人であった。先にふれたとおり、地方の上級官吏は中央の任命であったが、下級官吏は地元の有力者のなかから長官により採用された。したがって、推薦の対象となったのはいずれも地域の名望家であったといって良い。かつての被征服者の子孫はこうして中央政府の高官となり、帝国による支配の一翼を担うことになった。

一方、地方官の不正や職務怠慢を監視し、統治の質を保証する仕組みとしては、例えば監察制度の充実があげられる。前一四五年と前一四三年、疑義の残る判決や納得のいかない裁判があったなら、ためらうことなく上級機関に報告するよう命じられている。こうした詔勅が立て続けに発布されたのは、遠隔地の直轄化が進む景帝期の事情と無縁ではあるまい。

財政運輸のシステムも武帝の時に整備される。前一一〇年に本格的な実施の始まった「均輸・平準」という新制度は、地方で徴収された税金の輸送や必要物資の調達を、官の主導のもとに統制するものであった。こうした中央集権的な運輸制度のインフラとなる運河の開削も、これに先立って実施されていた。かくして帝国の東半から、大量の穀物を調達することも可能となる。国力の充実に自信を得た武帝が、本格的な匈奴遠征に踏み切り、始皇帝以来の勝利をおさめるのは、前一二九年のことであった。

この年にいたるまで、始皇帝による統一から数えれば約一世紀の時をへている。この一〇〇年間はざっと四分割でき、それぞれを統一事業の失敗と混乱の時代(統一～漢高祖即位)、平和回復の時代(～文帝期)、実質的な統一への準備期間(～呉楚七国の乱)と、それが実現する時代(～武帝の勝利)とみなすことができよう。準備期間も含めて、漢が五〇年をかけて実現したことを、始皇帝はたった数年でおこなおうとしたのだから、それが失敗したのも無理もない。だが見方をかえれば、漢は始皇帝が立て続けに試みたことを、五〇年かけてようやく再現したともいえるだろう。前二二一年以降の、秦による短い統一の時代は、その後の中華帝国のあるべき姿を示したという意味で、間違いなく歴史の転換期であった。

漢帝国のその後

最後は制度面での説明に終始したが、いくら制度を整えても、支配される側がそれを受け入れなければ、円滑な統治など望むべくもない。帝国の支配秩序を内面から支えたものは、いったい何だったのか。本章を締めくくる前に、同時代人の国家観や、漢帝国の支配に向けられた一般庶民のまなざしについて、考えられるところを述べておこう。

まず思いつくのは儒教の影響、それが唱える倫理観の拘束力である。漢の武帝の時に国教としての地位を与えられた儒教は、支配者にはすこぶる都合の良い教えであった。身分による上下関係を重んじ、各階級の人間が分相応に振る舞うのを理想とするからである。もちろん上に立つ者には地位にふさわしい行いが求められるが、それはともすれば有名無実のものとなり、とりわけ皇帝に臣従する漢代以降の儒者たちは、官僚として専制国家を理論的に支える存在と化してしまう。

儒教の特色としては、「華夷の別」をとりわけ強調することもあげねばならない。そもそも武帝が儒教を重んじたのも、対外遠征を正当化する後ろ盾として、「夷狄」への服従を断固拒否する儒者の主張を利用したのだという説もある。それはさておき、現実問題として北方遊牧民の脅威にさらされている状況下では、憎むべき「夷」とはとりもなおさず匈奴のことであり、守るべき「華」とは漢帝国にほかならない。儒教倫理の浸透が漢帝国への求心力を高め、互いにさまざまな違いはあっても、結局のところ自分たちは「漢人」なのだという意識が共有されたのではあるまいか。

漢人の結束の中心には、支配者たる漢皇帝がいた。始皇帝のように宣伝しなくても、その権威はもはや自明だった。一般庶民にさえ、皇帝を身近に感じる機会が少なからずあったからである。例えば爵位の賜与。始皇帝も一度だけおこなった広範な臣民への爵位の賜与を、漢の皇帝は王朝の慶事があるたびに繰り返す。とくに爵を乱発した皇帝の一人が景帝で、一五年の治世のあいだで爵位の賜与は八回にもおよんだ。直轄化を進めるなかで、皇帝への求心力を賜爵により確保しようとしたのだろう。

庶民にとっては煩わしい力役への徴発も、ある意味で皇帝の偉大さを知る機会となった。述べたとおり、直轄地の住民は往々にして、莫大な労働需要のある首都近辺での力役に動員された。さらに匈奴との戦争に勝利したのちは、新占領地の最前線にも兵士が送り込まれた。漢帝国西北の辺境地帯から出土した、前漢後半期の木簡史料(肩水金関簡《けんすいきんかんかん》)には、二〇〇〇人を超える兵士が関所を通過している記録がみえる。その関所の先にあった軍事拠点から、任期を終えて帰郷する兵士たちであろう。この地域の一般兵士は、近辺の郡からではなく、ほとんどが帝国東半の諸郡から徴発されていた。彼らの任期が一年であるとしたら、武帝による西北地域の占領から前漢滅亡までの百年ほどで、のべ二〇万程度の人間がはるか東方から西の果てにある一拠点まで旅をしたことになる。「河西四郡」(現在の甘粛省一帯)と呼ばれた西北辺境全体に範囲を広げれば、その数倍を超えたであろう。首都で壮麗な宮殿を見上げた、あるいは身をもって帝国領の広大さを実感した経験は、故郷の人間たちのあいだでも共有され、漢皇帝への畏怖の念を育んだに違いない。

紀元後八年、漢皇帝の位は王莽《おうもう》という人物によって簒奪され、王朝は一時中絶する。だが、すぐに劉氏が帝位に返り咲き、それはさらに二〇〇年ほど存続する(後漢:二五〜二二〇年)。中断直前(後二年)の統計によると、帝国の戸数は一二二三万三六〇二戸、人口は約六〇〇〇万人に到達した。ちなみに遷陵県の属する武陵郡の戸数は三万四一七七戸で、これを単純に郡内の県の数で割ると、一県あたり二六〇〇戸ほどである。秦代の戸数と比べれば、十倍以上増加している勘定になる。支配の網の目は確実に広がり、定着していた。

しかしよくよく目をこらすと、帝国の安寧を能天気に謳歌してはいられないことに気づく。悩みの種は貧富の格差の広がりと、異民族の侵入とであった。貧富の差は武帝の頃からすでに問題視されており、富める者が土地を兼併して大地主となる一方で、貧しい者はその使用人に成り下がり、地域社会の動向は大地主、すなわち豪族たちによって左右され、しだいに地方分立へと傾きつつあった。異民族の侵入としては、西方にあった羌《きょう》族の反乱が大きな問題となっていた。かつてのライバル、匈奴はというと、内紛から南北に分裂し、南匈奴は漢に臣従して長城以南に移動していた。これは見方によっては漢帝国の勝利だが、一方で領域内に異分子をかかえ込む事態になったともいえる。波乱の兆しをかかえつつ、中国史はつぎなる転換期へと向かうことになる。

COLUMN

匈奴

馬の家畜化は前四〇〇〇年頃に始まり、馬の背中に騎乗することも同時におこなわれていたらしい。その後、前三五〇〇年頃にメソポタミアで車両が発明され、それが草原地帯に伝播すると、車両に家財を載せて移動しつつ、羊の群れを騎馬で管理する遊牧のスタイルが形成され、前一〇〇〇年前後には各地に普及した。この頃には騎射の技術もすでに誕生し、騎馬遊牧民は強力な軍事力をもつ集団として歴史記録に登場するようになる。そのもっとも早い例がヘロドトス『歴史』にあらわれる「スキタイ」で、黒海の北方に暮らしていた彼らは、前六世紀末にペルシア帝国ダレイオス一世の攻撃を受けるものの、機動力と騎射の威力を活かした戦術によりこれを撃退した。ヘロドトスによると「スキタイ」にはさまざまな生業・居住形態をもつ人間が含まれ、したがって「スキタイ」とは民族名ではなく、遊牧民を中核としつつ多様な人間集団によりかたちづくられた連合体――遊牧国家――の呼称であった。

古来中国の北方にも遊牧の民が暮らしていたが、前四世紀後半になると彼らの軍事的な存在感が顕著になる。その背景に騎馬戦術の受容・発展があることは疑いない。前三〇七年には戦国諸侯国の一つである趙も、この戦術を導入したとされる。またその翌年に即位した秦の昭襄王は、北方民族に備えて長城を建設しており、脅威の高まりがうかがえる。やがて統一をはたした始皇帝が匈奴に兵を向け、戦国期の長城を利用しつつ万里の長城を築いたことは、本章で述べた。この時、匈奴の東には東胡、西には月氏と呼ばれる勢力が強盛を誇り、匈奴は諸勢力の一つにすぎず、秦を撃退する軍事力をもたなかった。だがほどなく秦は滅び、匈奴に失地回復の機会が訪れる。まさにこのとき登場したのが冒頓単于《ぼくとつぜんう》であった。冒頓が単于(匈奴の首領の地位)となったのは前二〇九年、始皇帝の死の翌年である。まず東胡に攻め込んでこれを滅ぼすと、月氏や南方の諸勢力を併合し、秦によって奪われた領地を回復する。中国本土はいまだ秦末漢初の戦乱のなかにあり、これに乗じて冒頓は勢力を伸ばし、三〇余万の兵士を蓄えるにいたった。やがて中国を再統一した漢の高祖が大軍を率いて匈奴軍と対峙するものの、歩兵中心の漢軍は匈奴の騎兵の前に大敗する。辛くも匈奴の包囲から逃れた高祖は冒頓と和親を結び、以後漢は匈奴に貢ぎ物を贈り、和平を保つことになる。当時、ユーラシア東方にあった最強の勢力は、間違いなく匈奴であった。

匈奴の中核となった遊牧民はトルコ系ともモンゴル系ともされるが、冒頓単于の率いた「匈奴」は、そのなかに東胡・月氏をはじめとした諸勢力を取り込んでおり、スキタイと同じく、一つの遊牧国家の呼称とみるべきものである。『史記』匈奴列伝によると、その領域は左(東)・右(西)・中に三分割され、中央に単于、そして左右それぞれに賢王《けんおう》・谷蠡王《ろくりおう》・大将《たいしょう》・大都尉《だいとい》・大当戸《だいとうこ》・骨都侯《こっとこう》が配置され、各自が領地を分有した。賢王以下は「万騎《ばんき》」とも称され、配下に千長・百長・什長《じゅうちょう》などをかかえており、彼らが十進法で組み上げられた軍事・社会組織の指導者であったことがわかる。

漢の武帝による反攻ののち、内紛や災害によって匈奴は往時の勢力を失ってゆく。だが十進法による牧民の組織化や左・右・中の三分割体制は、のちの遊牧国家、とりわけモンゴル高原を本拠とした鮮卑やモンゴル帝国にも継承された。中国本土で皇帝による直轄支配・郡県制という中華帝国の基本パターンが形成された時期に、その北方では遊牧国家の基本型が、時を同じくして生まれたといえる。

『中国古代軍事制度の総合的研究』(編著)(科研費報告書、2013)
『多民族社会の軍事統治　出土史料が語る中国古代』(編著)(京都大学学術出版会、2018)

■主要参考文献

総論

大戸千之『歴史と事実――ポストモダンの歴史学批判をこえて』京都大学学術出版会 2012 年
長谷川岳男「ローマ帝国主義研究」『軍事史学』37-1 2001 年
藤縄謙三『歴史学の起源――ギリシア人と歴史』力富書房 1983 年
南川高志『海のかなたのローマ帝国――古代ローマとブリテン島』(増補新版) 岩波書店 2015 年
山内昌之・増田一夫・村田雄二郎編『帝国とは何か』岩波書店 1997 年
山本有造編『帝国の研究――原理・類型・関係』名古屋大学出版会 2003 年
吉村忠典『支配の天才ローマ人』三省堂 1981 年
吉村忠典編『ローマ人の戦争』講談社 1985 年
吉村忠典『古代ローマ帝国の研究』岩波書店 2003 年
ハウ，スティーヴン (見市雅俊訳)『帝国』岩波書店 2003 年
ポリュビオス (城江良和訳)『歴史 1～4』京都大学学術出版会 2004～2013 年

1章 変わりゆく地中海

栗田伸子・佐藤育子『通商国家カルタゴ』(興亡の世界史第 3 巻) 講談社 2009 年
阪本浩「古代のイベリア半島」関哲行・立石博高・中塚次郎編『世界歴史大系 スペイン史 1』山川出版社 2008 年
長谷川博隆『ハンニバル――地中海世界の覇権をかけて』(講談社学術文庫) 講談社 2005 年
長谷川博隆『カエサル』(講談社学術文庫) 講談社 1994 年
丸亀裕司『公職選挙にみるローマ帝政の成立』山川出版社 2017 年
アマダジ=グッゾ・マリア=ジュリア (石川勝二訳)『カルタゴの歴史――地中海の覇権をめぐる戦い』(白水社文庫クセジュ) 白水社 2009 年
Astin, A.E., *Scipio Aemilianus,* Oxford, 1967.
Astin, A.E., *Cato the Censor,* Oxford, 1978.
Curchin, L., *Roman Spain: Conquest and Administration,* London, 1991.
Curchin, L., *The Romanization of Central Spain: Complexity, Diversity and Change in a Provincial Hinterland,* Oxford, 2004.
Dobson, M., *The Army of the Roman Republic: The second Century BC, Polybios and the Camps at Numantia, Spain,* Oxford, 2008.

Edmondson, J. C., Romanization and Urban Development in Lusitania, Blagg, Th. & Millett, M., (eds.) *The Early Roman Empire in the West,* Oxford, 1990
Galán, M. B. (ed.), *Los Escipiones: Roma conqista Hispania,* Madrid, 2016.
Hoyos, D., *The Carthaginians,* Oxford, 2010.
Hoyos, D. (ed.), *A Companion to the Punic Wars,* Chichester, 2015.
Fear, A. T., *Rome and Baetica: Urbanization in Southern Spain c.50 BC-AD 150,* Oxford, 1996.
Harris,W. V., *War and Imperiarism in Republican Rome 327-70 B. C.,* Oxford, 1979.
Keay, S., Processes in the Development of the Coastal Communities of Hispania Citerior in the Republican Period, Blagg, Th. & Millett, M., (eds.) *The Early Roman Empire in the West,* Oxford, 1990
Richardson, J.S., *Hispaniae: Spain and the Development of Roman Imperialism 218-82 BC.,* Cambridge, 1986.
Schulten, A., *Geschichte von Numantia, München,* 1933 (reprinted edition, New York, 1975)

２章　消滅するヘレニズム世界

大戸千之『ヘレニズムとオリエント――歴史のなかの文化変容』ミネルヴァ書房 1993年
加藤九祚『シルクロードの古代都市――アムダリヤ遺跡の旅』岩波書店 2013年
九州国立博物館ほか編『黄金のアフガニスタン――守りぬかれたシルクロードの秘宝』産経新聞社 2016年
杉村棟監修『MIHO MUSEUM 南館図録』MIHO MUSEUM 1997年
周藤芳幸『ナイル世界のヘレニズム――エジプトとギリシアの遭遇』名古屋大学出版会 2014年
芳賀京子監修『特別展古代ギリシャ――時空を超えた旅』朝日新聞社ほか 2016年
芳賀京子・芳賀満『西洋美術の歴史１　古代』中央公論新社 2017年
波部雄一郎『プトレマイオス王国と東地中海世界――ヘレニズム王権とディオニュシズム』関西学院大学出版会 2014年
比佐篤『「帝国」としての中期共和政ローマ』晃洋書房 2006年
秀村欣二・伊藤貞夫『世界の歴史２――ギリシアとヘレニズム』講談社 1976年
森谷公俊『アレクサンドロスの征服と神話』講談社 2016年
吉村忠典『支配の天才ローマ人』三省堂 1981年
吉村忠典『古代ローマ帝国の研究』岩波書店 2003年
ウォールバンク, F.W.(小河陽訳)『ヘレニズム世界』教文館 1988年

ケリー，クリストファー（藤井崇訳）『ローマ帝国』岩波書店 2010年
シャムー，フランソワ（桐村泰次訳）『ヘレニズム文明』論創社 2011年
Bechert, T., *Kreta in römischer Zeit,* Darmstadt/Mainz, 2011.
Chaniotis, A., *Das antike Kreta,* München, 2004.
Chaniotis, A., *War in the Hellenistic World: A Social and Cultural History,* Oxford, 2005.
Chaniotis, A., *Age of Conquests: The Greek World from Alexander to Hadrian,* Cambridge/Massachusetts, 2018.
Daehner, J.M., & Lapatin, K., ed., *Power and Pathos: Bronze Sculpture of the Hellenistic World,* Los Angeles, 2015.
Dmitriev, S., *The Greek Slogan of Freedom and Early Roman Politics in Greece,* Oxford, 2011.
Errington, R.M., *A History of the Hellenistic World 323-30 BC,* Oxford, 2008.
Erskine, A., ed., *A Companion to the Hellenistic World,* Paperback ed., Oxford, 2005.
Gruen, E.S., *The Hellenistic World and the Coming of Rome,* 2 vols, Berkeley, 1984.
Ma, J., *Antiochos III and the Cities of Western Asia Minor,* Paperback ed., Oxford, 2002.
Mairs, R., *The Hellenistic Far East: Archaeology, Language, and Identity in Greek Central Asia,* Oakland/California 2014.
Millar, F., *The Emperor in the Roman World (31 BC-AD 337),* 2nd ed., London, 1992.
Scholz, P., *Der Hellenismus: Der Hof und die Welt,* München, 2015.
Smith, R.R.R., *Hellenistic Royal Portraits,* Oxford, 1988.
Thonemann, P., *The Hellenistic World: Using Coins as Sources,* Cambridge, 2015.
Thonemann, P., *The Hellenistic Age,* Oxford, 2016.

3章　帝国の民となる，帝国に生きる

桑山由文「アウグスタ=エメリタの創建とその影響——アウグストゥス帝期のイベリア半島南部」『西洋古代史研究』17 2017年
後藤篤子「ローマ属州ガリア」柴田三千雄・樺山紘一・福井憲彦編『世界歴史大系　フランス史１』山川出版社 1995年
阪本浩「古代のイベリア半島」関哲行・立石博高・中塚次郎編『世界歴史大系　スペイン史１』山川出版社 2008年
佐野光宜「帝政前期ヒスパニアにおける剣闘士競技——属州バエティカの事例を中心に」『西洋古典学研究』58 2010年
志内一興「ローマ支配下ヒスパニアの都市法典」『地中海学研究』25 2002年
島田誠『古代ローマの市民社会』（世界史リブレット３）山川出版社 1997年
島田誠『コロッセウムからよむローマ帝国』講談社 1999年

新保良明『古代ローマの帝国官僚と行政』ミネルヴァ書房 2016年
高橋秀「地中海世界のローマ化と都市化」『岩波講座世界歴史２』岩波書店 1969年
長谷川岳男「ローマ帝国主義研究」『軍事史学』37-1 2001年
長谷川岳男・樋脇博敏『古代ローマを知る事典』東京堂出版 2004年
比佐篤『「帝国」としての中期共和政ローマ』晃洋書房 2006年
増永理考「ローマ元首政期小アジアにおける見世物と都市――アフロディシアスの事例を中心として」『史林』98-2 2015年
南川高志「ローマ帝国とギリシア文化」藤縄謙三編『ギリシア文化の遺産』南窓社 1993年
南川高志『ローマ皇帝とその時代――元首政期ローマ帝国政治史の研究』創文社 1995年
南川高志『ローマ五賢帝――「輝ける世紀」の虚像と実像』講談社 1998年
南川高志『海のかなたのローマ帝国――古代ローマとブリテン島』(増補新版)岩波書店 2015年
南川高志『新・ローマ帝国衰亡史』岩波書店 2013年
宮嵜麻子『ローマ帝国の食糧供給と政治――共和政から帝政へ』九州大学出版会 2011年
本村凌二「属州バエティカの都市化と土着民集落」『西洋古典学研究』30 1982年
弓削達『地中海世界とローマ帝国』岩波書店 1977年
吉村忠典編『ローマ人の戦争』講談社 1985年
吉村忠典『古代ローマ帝国の研究』岩波書店 2003年
吉村忠典『古代ローマ世界を旅する』刀水書房 2009年
ケリー，クリストファー(藤井崇訳)『ローマ帝国』岩波書店 2012年
タキトゥス(國原吉之助訳)『アグリコラ』(ちくま学芸文庫)筑摩書房 1996年
タキトゥス(國原吉之助訳)『年代記』(岩波文庫)岩波書店 1981年
サルウェイ，ピーター(南川高志訳)『古代のイギリス』岩波書店 2005年
サルウェイ，ピーター編(南川高志監訳　南川高志・佐野光宜・冨井眞・西村昌洋・南雲泰輔訳)『ローマ帝国時代のブリテン島』(オックスフォード・ブリテン諸島の歴史　第１巻)慶應義塾大学出版会 2011年
ロストフツェフ，ミハイル(坂口明訳)『ローマ帝国社会経済史』東洋経済新報社 2001年
Birley, A.R., Senator from Britain? *Tituli* 5, 1982.
Devreker, J., La composition du sénat romain sous les Flaviens in: Eck, W. & Galsterer, H., *Studien zur antiken Sozialgeschichte*, Köln, 1980.
Fear, A.T., *Rome and Baetica: Urbanization in Southern Spain c. 50 BC-AD 150,* Oxford,

1996. 渡邉麻衣子の書評(『史論』57 2004年)も参照。

Haverfield, F.J., *Romanization of Roman Britain,* Oxford, 2nd. ed., 1912.

Hingley, R., *Roman Officers and English Gentlemen: The Imperial Origins of Roman Archaeology,* London, 2000.

Millett, M., *The Romanization of Britain: An Essay in Archaeological Interpretation,* Cambridge, 1990.

Mommsen, Th., *Römische Geschichte Bd. 5, Die Provinzen von Caesar bis Diocletian,* Leipzig, 1885.

４章 「中華帝国」の誕生

江村治樹『春秋戦国時代青銅貨幣の生成と展開』汲古書院 2011年

小沢正人・西江清高・谷豊信『中国の考古学』(世界の考古学７)同成社 1999年

大櫛敦弘「統一前夜——戦国後期の「国際」秩序」『名古屋大学東洋史研究報告』19 1995年

岡村秀典『中国文明——農業と礼制の考古学』京都大学出版会 2008年

川又正智『ウマ駆ける古代アジア』(講談社選書メチエ11)講談社 1994年

工藤元男『睡虎地秦簡よりみた秦代の国家と社会』創文社 1998年

佐原康夫『漢代都市機構の研究』汲古書院 2002年

杉村伸二「景帝中五年王国改革と国制再編」『古代文化』56-10 2004年

鶴間和幸『秦帝國の形成と地域』汲古書院 2013年

冨谷至・森田憲司編『概説 中国史』(上)昭和堂 2016年

西嶋定生『秦漢帝国 中国古代帝国の興亡』(講談社学術文庫)講談社 1997年

林巳奈夫「戦国時代の重量単位」『史林』51-2 1969年

宮宅潔「秦代遷陵県志初稿——里耶秦簡より見た秦の占領支配と駐屯軍」『東洋史研究』75-1 2016年

宮崎市定『宮崎市定全集３ 古代』岩波書店 1991年

宮本一夫『神話から歴史へ』(中国の歴史01)講談社 2005年

籾山明『秦の始皇帝 多元世界の統一者』白帝社 1994年

吉本道雅『中国先秦史の研究』京都大学学術出版会 2005年

渡邉英幸『古代〈中華〉観念の形成』岩波書店 2010年

司馬遷(小竹文夫・小竹武夫訳)『史記 １～８』(ちくま学芸文庫)筑摩書房 1995年

韓非(金谷治訳注)『韓非子 １～４』(岩波文庫)岩波書店 1994年

荀況(金谷治訳注)『荀子 上・下』(岩波文庫)岩波書店 1961年

高橋庸一郎『睡虎地秦簡『編年記』『語書』釈文註解』朋友書店 2004年

松崎つね子『睡虎地秦簡』(中国古典新書続編24)明徳出版社 2000年

孟軻(小林勝人訳注)『孟子 上・下』(岩波文庫)岩波書店 1968年
Hulsewé, A.F.P., *Remnants of Ch'in Law,* Leiden, 1985.
Lau, U., Staack, T., *Legal Practice in the Formative Stages of the Chinese Empire: An Annotated Translation of the Exemplary Qin Criminal Cases from the Yuelu Academy Collection,* Leiden/Boston, 2016.
Sanft, C., *Communication and Cooperation in Early Imperial China,* New York, 2014.

本書のうちの南川と藤井の執筆部分は，日本学術振興会科学研究費基盤研究(B)「古代ギリシア・ローマ史における新しい『衰退論』構築に向けた統合的研究の試み」(南川高志代表，研究課題番号 26284114)による研究成果の一部である。

本書のうちの宮宅執筆部分は，日本学術振興会科学研究費基盤研究(B)「中国古代の軍事と民族——多民族社会の軍事統治」(宮宅潔代表，研究課題番号 25284133)による研究成果の一部である。

■図版出典・提供一覧

『秦簡牘合集』武漢大学出版社，2014　*229*
Daehner, J.M., & Lapatin, K., ed., *Power and Pathos: Bronze Sculpture of the Hellenistic World,* Los Angeles, 2015.　*95* 左，*129*
Thonemann, P., *The Hellenistic World: Using Coins as Sources,* Cambridge, 2015.　*95* 右，*116*
Bechert, T., *Kreta in römischer Zeit,* Darmstadt/Mainz, 2011.　*136*
CPC フォト提供　*241*
MIHO MUSEUM 提供　*97*
PPS 通信社提供　*24*
佐藤育子提供　*40*
東京大学大学院経済学研究科提供　*245*
日本銀行金融研究所貨幣博物館　*243*
芳賀京子提供　*85*
南川高志提供　*19，176，179，182，190，200，202*
宮嵜麻子提供　*23，40，64，77，78*
ユニフォトプレス提供　*107，145*

著者紹介

南川高志(みなみかわ　たかし)
1955年生まれ。京都大学大学院文学研究科博士後期課程研究指導認定退学、博士(文学)
専攻　古代ローマ史。 京都大学大学院文学研究科教授
〈主要著書〉
『ローマ皇帝とその時代――元首政期ローマ帝国政治史の研究』(創文社、1995)
『ローマ五賢帝――「輝ける世紀」の虚像と実像』(講談社現代新書、1998、同学術文庫、2014)
『海のかなたのローマ帝国――古代ローマとブリテン島』(岩波書店、2003)
『新・ローマ帝国衰亡史』(岩波書店、2013)
『ユリアヌス　逸脱のローマ皇帝』(世界史リブレット人8)(山川出版社、2015)

宮嵜麻子(みやざき　あさこ)
1962年生まれ。九州大学大学院文学研究科博士後期課程途中退学、博士(文学)
専攻　古代ローマ史。 淑徳大学国際コミュニケーション学部元教授
〈主要著書〉
『古代ローマ帝国の食糧供給と政治――共和政から帝政へ』(九州大学出版会、2011)

藤井　崇(ふじい　たかし)
1978年生まれ。ハイデルベルク大学(ドイツ)哲学部古代史・銘文学ゼミナール博士課程修了、Ph.D.
専攻　ヘレニズム史、ローマ史、ギリシア語銘文学。 関西学院大学文学部准教授
〈主要著書・論文〉
Imperial Cult and Imperial Representation in Roman Cyprus (Stuttgart, 2013)
A New Fragment of Diocletian's Currency Regulation from Aphrodisias, *Journal of Roman Studies* 105 (2015, with Angelos Chaniotis)
「皇帝崇拝と聖域――ローマ帝国東方属州を中心に」浦野聡編『古代地中海の聖域と社会』(勉誠出版、2017)

宮宅　潔(みやけ　きよし)
1969年生まれ。京都大学大学院文学研究科博士後期課程研究指導認定退学、博士(文学)
専攻　中国古代史。 京都大学人文科学研究所准教授
〈主要著書〉
『中国古代刑制史の研究』(京都大学学術出版会、2011)

歴史の転換期 1

B.C.220年 帝国と世界史の誕生

2018年 4 月20日　1 版 1 刷　印刷
2018年 4 月25日　1 版 1 刷　発行

編者———南川高志

発行者——野澤伸平

発行所——株式会社 山川出版社
〒101-0047　東京都千代田区内神田1-13-13
電話　03(3293)8131(営業)　8134(編集)
https://www.yamakawa.co.jp/
振替　00120-9-43993

印刷所——図書印刷株式会社

製本所——株式会社ブロケード

装幀———菊地信義

　ISBN978-4-634-44501-7

アンティゴノス朝マケドニア
ビュザンティオン
ナイ
アンティキオア
セレウコス朝
シリア
バビロン
ペルセポリス
ナンドレイア
レマイオス朝
バクトリア
王国
アイ・ハヌム
バクトリア
マウリヤ朝
匈奴
月氏
羌
洛陽
漢中
秦
氐
長沙
南越
太 平 洋
イ ン ド 洋